Edward Georg Gustav von Schlesinger

Deutsch - Polnisches & Polnisch - Deutsches Ortschaftswörterbuch

(mit Bezeichnungen nicht mehr bestehenden Ortschaften)

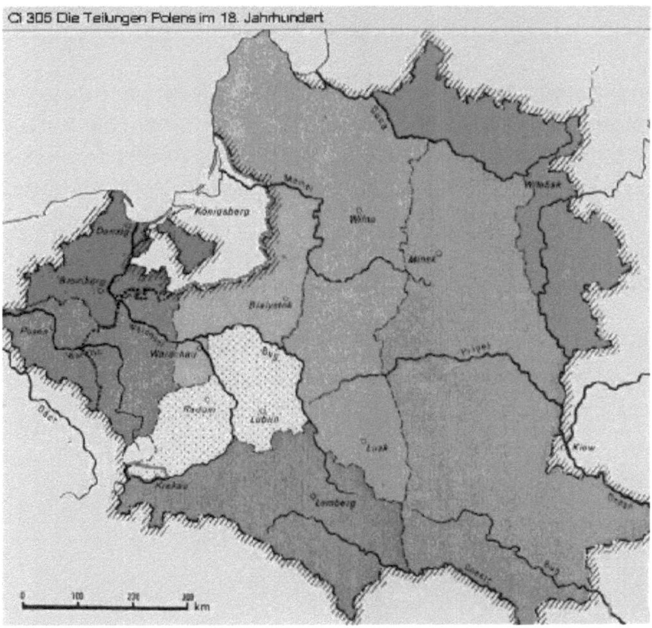

FSC
www.fsc.org
MIX
Papier aus verantwortungsvollen Quellen
Paper from responsible sources
FSC® C105338

Bibliografische Information der Deutschen Nationalbibliothek:
Die Deutsche Nationalbibliothek verzeichnet diese Publikation in der Deutschen Nationalbibliografie; detaillierte bibliografische Daten sind im Internet über dnb.dnb.de abrufbar.

Das Kartenmaterial ist der Wikipedia und Wikia Szlachta entnommen und wird verwendet nach GNU-Lizenz für freie Dokumentation, die Nutzung der Wappenabbildungen erfolgt nach Zustimmung des Autors des elektronischen Wappenidentifikationssystems Gajl & Milewski, Herrn Tadeusz Gajl.

Herstellung und Verlag: BoD – Books on Demand, Norderstedt".

ISBN 9783750409262

Deutsch - Polnisches & Polnisch - Deutsches Ortschaftswörterbuch

(mit Bezeichnungen nicht mehr bestehenden Ortschaften)

Edward G. G. von Schlesinger

Die Publikation erfolgt im Rahmen des Forschungsprojektes "Eliten der Serenissima Res Publica Coronae Regni Poloniae Magnique Ducatus Lithuaniae 1385 - 1569 - 1795 und in deren Gebieten bis 1918"

600 Jahre Szlachta **1413 <> 2013**
Res Publica

Schriftenreihe für angewandte Sozialgeschichte **StudIaS**

Allgemeine Serie mit deutsch- und fremdsprachigen Titeln
 # 2

Inhaltsverzeichnis

0. Einleitung

Die StudIaS Reihen richten sich an eine breit gefächerte Gruppe von Lesern. Angefangen bei Personen, die mehr über einen entsprechenden Namen der Szlachta erfahren möchten, über versierte Genealogen und Heraldiker, welche forschungsbedingt in Gebiete vorstoßen, in denen sie nicht bewandert sind bis zu Fachleuten wie Politologen spezialisiert auf Demokratie- und Migrationsforschung, Akkulturations-, Inkulturations- und Assimilierungsprozesse, Historiker, die sich mit Umformungen im östlichen Europa beschäftigen, bis zu langfristigen gesellschaftlichen Wandel analysierenden Soziologen. Dementsprechend beinhaltet es neben hoch spezialisierten Elementen auch Bereiche allgemeiner Einführung in die Thematik der Adelsrepublik, Genealogie und Heraldik.

Ausdehnung des Stammgebietes der Szlachta der Res Publica:

Polen-Litauen um 1618 mit den heutigen Staatsgrenzen

- Polnische Krone
- Großfürstentum Litauen
- Herzogtum Livland
- Herzogtum Kurland, gemeinsames Lehen
- Herzogtum Preußen, polnisches Lehen

Für die Zeiten vor der Einführung der kirchlichen Register über Taufen, Heiraten und Todesfälle, die durch eine, fast lückenlose, Erfassung der biologischen Entwicklung eine genealogische Nachverfolgung ermöglichen, ist eine ganzheitliche Generationserfassung kaum möglich.

Die zögerlich eintretende Namensfestigung im östlichen Europa und die freie Namenswahl der Szlachta – des Souverän der Adelsrepublik – wie auch die folgenden Verdrehungen und Namensänderungen aus nationalistischer Motivation oder mangelnder Kompetenz der Amtsträger vertiefen diese Problematik.

So sind vor der Einführung der Matrikeln weibliche Nachkommen überwiegend nur durch Erwähnung als Ehefrauen sowie durch Einträge bezüglich einer erbrechtlichen Regelung oder Besicherung der Mitgift bekannt.

Sogar bei reichlich begüterten Familien sind nachrangige männliche Nachkommen kaum zu erfassen und deren Linien werden somit zum verdunkelten Adel, so dass vielfach nur die Hauptlinien der Adelsgeschlechter bekannt sind. Dies gilt auch für die über ein Halbes Jahrtausend währende Geschichte des Geschlechtes Wyhowski. Über das Ausmaß solcher Verdunkelung wurde eine Beispieluntersuchung als Referat auf dem 25. Jubiläumskongress Historischer Grundwissenschaften der Russischen Akademie der Wissenschaften in Moskau im Jahre 2013 vorgestellt. [1]

Gerade die nachgeborenen Linien waren es, die besonders von einer Pauperisierung im ausgehenden XVI. und im XVII-XVIII. Jhdt. betroffen waren. Hierdurch erfolgte ein nicht unerheblicher Bestandsschwund der bekannten adligen Geschlechter. Kam es in den betroffenen Linien ebenfalls zu einem Bewußtseinsverlust, so trat eine Verwischung der eigenen Herkunft ein. Diese Entwicklung wurde durch machtpolitische Faktoren beim Verfall der Strukturen der litauisch-polnischen Adelsrepublik, gezielte ständefeindliche Politik der Teilungsmächte nach 1772 wie auch der Umwandlung des regionalen Patriotismus in aggressiven Nationalismus als negative Auswirkung der Französischen Revolution beschleunigt und durch die wirtschaftlichen Umwälzungen forciert.

Vergleich		Gebiet der Res Publica Serenissima		Bundesrepublik Deutschland
Jahr	1582	**Bevölkerung** 6.500.000	**Bevölkerungsdichte** 8 /km^2	
Jahr	1650	**Bevölkerung** 11.000.000	**Bevölkerungsdichte** 9.5 /km^2	230 /km^2
Jahr	1582	815,000 km^2		Heute: 357.375,62 km^2
Jahr	1650	1,153,465 km^2		

[1] Schlesinger, Edward von: Auswertung der Adelsproben der Kanoniker der Kathedrale von Plock unter dem Gesichtspunkt der Ermittlung des Anteils verdunkelten Adels innerhalb der Szlachta der Adelsrepublik, Referat 25. Jubiläumskongress Historischer Hilfswissenschaften der Russischen Akademie der Wissenschaften in Moskau, Januar/Februar 2013, erstellt auf der Grundlage der von Adam Pszczółkowski aus den Akten des Kathedralkapitels von Plock angefertigten Abschriften (Wywody kanoników katedralnych płockich sygn. 8-25). Siehe: http://de.szlachta.wikia.com/wiki/ Verdunkelt-Adelsrepublik, Zugang 10. 11. 2016.

Durch den Umstand, dass der historische Adel (und nicht nur die dynastischen Häuser mit eigenen, staatlich sanktionierten Hausgesetzen) eigene Regeln und Rituale aufweist, die außerhalb der positiven[2] Rechtsetzung des Staates liegen – allein z. B. aus der heute überwiegenden Sicht das Salische Prinzip[3] - ist es gerechtfertig, den Adelstand als eine Parallelgesellschaft zu bezeichnen.

---

[2] D. h. gesetztem Recht als Unterschied zum Überpositiven/Naturrecht. Positives Recht ist vom Menschen gemachtes und damit veränderliches Recht. Das überpositive Recht, je nach Ausgangspunkt – ist „naturgege-ben", „im Wesen des Menschen liegend" oder „von Gott vorgegeben". Positives Recht gilt (im Gegensatz zum überpositiven bzw. Naturrecht) zu bestimmten Zeiten und an bestimmten Orten. Es gilt, selbst wenn es nach dem „Gefühl" eines Einzelnen - oder im besonderen Fall sogar nach Meinung der Mehrheit der Menschen - als „ungerecht" und damit als Unrecht empfunden wird. Per Definitionem ist das positive Recht unvollkommen und jederzeit veränderbar, beansprucht jedoch als jeweils gegenwärtige Gestalt der Rechtsordnung zunächst einmal Befolgung. Das positive Recht kann durch Einwirkung auf den Gesetzgeber neu gefasst werden.

[3] Bei **Lex Salica** (Pactus Legis Salicae, D - Salisches Recht) wurden 507–511 alte mündlich überlieferte Rechtsgepflogenheiten erstmals schriftlich niedergelegt. Benannt ist sie nach dem fränkischen Stamm der Salfranken. Der Text ist auf Latein verfasst, enthält jedoch germanische Fragmente. „Des Weiteren enthielt die Lex Salica … Bestimmungen über das Erbrecht und die Gerichtsordnung. In Anlehnung an diese Erbrechtsbe-stimmungen wurde später in vielen europäischen Herrscherhäusern die Thronfolge so festgelegt, dass Frauen nicht die Krone erben konnten, selbst dann nicht, wenn keine männlichen Erben existierten: *In terram salicam mulieres ne succedant.* … Diese besondere Bestimmung der Lex Salica wird heute oft als das Salische Recht schlechthin verstanden. In dieser Form wurde sie jedoch erstmals in der zweiten Hälfte des 14. Jahrhunderts verwendet – um zu legitimieren, dass 1317 Philipp V. unter Umgehung der weiblichen Erbfolge auf den französischen Thron gelangt war, es wurden also nicht nur Töchter des Königs von der Erbfolge ausgeschlos-sen, sondern auch deren Nachkommen. Dieser Erbfolgestreit wurde eine der Ursachen für den Ausbruch des Hundertjährigen Krieges. Diese Bestimmung gilt noch heute in einigen Monarchien und als Hausrecht in den meisten deutschen Adelshäusern."

Irrtümlicher Weise führt Wikipedia an, dass der Zerfall bereits zu Beginn des XVIII. Jhdt. begann, als es „1713 mit der Pragmatischen Sanktion für die Habsburgermonarchie außer Kraft gesetzt" wurde. Wohl aus Unkennt-nis der Geschichte Europas wurde die Pragmatische Sanktion auf das Geburtsjahr 1713 und nicht den Herr-schaftsantritt Maria Theresias von 1740 datiert. Daneben wurde die erste dynastische Verletzung des Salischen Prinzips im Königreich Polen ausgeklammert. Allerdings wurde Jogailo im Unterschied zu Franz I. Stefan, der bis zur Wahl zum Kaiser des Heiligen Römischen Reiches 1745 nur Consorte blieb, tatsächlich König von Polen. Ähnlich der Situation 350 Jahren später bei Habsburg wurde aus Mangel an männlichen piastischen Nachkommen in direkter Linie im I. Königreich Polen Hedwig von Anjou, polnischsprachig Jadwiga, am 16. Oktober 1384 gekrönter **„König"** von Polen [also nicht zur Königin], um dann die Krone an ihren Gemahl, den gedimischen Großfürsten von Litauen Jogailo, weiterzugeben, womit in der Krone Polens und im Groß-fürstentum Litauen die Dynastie der Jagiellonen begründet wurde. Die Trauung erfolgte nach der Taufe Jogailos am 18. Februar 1386 und er wurde am 4. März 1386 als **Władysław II. Jagiełło** zum König von Polen gekrönt. Er regierte gemeinsam mit seiner Gemahlin bis zu deren Ableben am 17. Juli 1399 und nachher bis zum 1. Juni 1434 alleine.

„Viele Monarchien, die das Salische Erbrecht über Jahrhunderte anwandten, haben sich noch in jüngerer Zeit einer weiblichen Thronfolge geöffnet (beispielsweise Schweden 1980; Belgien und Norwegen 1991). Im Jahr 1837 führte die Tatsache, dass das salische Recht im Königreich Hannover galt, zum Ende der über ein Jahr-hundert lang geltenden Personalunion zwischen Großbritannien und Hannover, da Victoria nur die britische, nicht aber auch die hannoveranische Krone erben konnte. Aus dem gleichen Grunde

Eine Parallelgesellschaft[4] bedeutet eben, dass es eine in der Regel in sich abgeschlossene Personengruppe gibt, die eigene Regeln befolgt, welche sich entweder in einer Übereinstimmung mit dem jeweils aktuellen positiven stattlichen Regelwerk befinden oder auch nicht. Diese kann entweder deutschsprachig sein wie beim Adel oder den jüdischen Gemeinden[5] in Deutschland sein oder auch fremdsprachig sein wie bei den in Deutschland lebenden Türken[6], Russen[7], Jesiden[8] oder Japanern[9] (in Düsseldorf).

---

endete 1890 die Personal-union zwischen dem Königreich der Niederlande und dem Großherzogtum Luxemburg." Nach: https://de.m.wikipedia.org/wiki/Lex_Salica, Zugang 10. VII. 2017.

[4] Die umstrittene Definition vom Historiker Klaus J. Bade lautet: „Parallelgesellschaften im klassischen Sinne gibt es in Deutschland gar nicht. Dafür müssten mehrere Punkte zusammenkommen: eine monokulturelle Identität, ein freiwilliger und bewusster sozialer Rückzug auch in Siedlung und Lebensalltag, eine weitgehende wirtschaftliche Abgrenzung, eine Doppelung der Institutionen des Staates". Nach: Interview vom November 2004 mit der Redaktion von Spiegel Online. Zugang: 10. VII. 2017. Auch wenn diese Definition auf die fremdsprachigen Parallelgesellschaften z. T. zutreffen kann, unterscheidet sich dies bei den deutschsprachigen Parallelgesellschaften. Sowohl beim Adel als auch bei der jüdischen Gemeinschaft findet kein freiwilliger und bewusster sozialer Rückzug, sondern freiwilliger und bewusste Einflußnahme auf die Mehrheitsgesellschaft, jedoch aus einer besonderen Situation heraus, statt. Insofern kann auch nicht von einer weitgehenden wirt-schaftlichen Abgrenzung sprechen, sondern vielmehr von einer privilegierten Position in den Wirtschafts-prozessen.

[5] Nach Editorial, Bundeszentrale für politische Bildung, http://www.bpb.de/izpb/7644/editorial, und der Deutschen Wikipedia betrug zum 1. Januar 2016 die Zahl der mosaischen Glaubensgemeinschaften 200.000 Personen, nach anderen Daten 117.000 Personen, Zugang 10. VII. 2017.

[6] In dem Migrationsbericht des BAMF 2013 wurde für das Jahr 2013 die Zahl von 2.998.000 Personen türki-scher Abstammng angegeben.

[7] Nach Aleksandr Arefjew, dem stellvertretenden Direktor des soziologischen Forschungszentrums des russischen Volksbildungsministeriums, zufolge lebten in der Bundesrepublik Deutschland im Jahr 2007 etwa sechs Millionen Russischsprecher, die aus den Nachfolgestaaten der Sowjetunion zugewandert sind. Im Jahr 2012 waren von den drei Millionen aus der ehemaligen Sowjetunion nach Deutschland Zugewanderten 500.000 russische Staatsbürger. Die meisten reisten als Russlanddeutsche oder als russischsprachige Juden bzw. als deren Familienangehörige ein (darunter viele Russen, Ukrainer, Weißrussen und Menschen aus anderen Völkern der ehemaligen UdSSR). Nach: Deutscher Wikipedia, Zugang 10. VII. 2017.

[8] Allein die Minderheit der Religionsgruppe der Jesiden in der Bundesrepublik Deutschland wird auf 35.000 – 45.000 (nach Angaben des Religionswissenschaftlichen Medien- und Informationsdienstes REMID) bis über 100.000 (anch Angabe der Jesiden) Personen geschätzt. Nach: Deutscher Wikipedia, Zugang 10. VII. 2017.

[9] Im Jahr 2008 lebten laut Japanischem Generalkonsulat in Düsseldorf und den angrenzenden Gemeinden 8187 Japaner, davon 6548 innerhalb der städtischen Grenzen. Nach: Deutscher Wikipedia, Zugang 10. VII. 2017.

0.1. Territorialer Umfang der Erfassung des Adelstandes

Schema der Entwicklungen der rechtlich gleichberechtigten Szlachta in der "Serenissima Res Publica Coronae Regni Poloniae Magnique Ducatus Lithuaniae" bis zum deren Untergang 1795 und dann bis 1918

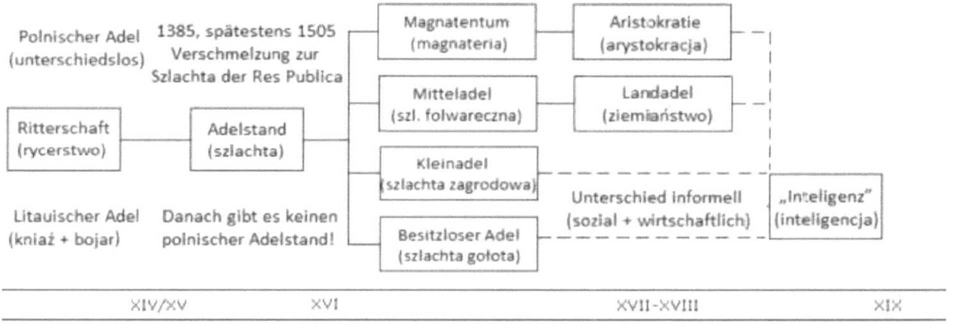

http://de.szlachta.wikia.com * http://be.szlachta.wikia.com * http://lt.szlachta.wikia.com
http://pl.szlachta.wikia.com * http://ru.szlachta.wikia.com * http://uk.szlachta.wikia.com

Als Familien des historischen Adelstandes in den Grenzen der heutigen Nachfolgestaaten der Res Publica sind anzusehen:

1. Familien der historischen Szlachta der Serenissima Res Publica Coronae Regni Poloniae Magnique Ducatus Lithuaniae;
2. Familien, der historischen Szlachta welche im Herzogtum Warschau, III. und IV. Königreich Polen oder im Königreich Galizien und Lodomerien adelslegitimiert worden sind;
3. Familien des historischen Dworjanstwo des Kaiserreiches Russland, welche landsässig oder ansässig und in den ehemaligen Gebieten der Res Publica adelslegitimiert sind;
4. Familien, welche in den Genus der systemmässigen Nobilitierung im Kaiserreich Österreich gekommen sind und landsässig oder ansässig in den ehemaligen Gebieten der Res Publica (Beamten- und Funktionsadel) sind oder waren;
5. Familien, welche in den Genus der systemmässigen Nobilitierung im Kaiserreich Russland gekommen sind und landsässig oder ansässig in den ehemaligen Gebieten der Res Publica (Beamten- und Funktionsadel), sind oder waren, sowie die

6. außerhalb der ehemaligen Gebieten der Res Publica stammenden Adelsgeschlechter, welche zumindest in einer Generation in deren Gebieten landsässig- oder ansässig waren (z. B. Nobilitierungen des Heiligen Stuhls oder im Kaiserreich Frankreich unter Napoleon).

0.2. Problematik des geringen Grades der Namensfestigung in der Res Publica

Es kommt vielfach vor, dass identische Familien unter anderer Schreibweise mehrfach aufgeführt werden. Als unmittelbare Folge erfolgt eine rechnerische Aufblähung der Gesamtzahl des Adelstandes der Res Publica, deren Ausmaß nur schwerlich einzuschätzen ist.

Diese Problematik wird verschärft durch die Folge der vorherrschenden Realteilung. Bedingt durch Erbschaften und Aussteuerregelungen fand ein fortlaufender Eigentumswechsel und dadurch eine weitere Eigentumsaufsplitterung der Güter und Ortschaften statt. Bei der Annahme eines neuen Namens nach dem neuen Besitzstand erfolgte eine weitere Namensaufsplitterung der so entstandenen Linien. Dies ist die Ursache des häufigen Vorfindens einer Vielzahl von namensidentischen Familien in einem Dorf vor, die genetisch unterschiedlichen Geschlechtern angehören und sich nur durch deren Wappenzugehörigkeit unterscheiden lassen.

Diese Aufblähung des numerischen Bestandes der Szlachtafamilien beträgt sicherlich zumindest 10 % der ermittelten Namen, es ist jedoch nicht auszuschließen, dass es in einigen Gebieten des Adelsrepublik bis zu 1/3 des Bestandes in neuen Wappenbüchern Gelisteten beträgt.

Dennoch gilt auch für die aller Publikation der Ausspruch des Autors des Adelsregister des Heiligen Römischen Reiches und des Kaiserreiches Österreich, von Frank zu Döfering, dass ein Fehlen eines Adelsgeschlechtes in einer solchen Zusammenstellung nicht gleichbedeutend ist mit dessen fehlenden Adelstand.

0.3. Problematik des verdunkelten Adels in einer demokratischen Gesellschaft

Die **Serenissima Res Publica Coronae Regni Poloniae Magnique Ducatus Lithuaniae** war eine demokratische, föderal verfasste Republik mit einer einzigen Einschränkung – zu den Staatsbürgern und damit dem Personenkreis mit aktivem und passivem Wahlrecht gehörte nur der Adelstand an. Allerdings war damit der Bevölkerungsanteil erheblich höher als bei der Partizipation der späteren

Demokratie in Großbritannien und den Staaten Europas bis in das ausgehende XIX. Jhdt. In diesem ersten Anlauf der Schaffung eines übernationalen Reiches in Europa lassen sich viele negative Erscheinungen der heutigen Europäischen Union erkennen.

Es drängen sich vielfältige parallelen zu heutigen demokratischen Staaten auf. Als bezeichnendes Beispiel kann die Übermacht der staatlichen Verwaltung der Adelsrepublik bei der Behandlung des verdunkelten Adels angeführt werden. So führen **Volumina Legum**, das Gesetzeswerk des Res Publica Serenissima bis zur dessen Untergang 1795 im Band VIII auf der Seite 296 aus: Für das Jahr 1775 wird in Volumina Legum ein Rechtstreit notiert, in dem der Starost von Owrucz (an der Grenze der heutigen Ukraine zu Weißrussland, beide Teile des altlitauischen Großfürstentum im Rahmen der Res Publica gelegen) die nachfolgenden Familien als Bauern klassifizierte und sie mit entsprechenden Steuerabgaben belegen wollte, bis diese gerichtlich ihren Adelstand nachweisen:

1. Bech,
2. Białocki,
3. Branowski Dumiński,
4. Buwsonowski,
5. Dorotycz,
6. Hecejowski,
7. Kobyliński,
8. Korczewski,
9. Kościuszko,
10. Lewkowski,
11. Marakowicz,
12. Mieleniewski,
13. Moszkowski,
14. Niewmierzycki,
15. Paszyński,
16. Perszk vel Perszek,
17. Redcyzc,
18. Rożmeyko,
19. Serninka,
20. Szwab,
21. Tołkacz,
22. Usarewicz,
23. Uszczapowski,
24. Waskowiec vel Waskowski,

25. Werpowski,
26. Wołkowski und
27. Zakusioło.

Bezeichnend ist, dass heute vielfach erst ein äußerer Anlass erforderlich ist, um sich des eigenen Adelstandes bewusst und aktiv zu werden. So entsprang der Familie Kościuszko, vorstehend unter # 9, ein Anführer der letzten bewaffneten Konföderation zur Verteidigung der Demokratie der Adelsrepublik und berühmter General des amerikanischen Unabhängigkeitskrieges. Alle nachfolgenden Aufstände im westlichen, polnischen Teil der ehemaligen Adelsrepublik sind nicht als Konföderationen zum Zweck des Erhaltes oder Wiederherstellung der Res Publica, sondern als Aufstände anzusehen.

In der Zeit seit der Entstehung der Szlachta nach 1385 wandelte sich vielfach die Schreibweise sowohl der Familiennamen als auch der Bezeichnungen der Wappengenossenschaften und der Wappenrufe. Hierdurch wird eine und die gleiche Familie unerkannt unter abweichenden Namen geführt. Die Feststellung, ob es sich hierbei um unterschiedliche oder identische Familien handelt, kann nur durch intensive historische Forschung vermittelt werden.

Durch Quellenverluste oder einfach durch geringe Quellendichte kann trotz eingehender Forschungen nicht selten keine Aussage über die Identität abweichender Schreibweisen herbeigeführt werden. Beispiel: Dabrowski [latinisierte Version] und Dąbrowski [polonisierte Version], Dambrowski und Dombrowski [mögliche phonetische Schreibweise], Dobrowski [vereifachte phonetische Version], und hierzu kommen noch die Schreibweisen in kyrillischen Alphabet.

Wie dramatisch Verwaltungsbeamten Namen und damit Genealogien verfälschen können, sei es bewusst, durch Nachlässigkeit, fehlende Kompetenz oder auf Weisung, sieht man an einem Beispiel aus dem ehemaligen Ostpreußen:

Heiraths-Haupt-Register des Königlich Preußischen Standesamtes Marwalde, Kreis Osterode, Ostpreußen für das Jahr 1893, Eintrag Nr. 1 [Marwalde, Księga małżeństw 1893] [10]:
"Marwalde am siebenzehnten Januar tausendachthundertneunzig drei. Vor dem unterzeichneten Standesbeamten erschienen heute zum Zwecke der Eheschließung:

[10] Standesamt zu Marwalde, Ostpreußen, Heiraths-Haupt-Register Nr. 1, 1893 http://www.olsztyn.ap.gov.pl/baza/skany.php?z=892&s=6, Zugang 5. II. 2016

1. Der Wirtssohn Johann **Zuchowski**, bisher ledigen Standes, der Persönlichkeit nach bekannt, katholischer Religion, geboren den elften April des Jahres tausendachthundert vierundsechzig, zu Ruhwalde, Kreis Osterode, wohnhaft zu Ruhwalde. Sohn des verstorbenen Wirth Johann **Zuchowski** und dessen noch lebenden Ehefrau Veronika, geb. Gawarzeck, wohnhaft zu Ruhwalde.
2. Die Wirtstochter Katarine (geschrieben steht Karatine) Koschmieder, bisher ledigen Standes, der Persönlichkeit nach bekannt, evangelischer Religion, geboren den zweiundzwanzigsten November des Jahres tausendachthundertzweiundsechszig zu Ruhwalde, wohnhaft zu Ruhwalde. Tochter des verstorbenen Wirt Friedrich Koschmieder und dessen noch lebenden Ehefrau Justine, geb. Groß, wohnhaft zu Ruhwalde. Als Zeugen waren zugezogen und erschienen:
3. Der Wirth Friedrich Koschmieder, der Persönlichkeit nach bekannt, dreiunddreißig Jahre alt, wohnhaft zu Ruhwalde.
4. Der Wirth Gottlieb Sterna, der Persönlichkeit nach bekannt, einunddreißig Jahre alt, wohnhaft zu Marzien, jetzt Wirth Osterode. In Gegenwart der Zeugen richtete der Standesbeamte an die Verlobten einzeln und nacheinander die Frage: ob sie erklären, dass sie die Ehe miteinander eingehen wollen. Die Verlobten beantworteten diese Frage bejahend und erfolgte hierauf der Ausspruch des Standesbeamten, dass er sie nunmehr Kraft des Gesetzes für rechtmäßig verbundene Eheleute erkläre.
Vorgelesen, genehmigt und unterschrieben: Johann **Zacharowski**, [unleserlich] **Zacharowski**, geb. Koschmieder, Friedrich Koschmieder, Gottlieb Sterna. Der Standesbeamte: Borowski"

Obwohl sowohl der Ehemann als auch die neu Angetraute mit "**Zacharowski"** unterschrieben, werden sie in der Urkunde durch den Beamten als "**Zuchowski**" aufgeführt. Von Verunstaltungen durch Aufschreiben nach Gehör oder Verschreiben, so dass in einem Dokument zwei, ja sogar drei unterschiedliche Namensversionen erscheinen, oder der Transliterierung aus dem oder in das Kyrillische ganz zu schweigen.

0.4. Namensproblematik in Anbetracht einer fehlenden Konvertierungstabelle

Weiterhin verschärft wird die Lage durch die Tatsache der Namensverfälschung durch alle bestehenden Transliterierungsysteme in das lateinische Alphabet wie z. B. die Lautverschiebung **v > f** oder **o > a** wie auch die bekannte **ch – g – h** Problematik. Aus diesem Grund gibt es bisher noch keine verbindliche Konvertierungstabelle für Namen aus dem Lateinischen / Polnischen in das kyrillische Alphabet (der russischen, ukrainischen und weißrussischen Ausprägung) und eben aus diesen wieder in das Lateinische und Polnische.

Wohl wurden bisher auf Regionen beschränkte Konvertierungstabellen veröffentlicht. Wegen der immensen Datenmenge ist es bisher jedoch nicht gelungen, eine Konvertierungstabelle für das gesamte Gebiet der ehemaligen Res Publica Serenissima zu erstellen. Es bleibt abzuwarten, ob es dem laufenden Forschungsprojekt "Eliten der Res Publica Serenissima 1385 – 1569 – 1795 und in deren Gebieten bis 1918" gelingt, als Nebenprodukt zumindest für die Familien der historischen Szlachta im östlichen Europa eine beiderseitige Konvertierungstabelle zu erstellen, die für eine Umsetzung von Familiennamen obligatorisch sein könnte.

Somit bleibt der alltägliche Kampf der von dieser Problematik Betroffenen nicht nur bei westlichen Standesämtern Personen (z. B. bei nationalen Mischehen) sondern auch im Fall von Registrierungen bei den Amtsgerichten weiter bestehen. Betroffen sein kann jeder, der in einem Land in welchem sich die Amtssprache des kyrillischen Alphabets bedient, einen Reisepass oder internationalen Führerschein beantragt. Hierbei ist es nach geltendem Recht üblich, den kyrillisch geschriebenen Namen auch in lateinischen Buchstaben anzugeben. In Ermangelung einer Konvertierungstabelle erfolgt dies durch die Transskribierung. Die üblicher Weise verwendeten Transskribierungsnormen generieren manchmal sogar kaum lesbare und aussprechbare Namen und man ist auf einen Kampf mit Fachgutachten über die korrekte Konvertierung des historischen Familiennamens angewiesen.

Das dies keine rein theoretische Überlegungen sind, wird an einem unlängst bekannten Fall eines über 2 Jahre dauernden Rechtsstreites über die korrekte Namenskonvertierung vor dem Amtsgericht Posen-Mitte (Republik Polen) deutlich. Der neue Geschäftsführer wurde erst nach wiederholten Gutachten in das Handelsregister eingetragen und das Unternehmen wurde damit soweit geschädigt, dass nachdem die neue Organbesetzung im Handelsregister eingetragen wurde, es wegen zwischenzeitlich eingetretenen Zahlungsunfähigkeit Konkurs anmelden musste.

Auch im Bereich der Standesämter gilt die korrekte Namenskonvertierung nicht selten als ein kaum zu überwindendes Hindernis – soweit die Eheleute sich nicht damit abfinden, dass jeder von ihnen eine abweichende Schreibweise des gleichen Ehenamens führt. Oder dass der Name eines der Ehepartners nach sachlich fehlerhaften jedoch nach geltenden Transskribierungsnormen korrekten Transliterierung fast unaussprechlich wird. Dies gilt nicht nur für Familiennamen sondern auch für Vornamen. Wer würde bei **"Katsiaryna"** in der amtlichen Transkribierung aus dem Russischen an eine weißrussische **"Katrin/Katharina"** denken?

Das in diesem Bereich dem Autor bekannte bisher am längsten andauernde Verfahren (bis geheiratet wurde) wurde mit 3 ½ Jahren im Rheinland notiert und verursachte eine Schadensersatzforderung von knapp 100.000 €. Zu diesem unhaltbaren Zustand bleibt noch anzumerken, dass es sich um Eheleute aus europäischen Ländern handelte und nicht etwa aus dem russischen, chinesischen, japanischen oder thailändischen Sprachraum und dass es nur deshalb bei 3 ½ Jahren verblieb, da sie es dann doch vorzogen nicht in Deutschland, sondern im Königreich Dänemark zu heiraten.

Beispiel für die Umschrift von Namen:
Der Familienname **Лисенко** wird heraldisch im lateinischen Alphabet korrekt klassifiziert als Name der Familie **Łysienko [h. Łysienko = Przestrzał Abwandlung** oder **h. Przestrzał] (polnische Schreibweise) / Lysienko (lateinische Schreibweise unter Weglassung der polnischen Sonderbuchstaben).** Bei Transkribierungen erhält man mindestens 3 mögliche transskribierungskorrekter - jedoch nicht die sachgerechter - Namensversionen: als **Lissenko** oder **Lysenko (DE), Lisenko (EN), Lissenko (FR)** und **Łysenko** (bei Weglassung der Sonderzeichen wird es zu **Lysenko**) **(PL)**.

In Klammern stehen Wikipedia-Beispiele ggf. unter Transliteration die strengere ISO 9 von 1995 und unter deutsch die DDR-Transkription.

Kyrillische Schreibweise	**Transliteration**	**Transskription**		
		Deutsch	**Englisch**	**französisch**
Александр Солженицын (russisch)	Aleksandr Solženicyn	Alexander Solschenizyn (Solshenizyn)	Aleksandr Solzhenitsyn	Alexandre Soljenitsyne
Михаил Зощенко (russisch)	Michail (Mihail) Zoščenko	Michail Soschtschenko (Sostschenko)	Mikhail Zoshchenko	Mikhaïl Zochtchenko

	(Zoŝenko)			
Михаил Горбачёв (russisch)	Michail (Mihail) Gorbačëv	Michail Gorbatschow	Mikhail Gorbachev	Mikhaïl Gorbatchev
Борис Николаевич Ельцин (russisch)	Boris Nikolaevič El'cin	Boris Nikolajewitsch Jelzin	Boris Nikolayevich Yeltsin	Boris Nikolaïevitch Eltsine (Ieltsine)
Владимир Владимирович Путин (russisch)	Vladimir Vladimirovič Putin	Wladimir Wladimirowitsch Putin	Vladimir Vladimirovich Putin	Vladimir Vladimirovitch Poutine
Руслана Лижичко (ukrainisch) / Лыжичко (russisch)	Ruslana Lyžyčko / Lyžičko	Ruslana Lyschytschko (Lyshytschko) / Lyschitschko (Lyshitschko)	Ruslana Lyzhychko / Lyzhichko	Rouslana Lyjytchko / Lyjitchko
Зоран Ђинђић (serbisch)	Zoran Đinđić	*nur Transliteration:* Zoran Đinđić (Djindjić)	*nur Transliteration:* Zoran Đinđić (Djindjić)	*nur Transliteration:* Zoran Đinđić (Djindjić)

1. Thematischer Überblick

1.1. Von polnischen Ritterfamilien zu adligen Szlachtageschlechtern.

Die alten polnischen Stammwappen bildeten in ihrer unverändert gebliebenen Form ein Kennzeichen der Zusammengehörigkeit der oft über das ganze Reich zerstreut lebenden Zweige eines Geschlechts und ein Unterscheidungszeichen von anderen, ein anderes Wappen führenden **gleichnamigen** Geschlechtern. Beim alten polnischen Adel (bis zur Entstehung der Res Publica) und dadurch auch der Szlachta der Adelsrepublik liegt die Entstehung der Wappen meist im tiefen Dunkel. Der Stifter wählte das Motiv des Wappens, sei es aus dem religiösen oder ritterlichen Leben, aus dem ritterlichen Frauendienst, oder er wählte sonst ein Zeichen, das ihm die Erinnerung an ein ihn betreffendes, öffentliches oder in seinem privaten Leben bedeutungsvolles Ereignis bewahren sollte. Eine Deutung hat sich durch kein Schriftstück, meist nur durch eine oft sagenhafte Deutung in der Familie erhalten.

Im alten Polen bildeten sich keine Heroldsfiguren in den Wappen aus; diese haben sich also in ihrer ursprünglichen Gestalt erhalten und waren auch keinen heraldischen Regeln unterworfen. Das Wappenbild im farbig ungeteilten Schildfeld und der Helm-schmuck bildete das Wappenbild. Helmdecken und Schildhalter gehörten nicht zu diesem und waren nur eine vom Ausland angenommene, zuerst ganz bedeutungslose Nebensache und entwickelten sich erst langsam gegen Ende der Adelsrepublik.

Die Kenntnisse über die ursprünglichen polnischen Ritterwappen bis zu den Adelswappen der „Res Publica" erweiterten sich nur allmählich.

Als erste Chronisten Polens sind **Gallus Anonymus**, **Wincenty Kadłubek** vermutlich des Wappens Łabęź oder Lis, **Janko z Czarnkowa des Wappens Nałęcz** und **Marcin Bielski des Wappens Prawdzic** zu nennen.

Jan Długosz des Wappens Wieniawa, auch Johannes Longinus, Joannes Dlugossius genannt, * 1415 in Nowa Brzeźnica bei Radomsko, + 19. V. 1480 in Krakau, erster heraldische Schriftsteller der entstehenden Rzeczpospolita, führte in seinem Traktat " Insignia seu Clenodia regni Poloniae" (geschrieben 1466 - 70) über 103 Wappen auf, von denen etwa 50 beschrieben waren.

Martin von Cromer h. Kromer (PL-Marcin Kromer h. Kromer), * 1512 in Biecz, Provinz Kleinpolen, † 23. III. 1589 in Heilsberg, Ostpreußen), erwähnte 115 Wappen.

Bartosz Paprocki h. Jastrzębiec, (auch Bartholomäus Paprocky oder Bartholomew Paprocki, CZ-Bartoloměj Paprocký z Hlahol a Paprocké Vůle; PL-Bartłomiej Paprocki h. Jastrzębiec), * 1540/1543 bei Sierpc, Masowien, † 27. XII. 1614 in Lemberg, Ukraine, gab in seinen Hauptwerken von 1578 und 1584 insgesamt 2.481 Geschlechter in 126 Wappengenossenschaften und 28 + 48 Individualwappen, also insgesamt 202 Wappen an.

Szymon (Simon) Okolski h. Rawicz, (andere Namensform Simon de Camenacia), * 1580 in Kamieniec Podolski, Ukraine, + 10. VI. 1653 in Lemberg, Ukraine, erhöhte die Zahl bekannter Wappen auf 290,

Albert Wijuk Kojałowicz h. Kościesza Abwandlung, (LAT-Koialovicius-Wijuk Albertus, LIT-Albertas Vijūkas Kojalavičius, PL-Wojciech Wijuk Kojałowicz h. Kościesza Abwandlung), * 1609 Perkunashaus in Kaunas oder Romainiai, Litauen, + 6. X. 1677 in Warschau, schrieb über die litauischen Wappen sowie

Jan Chryzostom Pasek h. Doliwa, der in seinem Tagebuch ein anschauliches Bild über das Sarmatentum der Szlachta in der Adelsrepublik wiedergibt.

Aus diesen Schriftstellern schöpfte **Kaspar Niesiecki**, bürgerlicher Herkunft (nach anderen Angaben des Wappens Poraj), * 31. XII. 1682 in Großpolen, + 9. VII. 1744 in Krasnystaw, Provinz Kleinpolen, für sein 4-bändiges Werk und beschrieb etwa 500 Wappen. Ob er Zugang zu der Handschrift von **Walerian Nekanda Trepka h. Topór** über die Versuche von Adelsanmasungen im XVII. Jhdt. hatte, ist nicht eindeutig klar.

Nach diesem arbeiteten über Familien und Wappen der Adelsrepublik **Dunczewski**, **Kuropatnicki**, **Krasicki**, **Leszczyc**, **Piotr Małachowski h. Nałęcz** und **Wielądko h. Nałęcz**.

Aufbauend auf diesen Werken erstellte **Bobrowicz h. Gryf** seine 10-bändige Neuausgabe des Werkes von Niesiecki mit kritisierenden, berichtigenden und vervollständigenden Zusätzen und führte 577 Wappen an.

Der Historiker **Joachim Lelewel von Löwensprung eigenen Wappens** verfasste in dieser Neuausgabe Niesiecki's die Einleitung über die Entstehung und Entwicklung des Adels- und Wappenwesens der Adelsrepublik. Als Band 11 wird in der Literatur häufig das Werk von **Ignacy Kapica Milewski h. Tuczyński**: Herbarz Ignacego Kapicy Milewskiego (wydanie z rękopisu) angesehen sowie 2 Bände von **Krzysztof Czarniecki h. Łodzia**: Herbarz Polski podług Niesieckiego genannt.

Obwohl es einige kritische Stimmen gibt, wird auch Przewodnik heraldyczny [Heraldischer Führer] von **Adam Amilkar Kosiński h. Koziński II** als grundlegend angesehen.

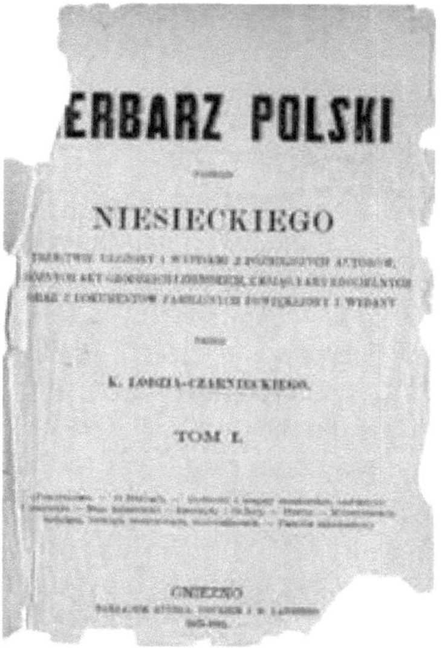
ERBARZ POLSKI

NIESIECKIEGO

TOM I.

GNIEZNO

Besonders wichtig sind die Werke von **Sinapius** über Schlesien, **Milewski** über Masowien, **Kętrzyński (auch von Winkler genannt) h. Cietrzew** über Preußen, **Graf Dunin-Borkowski h. Łabędź** über Galizien, **Wittyg h. Prus I** über die verdunkelte Schlachta, **Prof. Franciszek Piekosiński** über die polnische Ritterschaft des Mittelalters und Altlitauens, heraldische Tabellen von **Chrzański h. Chrzański** oder heraldische Studien von **Małecki** um nur einige zu nennen.

Aufbauend auf diesen „Vorarbeiten" entstanden dann die einmaligen Grundwerke über die Szlachta der **Res Publica Beider Nationen**, nach polnischen Historikern des XX. Jhdt. als RON abgekürzt, der Autoren **Graf Jerzy Dunin-Borkowski h. Łabędź**, **Teodor Żychliński h. Szeliga**, **Graf Juliusz Ostrowski h. Rawicz** und verlagerte sich mit Werken von **Adam Boniecki h. Bończa** unter Mitarbeit **Baron Artur Reisky von Dubnitz eigenen Wappens**, **Graf Seweryn Uruski h. Sas** sowie von **Prof. Włodzimierz Dworzaczek** immer mehr in den akademischen Rahmen.

Wegen seiner Werke ist von Bedeutung das Wirken des **Emilian von Żernicki h. Szeliga** hervorzuheben, die alle samt in Deutsch erschienen. Die von ihm verwendete begriffliche Griffigkeit hat zur unglücklichen Gleichsetzung der Szlachta der Adelsrepublik mit dem polnischen Adel wie auch zur Einführung des Begriffes „Klein-Adel" im deutschsprachigen Raum geführt.

In der Zwischenkriegszeit erschienen spezialisierte Wappenlexikas, die wie das Werk von **Stanisław Dziadulewicz h. Sokola** über den tatarischen Adel der Res Publica oder die Arbeiten von **Dr. Ludwik Piotrowski h. Korwin** zur Szlachta armenischen und mosaischen Ursprungs in der Adelsrepublik.

Auch in der Zeit der Klassenfeindschaft ruhten die Arbeiten nicht. Alle heutigen namhaften Genealogen und Historiker Osteuropas begannen ihre Arbeit in den Volksdemokratien, auch wenn sich die Forschungen mehr im akademischen Rahmen abspielten oder in der Schublade landeten. Aber nicht ausnahmslos.

Nach der Wende werden nun viele Arbeiten publiziert, einige Teils aus der Schublade, wie bei **Proff. Jerzy Łempicki**, **Andrzej Rachuba**, **Elżbieta Sęczys**, **Sławomir Górzyński** oder **Szymon Konarski**, **Sławomir Leitgeber** und **Dr. Roman Sękowski**. Mit Dr. Grzegorz **Błaszczyk** (Adel von Samogitien, Litauen), Dr. Evgen **Czernecki** (Adel der galizischen Ukraine), Dr. Jerzy **Minakowski** (politische Genealogie der Res Publica), Dr. Przemysław **Pragert** (Adel von Kujawien), Dr. Carsten **Krumke** (Kosakenadel), Oleg **Chorowiec** (Adel der imperialen Ukraine) und Elżbieta Halina **Nejman** (Adel der Wojewodschaft Sieradz) trat nach dem Niedergang des eisernen Vorhangs eine neue Generation akademischer Genealogen und Heraldiker auf.

Der Graphiker und Heraldiker **Tadeusz Gajl** hat es sogar geschafft, dass seine gezeichneten Wappen sogar in Fachkreisen eine besondere Bezeichnung erfahren haben: **herby gajlowskie** oder **Gajlesque Coat of Arms.** Diese Auszeichnung scheint verdient zu sein, denn er hat nicht nur eine allgemeine Datenbank der Wappen der Szlachta der Adelsrepublik geschaffen, sondern mit Kollegen auch das weltweit erste elektronische Klassifizierungssystem geschaffen, mit dem zu einem unbekannten Wappen dessen Wappenruf bestimmt werden kann und damit auch die Familien, die es führen. Erklärend muss noch erwähnt werden, dass in der Adelsrepublik bis über Tausend unterschiedliche und verschiedenartige Familien dasselbe Wappen führen konnten. So wird nach derzeitigem Forschungsstand das Wappens Jastrzębiec mit allen Wappenabwandlungen insgesamt 1.740 Familiennamen zugeordnet. Diese in der westeuropäischen Heraldik unbekannte Verbindung wird Wappengenossenschaft oder Wappengemeinschaft genannt.

Insgesamt ergibt sich ein Bild, dass in der Republik Polen, obwohl die Beschäftigung mit der Adelsrepublik im XX. Jhdt. von akademischen Forschern vorangetrieben worden ist, nach dem Zusammenbruch des sozialistischen Gewaltsystems die Zivilgesellschaft mit einer Vielzahl von genealogisch-heraldischen Vereinen zur treibenden Kraft der Wiedererweckung adliger Traditionen wurde. Sie treibt buchstäblich die noch im alten System verankerte Historiographie und die instituonalisierte akademische Welt mit Vorhaben wie der Schaffung der Datenbank von Dr. Minakowski oder den vielen regionalen Indexierungsprogrammen von Kirchenbüchern regelrecht vor sich her. Zuerst gestützt auf die Mormonen-verfilmungen setzte sie, auch wenn es im Vergleich weit hinter den Nachbarländern herhinkt[11] eine verstärkte Digitalisierung von personenrelevanten Archivalien durch. Dennoch kann nach einer Epoche der kulturellen Zerstörung der Aufbau nicht ohne eine staatliche Förderung erfolgen. So mussten z. B. aus mangelnder staatlicher Unterstützung das auf 16 Bände angelegte Lexikon des Adels Schlesiens von Dr. Sękowski nach 6 Bänden und des Adels Mazowiens von Prof. Łempicki nach 4 Bänden wegen fehlender Finanzmittel die Erscheinung einstellen. Nur Forschern, die sich eine private Finanzierung sichern können (wie beim 4-bändigen Lexikon des Adels Kujawiens oder bei dem nur elektronisch erschienenen Lexikon des Adels von Sieradz, gelingt es die Vorhaben abzuschließen.

Möglicher Weise zeichnet sich jedoch Licht am Ende des Tunells ab. Nachdem vor wenigen Jahren die mit dem sozialistischen System verwobene Regierung abgelöst worden ist, kommt es scheinbar zu einer Wende. Als Beispiel ist hier die Hilfe bei der Erstellung des Lexikon des Adels von Samogitien mit 6 Bänden (2015-2016) oder der 11 Bände des Landadels des XX. Jhdt. zu nennen, die staatlich gefördert wurden und nun auch digitalisiert im Internet nutzbar sind. Nach dem Zusammenbruch des sozialistischen Gewaltsystems der Sowjetunion erfreut sich die Rückkehr zu angestammten Werten und Traditionen auch in den östlichen Gebieten besonderer Beliebtheit, denn es gilt 70 Jahre Terrors und Stillstandes aufzuarbeiten.

Es lässt sich jedoch ein eindeutiger Trend ermitteln – war man früher bestrebt eine Gesamterfassung des Adels der Res Publica (A-Z) zu erreichen an der Alle nach Niesiecki wegen der Datenmenge gescheitert sind, geht man seit dem XX. Jhdt. zu Teil-Bearbeitungen über – entweder thematisch (Armenier, Juden, Kosaken, Tataren) oder noch mehr regional d. h. wojewodschafts-, landes- oder sogar kreisweise über.

Wegen der Vielzahl von Veröffentlichungen neuester Forschungsergebnisse ist es mühsam und zeitaufwändig, eine Übersicht zu behalten. Daher wird der aktuelle

[11] Zum Vergleich: die Tschechische Republik hat sich als Zielvorgabe bis zum Jahresultimo 2016 eine unent-geldliche Bereitstellung sämtlicher Kirchenbücher im Internet gesetzt und im Wesent-lichen wurde dies auch erreicht.

Stand der grundlegenden Fachliteratur zum Stichtag März 2017 am Ende der Abhandlung unter **Materialsammlung** gelistet. In der nach Inhalten strukturierten Auflistung befinden sich bei Publikationen und Datenbänken, welche digital erschlossen sind, die entsprechenden Permalinks zu Fundstellen im Internet.

1.2. Besonderheiten der Namensproblematik im östlichen Europa

Das polnische Wort für Wappen lautet „**herb**", das litauische „**herbas**" und wird abgekürzt „**h.**"; in BY, RU, UA einheitlich identisch „**repб**", abgekürzt „**r.**". In der Regel wird der Wappenruf des Wappens dem Familiennamen angehängt und mit „h." verbunden (Beispiel: **kniaź Chowański h. Pogoń Litewska = Fürst Chowański des Wappens Pogoń Litewska**). Wegen der Namenslänge sowie der im kommunistischen Polen eingeführten Zwang, dass ein Name nicht mehr als zweigliederig sein darf, wird es in amtlichen Dokumenten vielfach als **Pogoń-Chowański** mit verbindenden Bindestrich vorgeführt oder auch nachgestellt wie bei von **Zernicki-Szeliga**. Aber bei einer Voranstellung kann es sich auch auf einen historisch tradierten Zunamen oder Beinamen handeln wie bei **Dunin-Borkowski des Wappens Łabędź** [**Dunin-Borkowski h. Łabędź**], der reinen Phantasie entsprungen sein wie bei dem Politiker **Korwin-Mike** [12] oder sich auf einen Decknamen beziehen, der zum Beinamen wurde wie bei dem Marschall von Polen **Rydz-Śmigły** [13]. Dieser Regel folgen auch Schreibweisen in der litauischen, russischen, ukrainischen und weißrussischen Sprache, dass so gesehen wieder einer einheitlichen Schreibweise (auch wenn in lateinischer oder kyrillischer Schrift) gefolgt wird.

Diese Abkürzung wird auch in den Lexikas des Wikis Szlachta verwendet, so z. B. beim

1. ersten Premier des nachkommunistischen Polens Tadeusz Mazowiecki des Wappens Dołęga > **Mazowiecki h. Dołęga**,
2. Bronisław Graf Komorowski, Nachfolger Kaczyński's als Präsident Polens (ob gräfliche Linie oder nicht), eigentlich Dołęga, aber seit der österreichischen Standeserhöhung in den Grafenstand des Wappens Korczak > **Komorowski h. Korczak**,
3. Literaturnobelpreisträger Czesław Miłosz des Wappens Lubicz (litauischer Adel) > **Miłosz h. Lubicz**,
4. Literaturnobelpreisträger Henryk Sienkiewicz des Wappens Oszyk (auch aus heutigem Litauen, aber aus dem Adel der Res Publica tatarischen Ursprungs) > **Sienkiewicz h. Oszyk**,
5. Adam Mickiewicz des Wappens Poraj (auch aus Litauen) > **Mickiewicz h. Poraj**,
6. bisher einzige Frau mit einem Doppelnobel (Nobelpreise in Physik in 1903 und Chemie in 1911) Marie Curie-Skłodowska des Wappens Dołęga > **Skłodowski h. Dołęga**.

---

[12] der nichtadelig ist, wober Korwin die Bezeichnung einer adligen Wappengenossenschaft ist.

[13] Rydz ist dabei der Familienname, es tritt auch die Form **Śmigły-Rydz** auf.

Diese Liste könnte fast endlos mit **Kaczyński h. Pomian, Dostojewski h. Dostojewski** [14], **Strawinski h. Sulima**, dem „rotem Henker" Feliks **Dzierżyński h Sulima** [15], Wladimir Iljitsch **Uljanow h. Uljanow** (Lenin) [16], sowie Kumpel seines Bruders bei der

---

[14] Bei dem Wappen Dostojewski handelt sich um eine Abwandlung des Wappens Radwan:

Dostojewski = 

, Radwan = 

. Das Geschlecht Dostojewski entstammt dem weißrussischen Dorf Dostojewo bei Pinsk in Altlitauen. In der Literatur findet sich vielfach eine Fehlinformation, dass der Vater des Schriftstellers Hofrat Michail Andrejewitsch Dostojewski im Jahre 1831 im Kaiserreich Russland nobilitiert worden ist und daraf hin das vor Moskau gelegene Gut Darowoje erwarb. Der erwähnte Gnadenakt 1831 war jedoch keine Nobilitierung, sondern eine russische Bestätigung seines alten Adels der Res Publica nach dem kaiserlich-russischen Adelsrecht.

[15] Felix Edmundowitsch **Dserschinski h. Sulima** (RU = Феликс Эдмундович Дзержинский; PL = Feliks Dzierżyński h. Sulima), * Oziembłowo, Litauen, 30. VIII. [jul.]/ 11. IX. 1877 [greg.], + Moskau 20. VII. 1926, war Organisator der WTSCHK [russisch ВЧК, wird We-TSCHe-Ka ausgesprochen, steht für „Wserossijskaja Tschreswytschajnaja Komissija" (All-Russische Außerordentliche Kommission)]. Der erste Buchstabe (W für allrussische) wird häufig weggelassen, so wird die Bezeichnung zu TSCHK (RU = ЧК, ausgesprochen wie TSCHe-Ka). Die TSCHeKa, welche die Bolschewiki als „den bewaffneten Arm der Diktatur des Proletariats" bezeichneten, wurde hauptsächlich zur Bekämpfung der Opposition, der Konterrevolution und für ausländische Geheimdienstaktivitäten eingesetzt. 1922 wurde aus der Tscheka die GPU des NKWD (RSFSR), umgebildet 1923 in eine „All-Unions GPU" (OGPU) unter dem Rat der Volkskommissare.

[16] Wladimir Iljitsch **Uljanow des Wappens Uljanow** (Lenin) (RU = Владимир Ильич Ульянов, nach wiss. Transliteration Vladimir Il'ič Ul'janov), * Simbirsk 22. IV. 1870[greg.], + Gorki bei Moskau 21. I. 1924. Sein Vater Ilja Nikolajewitsch **Uljanow**, * Astrachan 31. VII. 1831, + 24. I. 1886, wurde als Inspektor von Volks-schuleinrichtungen 1882 in den erblichen russischen Adelstand erhoben. Verheiratet war Lenin ebenfalls adlig - mit Nadeschda Konstantinowna **Krupskaja h. Korczak** (RU = Надежда Константиновна Крупская, wiss. Transliteration Nadežda Konstantinovna Krupskaja), * St. Petersburg 14. II. 1869 [jul.]/ 26. II. 1869 [greg.], + Moskau 27. II. 1939). Nadeschda Krupska wurde als Tochter einer Lehrerin und des weißrussischen Offiziers Konstantin Ignatjewitsch **Krupski h. Korczak** geboren. 1896 wurde sie wegen „verbotener Agitation" zu einer zweijährigen Gefängnisstrafe verurteilt, von der sie sechs Monate verbüßen musste und an die sich eine dreijährige Verbannung anschloss. Ihr Bestimmungsort war das klimatisch ungünstige Ufa. Sie beantragte, ihre Verbannungszeit als „Braut" Uljanows in Schuschenskoje verbringen zu dürfen (schon vor Lenins Abreise nach Sibirien hatte sie Lenin die Ehe angeboten, er hatte aber abgelehnt). dem Antrag wurde stattgegeben, mit der Auflage, Nadeschda Krupskajas Eheschliessung mit Uljanow müsse „unverzüglich" erfolgen. Zusammen mit ihrer Mutter Jelisaweta Wassil-jewna Krupska reiste sie nach Sibirien. Nach der kirchlichen Eheschließung 1898 verbrachte die Familie die Zeit der Verbannung in Schuschenskoje. Die Verbannten erhielten staatlicherseits von der Regierung eine finanzielle Unterstützung in Höhe von 17 Kopeken täglich, damit sie ein sech-zehnjähriges Dienstmädchen namens Pascha Jaschenko einstellen konnten.

Attentatsvorbereitung auf den Kaiser von Russland Alexander III. und späterer Marschall von Polen, Józef Klemens **Piłsudski h. Piłsudski** [17] fortgesetzt werden. Piłsudski, nach dessen Tod 1935 Joseph Goebbels im Reichstag des III. Reiches eine Schweigedenkminute mit der Ansage angeordnet hat, dass das III. Reich sich hätte glücklich schätzen können, einen solchen Staatsmann gehabt zu haben. Eben den **Piłsudski**, der erklärt hat, dass er auf den sozialistischen Zug aufgesprungen ist, um dort abzuspringen, wo es ihm gefällt.

Die Stammfolge der adligen Familie **Tschaikowski** (= Czajkowski) **unbekannten Wappens** [18] ist insofern von besonderem Interesse, als sich an ihr sowohl die

---

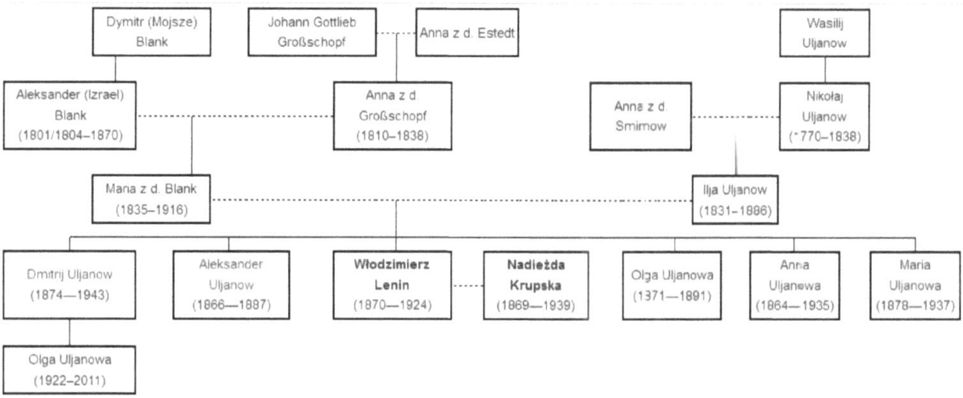

[17] Józef Klemens **Piłsudski h. Piłsudski,** * Zułów (LIT = Zalavas) bei Vilnius, Litauen, 5. XII. 1867, + Warschau 12. V. 1935. Bei dem Wappen **Piłsudski** handelt sich um eine Abwandlung des Wappens Kościesza:

Piłsudski = 

, die Abwandlung  des Wappens Kościesza. Umfang der Güter seiner Familie wurde auf ca. 12.000 ha geschätzt.

[18] Hier wird nur die Rahmenstammfolge vorgestellt, ausführliche Darstellung erfolgt in der Mono-graphie zu Czajkowski der unterschiedlichen Wappens.

A0. ? **Czajka unbekannten Wappens**, * [1653 <], + [], entsprang einer Familie aus dem Krementschuk Ujezd, die vermutlich in den Wirren um die Umwandlung der bipolaren Res Publica zu einer tripola-ren föderativen Staatswesen im Rahmen der Adoptionen und Nobilitierungen der Kontingent-Kosaken adoptiert wurde, denn es hieß ausgrücklich, происходил от православных шляхтичей Кременчугского уезда и был потомком известного на Украине казачьего рода Чаек. Adam Boniecki erwähnt insgesamt an die 100 männliche Namensträger Czajkowski aus dem Stamm Czajka im XVII. Jhdt., die anlässlich unterschiedlichen Anlässe, überwiegend ohne Wappensangabe, registriert wurden.

oo ? **?**, * [1658 <], + [],

B1. Afanasy **Czajka unbekannten Wappens** [RU - Афанасьев Чайка, in englischen Transliterierung Afanasy Chayka], * [1674 <], + [> 1695/ 8. VII. 1709], er ist es vermutlich, der in der Überlieferung nach Modest Czajkowski "Семейное предание утверждало, что он участвовал в Полтавской битве и умер в чине сотника «от ран» , der als Setnik von den im Kampf erhaltenen Verwundungen starb, gemeint ist.

oo ? **?**, * [1679 <], + 8. VII. 1709,

C1. Fedor Afanasewitsch **Czajka unbekannten Wappens,** [RU - Фёдор Афанасьевич Чайка, Fyodor Afanasyevich Chayka], * Nikolajewka bei Poltawa um 1695, + 1767, Kosak in der Omelnitsky Abteilung des Mirgo-rodsky Regiment und sollte sich in der Połtawa Schlacht am 8. VII. 1709 im Großen Nordischen Krieg, in der die schwedischen Truppen Königs Karl XII. von Peter I. geschlagen worden sind, ausgezeichnet haben.

Sofern die Überlieferung bezüglich einer Czajka-Teilnahme an der Schlacht zutrifft, sind hier die Daten der Historiographie nicht stimmig.

1. Entweder beziehen sich die Daten der Teilnahme an der Schlacht nicht auf Teodor, sondern seinen Vater **oder**
2. stimmt die Angabe über die Geburtsdaten * um 1695 nicht, er wäre dann zum Zeitpunkt der Schlacht im zarten Jünglingsalter von 14 Jahren. Würde man den Geburtszeitpunkt auf um 1685 verlegen, dann wäre aber der Abstand zu seiner im Jahre 1717 geborenen Ehefrau mit rund 37 Jahren und mindestens 5 Kindern zu groß (dann wäre er bei seinem letzten bekannten Sohn (Aleksej) 75 Jahre. Wie man bei Wadysław Jagiełło und anderen Fällen weiß, ist dies zwar nicht ausgeschlossen, jedoch nicht wahrscheinlich. Daher ist sein Alter frühestens bei 1695 anzusetzen, eher noch etwas später, und die Angaben be-züglich der Schacht werden sich wohl auf seinen Vater beziehen. Dies um so mehr, als er im Alter von 20 Jahren kaum eine Position erreicht haben dürfte, um sich auszuzeichen und überliefert zu werden.
3. Darauf weist auch die Überlieferung "Семейное предание утверждало, что он участ-вовал в Полтавской битве и умер в чине сотника «от ран», nach Modest Czajkowski, nach der Czajka als Setnik von den im Kampf erhaltenen Verwundungen starb. Dem-nach kann es sich nur um seinen Vater handeln, dessen Tod dann mit am oder kurz nach dem 8. VII. 1709 zu datieren wäre.

oo Anna **?** [genannt Czajkiha, Chaychikha], * 1717, + [],

D1. Danilo Fedorowitsch **Czajka unbekannten Wappens,** [RU - Чайка, Chayka], * 1738, + [],

oo **?**

D2. Peter Fedorowitsch **Czajka unbekannten Wappens,** [RU - Петр Федорович Чайка, Chayka], * Nikolajewka [UA-Миколаївка, нині Троїцьке), Poltaver Division 1745, + Glasov [Глазов] 18. / 30. IX. 1818, spätestens er begann statt des kosakisch tradierten Namen den Namen **Czajkowski** [Петр Федорович **Чайковски, Chaykovsky, Tchaikovsky** oder **Tchaikovski**] zu verwenden. Er erhielt im Jahre 1785 den erblichen kaiserlich russischen Adelstand (dworjanstwo) zuerkannt, wobei nicht bekannt ist, in welches Adelsbuch er eingetragen wurde. Der Zeitraum kurz nach der ersten Teilung der Res Publica würde eher auf eine Adelsbestäti-gung statt Nobilitierung hinweisen. Nach Пролеева В. И.: К истории родословной Чайковских, Илья Петрович Чайков-ский: жизнь и деятельность. Материалы к 180-летию со дня рождения, Составитель Б. Я.

Аншаков, Ижевск 1976, Seite 10, geschah es in einem Gnadenakt der Kaiserin Elisabeth II. Siehe auch: Пролеева В. И.: Поиски и находки в архивах. К родослов-ной П. И. Чайковского, in: Советские архивы, 1981, Nr. 1, Seiten 65ff.

oo Anastasia [Anastasiya] **Posochowa** [Posokhova], * 1751, + [> 1795],

E1. Ilja Petrowitsch **Czajkowski unbekannten Wappens,** [RU - Илья Петрович Чайковский, Ilya Petrovich Chaykovsky], * Slobodskoj bei Wiatka [Slobodskoy] 20./30. VII. 1795, + St. Petersburg 9./21. I. 1880, wird als kaiserlicher Unteroberst und Ritter erwähnt,

oo **I. voto** 11./23. IX. 1827 mit Maria Karlovna **Keizer** [Kaiser]. * [], + 1831,

oo **II. voto** 1./13. X. 1833 mit Aleksandra Andrejewna **d'Assier** [Александра Андреевна Ассиер], * St. Persburg 30. VII. /11. VIII. 1812, + auf Cholera in St. Petersburg 13./25. VI. 1854, fünftes Kind des Andreas [Andrey] d'Assier und Jekaterina [Yekaterina],

oo **III. voto** 1865 mit Jelizaveta Michajlowna [von?] **Lipport**, [Ели-завета Михайловна Липпорт],
deren I. voto Alexandrov [Александрова, Aleksandrova], * 1829, + 1910,

F1. **aus I. voto** Synajda [Zinayda] Ilijitschowna **Czajkowska unbekannten Wappens** [Зинайда Ильинична Чайков-ская], * 1829, + 13./25. I. 1878,

oo **I. 1854** mit Jewgenij Iwanowitsch **Olchowski h. ?,** [Olkhovsky], * 1824, + 1876,
Nachkommen: Michael, * 1854, + 1929, Jewgenia, Maria, Aleksander, Anatol,

F2. **aus II. voto** Katharina Lijitschowna [Yekaterina] **Czaj-kowska unbekannten Wappens**, als Kleinkind verstorben,

F3. **aus II. voto** Nikolaj [Nikolay] Ilijitsch **Czajkowski unbekannten Wappens**, * Votkinsk 9./21. V. 1838, + Moskau 21. XI./4. XII. 1911,

oo 1872 mit Olga **Denisejeva** [Denisyeva], * [1866 <], + um 1919, sie adoptierten 1886 illegitimen Sohn der Nichte von Nikolaj, Tatjana **Davidova** [Tatyana Davydova], der den Namen Georg **Czajkowski** [Georgy Tchaikovski] annahm, * 1883, + [],

F4. **aus II. voto** Peter [Pyotr] Ilijitsch **Czajkowski unbekannten Wappens**, * Votkinsk 1840, + 1893,

F5. **aus II. voto** Aleksandra Ilijitschowna **Czajkowska unbekannten Wappens**, * Votkinsk 28 XII. 1841/9. I. 1842, + Kamenka 28. III. /9. IV. 1891,

oo 6./18. XI. 1860 mit Leo **Davidov** [Lev Davydov], * 1837, + 1896, **Nachkommen:** Tatjana [Tatyana], * 1861, + 1887, Vera, * 1863, + 1888, Anna, * 1864, + 1942, Natalia [Natalya], * 1868, + 1956, Dmitry, 1870, + 1929, Vladimir, * 1871, + 1906, Jurij [Yury], * 1876, + 1965,

Namensproblematik als auch der Vollzug einer Namensentwicklung (Namenswechsel) exemplarisch vorstellen lassen.

Czajkowski/Czajka unbekannten Wappens steht in keinem Bezug zu dem alten polnischen Rittergeschlecht **Czajka z Nowego Dworu** (heute Jawor Solecki) **h. Dębno**. Aus diesem nahm Zbigniew **Czajka z Nowego Dworu h. Dębno** an der

---

F6. **aus II. voto** Hippolt Ilijitsch **Czajkowski unbekannten Wappens** [Ипполит Ильич Чайковс-кий,], * Votkinsk10./22. IV. 1843, + 1927, Marineoffizier,

oo Kamenka 1869 Sofie Petrovna **Nikonov** (Софья Петров-на Никонова, Sofya Petrovna Nikonova], * 1843, + 1920,

G1. Natalia [Natalya] **Czajkowska unbekannten Wappens**, * [], + [],

F7. **aus II. voto** Anatol [Anatoly] Ilijitsch **Czajkowski unbekannten Wappens**, * Alapayevsk 1. / 13. V. 1850, + St. Petersburg 20. I. /2. II. 1915, Zwilling, Jurist,

oo 1882 mit Praskovya Vladimirowna **Konshina** [Прасковья Владимировна Коншина,], * 1864, + 1956,

G1. Tatjana Anatolewna **Czajkowska unbekannten Wappens** [Татьяна Анатольевна Чайковская], * Tiflis 1883, + Juan les Pips, France 26. III. 1970,

oo **I. voto** mit Aleksej Vladimirowitsch **Venevitinov**, * 1875, + 1925, Diplomat, **Nachkommen:** Vladimir, Yelena, Apollinariya,

oo **II. voto** mit Paul **Baron von Ungern-Sternberg eigenen Wappens,** **Nachkommen:** Margarita und Maria,

oo **III. voto** mit Felix **Warren Crosse,** * 1892, + 1975, Schriftsteller,

F8. **aus II. voto** Modest Ilijitsch **Czajkowski unbekannten Wappens** [Модест Ильич Чайковский], * Alapayevsk 1. / 13. V. 1850, + Moskau 2./15. I. 1916, Zwilling,

F9 da er nach der Überlieferung neun Kinder hatte, ist ein Kind nicht bekannt.

D3. Michał Fedorowitsch **Czajka unbekannten Wappens,** [RU - Чайка, Chayka], * 1748, + [],

oo ?

D4. Matwej Fedorowitsch **Czajka unbekannten Wappens,** [RU - Чайка, Chayka], * 1750, + [],

oo ?

D5. Aleksej Fedorowitsch **Czajka unbekannten Wappens,** [RU - Чайка, Chayka], * 1760, + [],

oo ?

und wohl einige nicht überlieferte Schwestern.

Schlacht bei Grunwald [Tannenberg] im Jahre 1410 teil. Während der Schlacht trug er den Speer von König Wadysław Jagiełło und beschirmte ihn. Die Historiographie schreibt es seinen jungen Jahren und Unerfahrenheit als Ritter zu, dass er nicht in das Gefecht zwischen Jagiełło und Dipold von Köckeritz eingegriffen hat.

Am Beispiel der Familie des ehemaligen Präsidenten von Polen **Komorowski** sehen wir auch, dass der Wechsel der Zugehörigkeit zu Wappengenossenschaften auf unterschiedlichen Wegen erfolgen konnte und nicht nur durch eine Adoption (was häufig behauptet wird), sondern auch durch irrtümliche Falschangabe bei Adelslegitimationen. Dies erschwert die eindeutige Identifikation und Personenzuordnung erheblich.

Auch im kommunistischen Polen wurde das Land vielfach adlig geführt - so z. B. General Wojciech **Jaruzelski h. Ślepowron** (letzter sozialistischer Präsident Polens), welches sich noch während des Kriegsrechtes von einem Bekannten von Tadeusz Gajl hat sein Wappen in Öl malen lasen.

Hier wurde die Aufzählung fast nur auf die Republik Polen beschränkt – aber man könnte alle osteuropäische Länder durchgehen. Wem ist bewusst, dass der erste Mensch im All ein russischer Fürst mit direkter Abstammung von Rurik [19] war?

[19] **Rurik** (deutsch auch **Rjurik**; RU = Рюрик; altnordisch = Hrœrikr, 'berühmter Herrscher', * um 830, + um 879, war ein warägischer Fürst und gilt als Gründer des altrussischen Staates Kiewer Rus. Er soll von 862 bis 879 über Nowgorod sowie das Land zwischen den Flüssen Newa und Oka geherrscht haben. Als sein Nach-folger gilt Oleg der Weise, der die Herrschaft als Regent für Ruriks Sohn Igor innegehabt haben soll. Fast alle Großfürsten und Fürsten der gesamten Kiewer Rus führten ihre Abstammung auf Rurik oder seine beiden Brüder Sineus und Truwor zurück. Die nach Rurik benannte Dynastie der Rurikiden herrschte bis ins späte 16. Jahrhundert über das Großfürstentum Moskau. Damit hat die Sowjetmacht symbolisch das All durch einen Nachkommen des Begrüder des späteren Russland vollführt.

Jurij Aleksiejewitsch Gagarin (RU - Юрий Алексеевич Гагарин), nach kommunistischer Darstellung Sohn eines Tischlers, ist ein Spross des rurikiden **Fürstengeschlechtes Gagarin** und seine Verwandten sind im Vorstand der Russischen Adelsversammlung vertreten.

Die nachstehende Abstammungstafel des Fürsten Jurij Aleksiejewitsch Gagarin - Юрий Алексеевич Гагарин - zeigt wie man entsprechend Orwell die Geschichte umschreiben kann. Um dem entgegen zu wirken, wird in dieser Reihe ausnahmsweise auch eine Abhandlung über die Fürsten Gagarin erscheinen:

YURI GAGARIN ROYAL FAMILY TREE

POSTED ON JANUARY 13, 2011 BY P HODKINSON

When I first moved to London in 1970 I lived as a lodger in Parkhill Rd, in Hampstead. My landlady was called Princess Gagarin, and she designed wallpaper, was about 75 years old and said she was one of the Russian royalty who had escaped in 1917. She also said she was the great aunt of Yuri Gagarin. The other lodger was a postgraduate student of Russian History, and he seemed to have no doubts about her story, despite the story that Yuri came from peasant stock.

In fact, I don't think the two stories are inconsistent. I see nothing strange in the following fictional family tree.

Best wishes, Bill

Princess Gagarin — Prince Ivan Gagarin (by hypothesis married daughter of a Kulak in Klushino)
Escaped the pogrom and lived as a commoner

Alexey Ivanovich Gagarin = Anna Timofeyevna Gagarina
(worked on the collective farm in Klushino)

Yuri Alekseyevich Gagarin

yuri gagarin family tree

This entry was posted in YURI's DAY. Bookmark the permalink.

Die Schreibweise fast aller adligen Familien der Res Publica hat sich im Laufe der Zeit ebenfalls mehrmals geändert, wobei der erste Wechsel in der Regel bei der Abkehr von der lateinischen Sprache als Kanzleisprache erfolgte. Da Polnisch natürlich nicht in beiden Reichsteilen Amtssprache war, konnte ein Wechsel zwischen polonisierten, litauisierten oder rusifizierten Sprachversionen aufkommen. Dies gilt auch vor allem für die Familien, die später im preußischen Adel Aufnahme fanden [20] oder nach den Teilungen der Res Publica unter russische Herrschaft kamen. Die polnischen und litauischen diakritischen Zeichen haben selten in der deutschen Rechtschreibung Aufnahme gefunden. Bei der Transliteration in und aus dem kyrillischen Alphabet der ostslawischen Sprachen entstehen durch fehlende Buchstabenäquivalenz noch größere Probleme. Daneben gab es noch Schreibfehler aus Nachlässigkeit, undeutlicher Sprechweise, unvollkommenem Gehör oder aus nationalistischen Gründen.

Als Krönung für freie Bürger der Adelsrepublik kam die freie Namenswahl der Szlachta. Dies bewirkte, dass nach einem Besitzwechsel auch häufig ein Namenswechsel stattfand. Es sind auch Fälle bekannt, wo sich eine und dieselbe Person je nach Situation nach einem Gut benannte, bei einer anderen Gelegenheit nach einem anderem der eigenen Güter. Daher bietet die Nennung der Zugehörigkeit zur Wappengenossenschaft einen genauso wichtigen Hinweis wie das ostslawische Patronym. Zusätzlich wurden nicht selten Zunamen und sogar Spitznamen vererbt und haben sich als ein weiterer Namensbestandteil verfestigt, so dass eine korrekte Namensauflösung den Schlussstein bei der Erforschung der Szlachta der Adelsrepublik bildet.

Weiterhin besteht das Problem der phonetischen Unterschiede als auch bei der **Transliteration** (wegen des Fehlens von Buchstaben im Kyrillischen). Ist die Transliteration aus den Sprachen, die das lateinische Alphabet verwenden, ins Kyrillische noch recht eindeutig, bereitet die Rücktransliteration aus dem Kyrillischen in die lateinischführenden Sprachen große Probleme. Als Beispiel: aus **Chowański** wird im Russischen **Хованвский;** da jedoch „**Ch**" unbekannt ist und **„Ch"** als auch „**H**" zu **„X"** wird, kann entweder richtig rücktransliteriert werden als **Chowański** allerdings **auch (fachlich korrekt aber nicht sachgerecht) Howański, Chowanski, Howanski,** bei französischen Transliterationsregeln **Khowanski** oder **gar Khovansky!** Bei einer Transkription könnte sogar **Hovanskij** und **Khovanskij** herauskommen! Die Problematik ist bei der ukrainischen und weißrussischen Sprache derjenigen im Russischen vergleichbar. Bei seltenen Namen bekommt man den ursprünglichen noch raus, vielen ähnlichen nicht mehr. Ähnlich ist es mit der Rückführung des Guchstabens „G“. Daher geistern in der Literatur nicht existierende Geschlechter, welche nach der Rückführung aus kyrillischen Quellen irrtümlich mit dem

[20] Wie z. B. bei dem Geschlecht der „**Kętrzyński h. Cietrzew**“, deren Name zur Zeit der preussi-schen Herrschaft übersetzt zu „**von Winkler h. Cietrzew**“ wurde, so dass es eine Familie mit zwei komplett unterschiedlich Namenslinien gibt.

Anfangsbuchstaben mit „H" statt sachgerecht richtig transskribiert mit „Ch" oder „G" beginnen wie oben ausgeführt „Howanski", „Gowanski" statt „Chowanski"[21].

Sowohl das polnische als auch das litauische Alphabet enthält durch die verschiedensten diakritischen Zeichen mehr Buchstaben als das lateinische Alphabet. Es wäre natürlich historisch korrekter gewesen, die Schlachta-Namen gemäß der Reihenfolge und Stellung der Buchstaben im polnischen und litauischen Alphabet aufzuführen, wie sie nach dem Verdrängen der lateinischen Sprache überwiegend verwendet wurden (denn bis zum Zeitpunkt der Dominierung des Reiches durch den polnischen Landesteil besteht diese Problematik kaum).

Wenn man litauisches, polnisches, tschechisches und deutsches (lateinisches) Alphabet in der Buchstabenreihenfolge eines dieser Alphabete hätte verwenden müssen, würde es zum Beispiel beim Erfassen des Namenregisters wegen der Buchstabenwertigkeit zu Problemen führen[22]. So sind Namenslisten in erster Linie nach der Reihenfolge bzw. Buchstabenfolge des lateinischen Alphabets aufgebaut. Dies tut deren Inhalt und Aussagekraft aber keinen Abbruch, da der lateinischen Schreibweise der polnisch-sprachigen Namen, auch die jeweils korrekte polnische, ggfs. litauische, russische, tschechische, weißrussische oder ukrainische Schreibweise folgt. Sofern dies überhaupt notwendig ist, denn vielfach ist die Schreibweise sowohl im Deutschen als auch im Polnischen bis auf die diakritischen Zeichen – die polnischen, tschechischen oder ungarischen Sonderbuchstaben - gleich. In den Indices werden die nicht im lateinischen Alphabet enthaltenen Buchstaben nach deren Grundform im Lateinischen sortiert.

Auch auf den Seiten der Wappenabbildungen erscheinen die Wappennamen in den bekannten Schreibweisen. So wird der Text sowohl deutschen und auch polnischen Lesern als auch der historischen Wahrheit gerecht. Die Monographien führen von den Anfängen des polnischen Fürstentums über das erste Königreich Polen bis zur Entstehung der Adelsrepublik - erst als Personalunion, und ab 1569 als Realunion - und dann bis zur Gegenwart. Einschränkende Datenschutzbestimmungen werden Gotha-ähnlich nicht beachtet.

---

[21] Ein Vorwurf der vielfach Grafen Uruski bei seinem Werk Rodzina, Herbarz szlachty polskiej, Warszawa 1905 ff, gemacht wurde, welcher sich im Unterschied zu Boniecki intensiver mit Familien der östlichen Gebiete der Res Publica beschäftigt habe, die russisch geworden sind.

[22] Zum Beispiel erkennt die tschechischen Alphabetsfolge "CH" als eigenen Buchstaben an und ordnet ihn nach dem Buchgstaben "H" ein, die kyrillischen Alphabete haben eine komplett abweichende Buchstabenreihenfolge und das Polnische reiht die Sonderzeichen "**Ć**"," **Ł**", "**Ś**", "**Ż**" und "**Ź**" als eigene Buchstaben nach der lateinischen Grundform ein.

Bis heute hat die Verordnung Nr. 3 des Generaldirektors der polnischen Staatsarchive vom 26. I. 1974 in der Angelegenheit der Anfertigung von Indices bei Archiv-Inventarisationen Gültigkeit, die auf der Cyrankiewicz-Verordnung aus dem Jahre 1952 basiert und wird bis heute nicht nur bei der Indexierung verwendet. Auszug in Übersetzung[23]:
b. Wurden die Bestände in der deutschen Sprache erstellt, müssen folgende Grundsätze gelten:
1) die Namen der Personen polnischer Herkunft in den Bestandsaufnahmen von Gruppen von Dokumenten, die von ehemaligen Preußischen Behörden und anderen Dokumentenersteller im Bereich der Preußischen Teilungen wie auch in den nach dem Jahr 1945 gewonnen Gebiete auftreten, sollen gemäß dem Titel der Archiveinheiten angegeben werden. Allerdings sollten die Namen von bekannten polnischen sozialpolitischen Aktivisten die polnische Namensversion (z. B. Karol Libelt, nicht Karl Libelt, wie Jan Działyński und nicht Johannes [Graf von] Działyński [h. Ogończyk]) erhalten;
2) die Namen und Vornamen von Polen ... sollen in der polnischen Schreibweise dargebracht werden (z. B. Kosecki, nicht Kossetzki, Wiśniewski, nicht Wischniewski).

Neben der allgemeinen Problematik der Nationalisierungen von Namen und Vornamen, dass man nicht der objektiven Wahrheit folgt, die faktisch auftretende Originalversion zu verwenden, ergibt sich die Frage, wer von wem als Pole angesehen wird. So wird aus Joachim **Lölhöffel von Löwensprung eigenen Wappens** ein Herr Joachim **Lelewel** [24]. Nach dieser Definition ist nicht ausgeschlossen, dass bei einem Bruder, der politisch aktiv war, der Name polonisiert wird und der Familienname beim Rest der Familie, die nicht aktiv war, in der Originalversion und ggfs. mit „von" belassen wird.

---

[23] „Zarządzenia nr 3 Naczelnego Dyrektora Archiwów Państwowych z 26 I 1974 r. w sprawie sporządzania indeksów do inwentarzy archiwalnych
a. Do inwentarzy sporządzonych w języku rosyjskim należy stosować następujące zasady:
1) nazwiska i imiona osób narodowości rosyjskiej transkrybować według ogólnych zasad;
2) polskie nazwiska i imiona podawać w języku polskim.
b. Do inwentarzy sporządzonych w języku niemieckim stosować należy następujące zasady:
1) nazwiska osób pochodzenia polskiego, występujące w inwentarzach zespołów akt wytworzo-nych przez b. urzędy pruskie i innych twórców zespołów na terenie b. zaboru pruskiego i ziem odzyskanych w 1945 r. należy podawać zgodnie z tytułem jednostki inwentarzowej. Jednakże imiona znanych polskich działaczy społeczno-politycznych winny mieć polskie brzmienie (np. Karol Libelt, a nie Karl Libelt, podobnie Jan Działyński, a nie Johannes Działyński);
2) nazwiska i imiona Polaków występujące w inwentarzach zespołów akt wytworzonych na terenach okupowanych przez aparat władzy i administracji hitlerowskiej należy podawać w pisowni polskiej (np. Kosecki, a nie Kossetzki, Wiśniewski, a nie Wischniewski)."

[24] Sein Vater, Karl Mauritius – Karol Maurycy - Lölhöffel von Löwensprung eigenen Wappens, war Mundschenk des Großfürstentums Litauen.

Es handelt sich hierbei um eine schwere Menschenrechtsverletzung – den Raub der eigenen Identität. Bei einer physischen Vernichtung gibt es ein biologisches Ende. Die Vernichtung der eigenen Identität ist ja schlimmer als der eigener Tod, denn es verurteilt die Person nach dieser Vergewaltigung weiter in dem Gefühl und Bewusstsein der eigenen Ohnmacht unter einem ihm aufgezwungenen Namen zu leben. Daher war seit jeher sei es in der Französischen Revolution oder in den Kerkern rechts- oder linkssozialistichen Diktaturen das Ziel Andersdenkende vorzugsweise zu brechen, um deren Arbeitskraft nicht zu vernichten.

Bezeichnender Weise begann die gewaltsame Veränderung der Identität in der Französischen Revolution (statt des angestammten Namen und Ranges „Bürger XY" zu sein), die auch Völkermord und die Massenvernichtung in Konzentrationslagern erfand[25]. Wenn Sozialisten umständehalber keine andere Option bereitstand, wie in Österreich, der I. Tschechoslowakischen Republik 1918/19 oder im III. Reich ab 1938[26] und in den Ländern der Warschauer Pakt Staaten nach 1945, um dem Klassen oder Rassenfeind beizukommen, wurde zumindest zur Vernichtung seiner Identität geschritten.

Dies geschah geplant wie es auch frühere Regime getan haben, wohl aber systematischer als XIX. Jhdt. . Wie ein Zeitzeuge auf die akademisch-professorale

---

[25] Nach Berechnung von Jasienica in Rozważania o wojnie (erschienen im Untergrund 1969, offiziell erst 1982): Vernichtung von mehr als 1/2 Million der Krone loyalen Bauern und Adligen in Frankreich, also ein Prototyp des Glodomor und Holocaustes des XX. Jdht. , wobei französi-scherseits nur an die 170.000 Massa-krierten zugegeben wird. Bei der Französischen Revolution handelt es sich um den ersten historisch belegten Massenmord in der Geschichte. Einer der Befehle des Konventes vom 1. VIII. 1793 na den General Turreau lautete „Liquidierung aller Aufständischen, bis zur letzten Person. Deren Höfe sind zu verbrennen und sie sind wie Flöhe zu vernichten." Nach: Secher, Reynald: La génocide franco-français la Vendée-Vengé, Presses universitaires de France, 1996. In diesem Kontext ist auch die Weisung Lenins bei seiner Unzufriedenheit, dass nur jeder hundertster Bewohner der Gebiete, die sich dem sozialistischen Terror widersetzten, liquidiert wurde, zu sehen. Die Armeeführung wurde von Lenin angewiesen statt jeden hundersten **jeden zehnten Bewohner zu ermorden**.
Leon Lech **Bednar** nahm nach der Ortschaft Jasienica in Litauen ein Pseudonym während seiner Tätigkeit in der Landesarmee ein, unter dem er später als **Paweł Jasienica**, publizierte und bekannt wurde (* Symbirsk 10. X. 1909, + Warschau 19. VIII. 1970). Er gehört zu den profiliertesten Historikern Polens, auch wenn seine wichtigsten Werke in 17 Bänden erst nach dem Fall des sozialistischen Regimes veröffentlicht werden konnten.

[26]z. B. durch zwangsweise Eintragung zusätzlicher Vornamen Israel oder Sara in den Personal-dokumenten in Anspielung daran, dass Konvertiten zum mosaischen Glauben sich entweder einen neuen unter Ablegung der bisherigen Vornamen zulegen oder zumindest einen zusätzlichen Vornamen als Rufvornamen annehmen. § 2 der Zweiten Verordnung zur Durchführung des Gesetzes über die Änderung von Familiennamen und Vornamen, Deutsches Reichsgesetzblatt Band 1938 Teil I, Nr. 130, Seite 1044, in der Fassung vom 17. August 1938, Bekanntmachung vom 18. August 1938. Beispiele:
1. USC Grodzisk für Sara: http://szukajwarchiwach.pl/53/1857/0/1/ ... bHTCAUWx9A,
2. USC Śrem für Izrael und Sara: http://szukajwarchiwach.pl/53/1963/0/3/ ... URHeKTcWdg.

Verharmlosung „dass es nur in Einzelfällen geschah" in Polen in einem Zeitungsbeitrag ausführt, wurde es durch einen mittelbaren Zwang durchgesetzt. Im günstigsten Fall wurde von amteswegen ohne Wissen der Betroffenen eine Namens-änderung in die Standesamtsdokumente eingetragen und sie wurden aufgefordert, neue aktuelle Dokumente abzuholen. Um sich jedoch einen Anstrich der Legalität zu geben, wurden überwiegend die Betroffenen in die Standesämter bestellt. Dort forderte man einen Namensänderungsantrag zu unterschreiben, wobei man zugleich mitgeteilt bekam, dass der bisher eingetragene Name nicht gültig sein und ohne einen gültigen Namen keine Zuteilung der Lebensmittelkarten möglich ist. Da nach dem Krieg die komplette Versorgung rationiert war und durch Karten geregelt wurde, haben die Betroffenen keine andere Alternative gehabt als zu unter-schreiben[27].

Wie man der nachstehenden Tabelle entnehmen kann, wurden alleine in 4 Städten Oberschlesiens in den Jahren 1945-1948 bei mehr als 51.000 Personen die Namen polonisiert[28]:

Ergebnis der Repolonisation "Okręg Śląski" 1945 - 24. XI. 1948

(Ortschaften in Oberschlesien für welche Daten vorliegen)

Tarnowskie Góry	7.300	Personen
Oppeln	7.395	Personen
Kattowitz	11.706	Personen
Zabrze	25.000	Personen
Namensänderungen	**51.401**	**Personen**

Somit steht das eine System dem anderen in nichts nach, denn es wird geschätzt,

[27] „A jak szanowano "nietykalność nazwiska" przedstawię na przykładzie osób z mojego miaste-czka. Krótka uliczka …Po wojnie mieszkało tam 18 rodzin w 14 domach, razem 92 osoby. Nie było rodziny, w której nie zmieniono z urzędu nazwiska lub imienia. Przysyłano z gminy zawiado-mienie lub proszono delikwenta do urzędu i sprawa była załatwiona. Nie było odwołania. Jeżeli ktoś nie wyraził zgody, nie otrzymywał kartek żywnościowych dla całej rodziny, a w tamtych latach żywność była racjonowana i sprzedawana tylko na kartki. … Nie były to za tem pojedyncze wypadki."

[28] **Dziennik Zachodni" vom 25. XI. 1948**: "od chwili rozpoczęcia procesu repolonizacji w 1945 r. do chwili obecnej tysiące … W Tarnowskich Górach 7.300, Opolu 7.395, Katowicach 11.706, Zabrzu 25.000 osobom." und „Kiedy w czerwcu 1948 roku urzędnicy starostwa tarnogórskiego podsumowali akcję spoiszcze-nia nazwisk i imion zapoczątkowaną trzy lata wcześniej, z protokołu wynikało, że wnioski o zmianę imion złożyło 3.774 mieszkańców, o skorygowanie pisowni wystąpiło 2.222 obywateli a nazwiska zgodziło się spolonizować 117 osób. Załatwiono zmianę 2.973 imion, pisownię 1.745 nazwisk oraz zamianę 103 nazwisk niemieckich." Nach: Budrys Montes Tranoviensis, www. montes.pl/montes/index.php?option=com_content&task=view&id=513, Zugang 29. VI. 2017.

dass es von den preußischen Behörden in den siebziger Jahren des XIX. Jhdt. bis zu der nationalsozialistischen Herrschaft in 1944 alleine in Danzig und Schlesien zu 25.000 mehr oder weniger gezwungenen Namensänderungen gekommen ist[29].

Die Änderungen wurden realisiert auf der Grundlage von geheimen Anweisungen der Kreisstarosten im Jahre 1947 wie auch auf höheren Regierungsebenen: so auf der Grundlage des Wojewoden śląsko-dąbrowski mit dem Aktenzeichen AP III/50-R-543 von 1950 und wurden zuletzt auf der Basis der Verordnung Nr. 72 des Premierminister Cyrankiewicz vom 7. IV. 1952 durchgeführt. Die Verordnung Nr. 72, auf die sich alle späteren Namensakte beziehen, **wurde bisher nicht publiziert** und ist wohl als einziger Rechtsakt auch nicht in der polnischen Juristendatenbank Lex zugänglich. Daher publizieren wir nachstehend deren Wortlaut[30] aus dem Original der Schreibmaschienenniederschrift, ohne die Quelle angeben zu dürfen.

Zumindest ab 1953 führte die Bürgermiliz [MO] die Feststellung der Namensversion und teilte diese zum Vollzug an die Standesämter mit, hier am Beispiel von Posen:

---

[29] Nach: Ukradzione nazwiska [Gestohlene Namen], auf: www.Fronda.pl vom 16. 6. 2012.

[30] **Zarządzenie Nr. 72 Prezesa Rady Ministrów z dnia 7 kwietnia 1952 r. w sprawie pisowni nazwisk i imion w dowodach osobistych i tymczasowych zaświadczeniach tożsamości.**
Na podstawie art.10 ust.2 dekretu z dnia 22 października 1951 r. o dowodach osobistych zarządza się, co następuje:
§ 1.
Znaki pisarskie, nie stosowane w pisowni polskiej, należy z urzędu zastąpić polskimi znakami pisarskimi. Np. Grünberg, Böhm, Gärtner, Siroki pisać należy Gruenberg, Boehm, Gaertner, Sziroki itp.
§ 2.
Stosuje się z urzędu pisownię polską przy wpisywaniu do dowodów osobistych i tymczasowych zaświadczeń tożsamości nazwisk o brzmieniu polskim, których pisownia została zniekształcona. Np. Butschek, Grzeschinsky, Tschayka pisać należy Buczek, Grzesiński, Czajka.
§ 3.
Stosuje się z urzędu pisownię polską imion o brzmieniu obcych lub zniekształconych, jak np. Elize, Sophie, Christof, Helene, Jean, Jerome, Thaddeus, Vladislav, Karl. Imiona te wpisywać należy do dowodów osobistych i tymczasowych zaświadczeń tożsamości w brzmieniu Eliza, Zofia, Krzysztof, Helena, Jan, Hieronim, Tadeusz, Władysław, Karol. Nie należy natomiast zmieniać z urzędu brzmienia i pisowni imion nie mających w języku polskim wyraźnego odpowiednika jak np. Horst, Carmen, Benito, Kurt, Gottlieb itd.
§ 4.
Można na wniosek strony wpisać do dowodu osobistego lub tymczasowego zaświadczenia tożsamości w brzmieniu fonetycznym nazwiska obce /np. Szmyt zamiast Schmidt, Grynberg zamiast Grünberg, Szulc zamiast Schultz, Czaki zamiast Csaky/.
§ 5.
O wszelkich zmianach dokonanych w pisowni lub brzmieniu imion i nazwisk w dowodach osobistych i tymczasowych zaświadczeniach tożsamości, władze, które dokonały zmiany, zawiadomią właściwe urzędy stanu cywilnego celem uwidocznienia odpowiednich wzmianek, w aktach stanu cywilnego. Zmiany te wprowadzić należy również do wszystkich dokumentów strony na podstawie wzmianki w aktach urzędu stanu cywilnego.
Prezes Rady Ministrów (podpis odręczny): Cyrankiewicz.

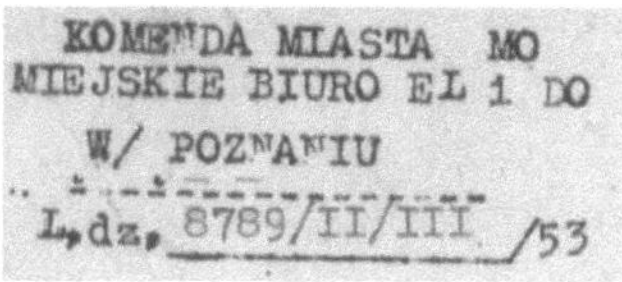
KOMENDA MIASTA MO
MIEJSKIE BIURO EL 1 DO
W/ POZNANIU
L.dz. 8789/II/III /53

wobei die Änderungen in vorhergehenden Personalakten mit dem nachstehenden Vermerk notiert wurden:

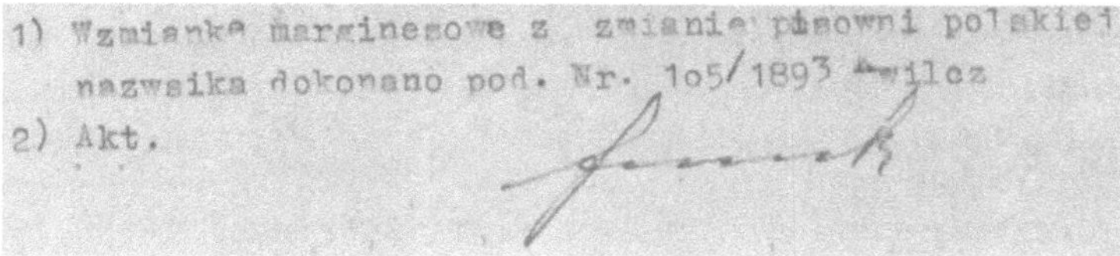
1) Wzmianka marginesowa z zmianie pisowni polskiej nazwiska dokonano pod. Nr. 105/1893 [illegible]
2) Akt.

[31]

Die Regelungen zur Polonisierung von Familienamen haben jedoch eine wesentlich längere Tradition und sogar die Katholische Kirche wurde zur Mitarbeit aufgefordert[32].

Bis zumindest in Mitte der 90-ger Jahre des XX. Jhdt. weigerten sich die polnischen Standesämter[33] Kopien der Matrikel mit einem entsprechenden von amtswegen erfolgtem Eintrag anzufertigen und die beantragten Abschriften wurden ausgestellt auf die amtliche, d. h. veränderte Namensversion ohne einen Hinweis auf diese. Auch wenn man heute nach Familienmitgliedern sucht, deren Familienname zwangsweise verändert wurde und bei amtlichen Stellen um Hilfe bittet, erfolgt

[31] [Quelle: 53/1900/0/5/99: Akta zbiorowe rejestracji stanu cywilnego do księgi urodzeń z lat 1874-1906].

[32] 1. Dekret vom 10. XI. 1945 über die Änderung und Festlegung von Namen. Konsultacje na ten temat prowadzono już od maja tegoż roku. Publiziert in "Dziennik Ustaw RP" 16. XII. 1945, Link: http://isap.sejm.gov.pl/DetailsServlet? ... 9450560310;
2. Rundschreiben vom 2. IX. 1947: Aleksander Zawadzki zarządził, że: "postępowanie w sprawach spolszczenia niemieckich nazwisk i imion włącznie z dostosowaniem zniekształcanej (niemieckiej) pisowni nazwisk polskich do zasad pisowni polskiej, musi odbyć się w trybie przyspieszonym". Zalecił również, że "W wypad-kach ociągania się petentów, urzędnicy odnośni winni dołożyć wszelkich starań nakłaniania ich do wszczęcia postępowania a w wypadkach sprzeciwu winni o tym donieść Starostwu",
3. Am 3. X. 1947: Wojewoda A. Zawadzki wysłał pismo do biskupa katowickiego (opatrzone klauzulą tajności). Wojewoda podkreślił, że w prowadzonej przez władze akcji zmierzającej konsekwentnie do "usunięcia wszelkich przejawów nawrotu niemczyzny, względnie pozostałości niemieckich" powinno uczestniczyć duchowieństwo śląskie,
4. obige Verordnung Nr. 72 von Cyrankiewicz aus dem Jahre 1952 sowie
5. das Gesetz vom 15. XI. 1956 über die Änderung von Vornamen und Namen. Link: http://isap.sejm.gov.pl/DetailsServlet? ... 9560560254.

[33] Persönliche Erfahrung auch im Falle des Redaktionsleiters des Projektes bei Einträgen aus 1953.

keine Antwort[34]. Diese Blockadehaltung ist allerdings nach und nach durch die Digitalisierung und deren Internetverfügbarkeit obsolet.

Der Amtsschimmel schlug auch in Fällen von Geschwistern erbarmungslos zu. Hierzu ein konkretes Beispiel: 5 männliche Nachkommen waren in unterschiedlichen Kreisen wohnhaft (Hindenburg, Kempen, Königshütte und Krakau) – und **jeder bekam eine andere polonisierte Version des eigenen Familienamens**, so wie es im Gutdünken des jeweiligen Standesbeamten lauten sollte, eingetragen. Wohl wurde ein Einspruch dahingehend berücksichtigt, dass man in einem Fall statt der verunstalteten Namensversion den Namen der Großmutter eintrug – **Sułkowski** [35].

Dazu kam, dass es im Unterschied zu der II. Polnischen Republik 1918 – 1939 keine Veröffentlichung der erfolgten Namensänderungen gab[36]. Bereits vor dem WK II. hat es in Polen eine Aktion **"prostowania skażonej pisowni nazwisk"** [Berichtigung verdorbener Schreibweise von Namen] gegeben, eingeleitet durch das Rundschreiben des Ministeriums des Innern vom 8. X. 1936 zur "Namensberichtigung von Namensfehlschreibungen, die aus Unwissenheit über die Grundlagen der polnischen Schreibweise oder aus gezielter Entnationalisierungpolitik entstanden sind"[37].

Begonnen hat jedoch die „Namensanpassung" unmittelbar nach Ende des Ersten Weltkrieges im Jahre 1919 und wurde ausgebaut durch Rechtsvorschriften aus den Jahren 1920 und 1929 [38].

---

[34] Testanfrage an die Präsidenten von Świętochłowice, Katowice und Krakau im Jahre 2017.

[35] Dies führte zu einer paradoxen Situation, denn somit entstand eine neue Familie und eine neue Wappengenossenschaft (wenn man annimmt, dass diese in Fällen entsteht, wo mehr als ein Geschlecht/Familie dasselbe ursprünglich Individualwappen führen) – **Sułkowski h. Schlesinger**, denn mit der Namensänderung zu Sułkowski wurde natürlich weder der Betroffene noch seine Nachkommen in die Wappengenossenschaft der Großmutter aufgenommen.

[36] Zwischen 1918 – 1939 erfolgten zu vielen Namensänderungen, auch Verbindungen mit Legionsrufnamen, Anzeigen in der Anlage zu Monitor Polski, einer Art des polnischen Bundesgesetzesblattes. Publikation von Namensänderungen im Bereich der Armee 1918 – 1939 erschien in „Dziennik Personalny" http://www.wbc.poznan.pl/dlibra/publication/47166?tab=1 unter „Zmiany" am Ende des Tagebuches.

[37] "pomyłkowo, z powodu nieznajomości zasad pisowni polskiej [tutaj zaliczano m.in. nazwiska z pominiętymi polskimi znakami diakrytycznymi], czy też w imię świadomie uprawianej polityki wynaradawiającej". Text des Rundschreibens in "Dziennik Urzędowy Kuratorium Okręgu Szkol-nego Brzeskiego" aus Mai 1937, Seiten 215-218: http://pbc.biaman.pl/Content/18976/DZUK ... 9_1937.pdf

[38] - Gesetz vom 24.X.1919 (Dz.U.R.P. Nr 88, poz. 478 ze zm.),
- Gesetz vom 11. V. 1920 o uznaniu nazwisk przybranych podczas służby wojskowe (Dz.U.R.P. Nr 42, poz. 251 ze zm.) und

Aber es wäre eine unzulässig verkürzte Darstellung der Fakten, wenn auch nicht andere Beweggründe aufgeführt werden würden.

So gab es auch gezielt von Betroffenen veranlasste Namensänderungen, wobei die Beweggründe sehr unterschiedlich waren. Es konnte der Druck der öffentlichen Meinung sein – wie die Namenspolonisierung von indigenierten Adelsgeschlechtern in der Zeit der Adelsrepublik [39] und Kolonisten in nicht geschlossenen Siedlungsgebieten im XIX. Jhdt., der Wunsch nach besseren Aufstiegsmöglichkeiten durch Polonisierung[40], und Russifizierung von Familiennamen im XIX. Jhdt., Germanisierung von Namen seit der zweiten Hälfte des XVIII. Jhdt. bis zum WK II. (hier überwiegend in Preußen). Dieser Trend kennt keine geographischen oder zeitlichen Grenzen, man sieht es daran, dass diese Praxis auch heute im Baltikum gang und gebe ist. Dort in Estland und Lettland bei der dortigen russischen Minderheit, die sich durch eine Anpassung (Nationalisierung) des Familiennamens eine Verminde-

---

- Gesetz vom 22. III. 1929 o zmianie nazwisk hańbiących, ośmieszajacych lub nielicujących z godnością czlowieka (Dz.U.R.P. z 1930 Nr 3 poz. 16 ze zm.).

[39] Eines der frühen Beispiele hierfür ist „**Montelupi h. Montelupi**“, ein in Krakau tätiger Baumeister aus florentinischem Adel, der nach der Indigenatserteilung um 1580 den Namen zu „**Wilczogorski [Wilczogórski] h. Montelupi**“ polonisierte, wobei das Geschlecht dann später auch noch das Wappen zu der Wappengenossenschaft **Roch II** wechselten. Siehe StudIaS Stammfolgen Montelupi h. Montelupi. Schild rot-golden quadriert, in dem ersten und vierten Felde je ein silberner Adler, in dem zweiten Felde ein Berg, in dem dritten drei Flüsse, von oben nach unten fließend:

MONTELUPI

und

ROCH II

. Nach: 125 von 1550 bis 1700 entstandene und in der Res Publica eingeführte Wappen, in: http://de.szlachta.wikia.com/wiki/Eingeführte_Wappen, Eintrag # 75, Zugang 30. VI. 2017.

[40] Ein Beispiel aus der Zeit der Judenemanzipation für eine solche Polonisierung:

Name	Personen	M	W	erstes	letztes Auftreten
Badziong	28	16	12	1760	1848
Badziongowski	9	4	5	1825	1842,

http://ibowski.ca/Stammbaum.html, Zugang 9. XI. 2016.

rung der faktischen oder vermeintlichen Diskriminierung erhofft. Diesen Weg haben auch viele Juden in Osteuropa nach dem Zweiten Weltkrieg beschritten, in dem sie ihre jüdisch- oder deutschklingenden Namen slawisierten und dabei vielfach Namen des historischen Adels oder ähnlich klingenden Namensversionen angenommen.

Dabei kamen diese Fälle auch bereits früher nicht selten vor. Dies geschah obwohl, um die Namensfestigung endlich durchzusetzen, in Preußen am 15. IV. 1822 eine Allerhöchste Kabinettsorder ergangen ist, welche festlegt, dass eigenmächtige Namensänderungen nicht statthaft seien.

Dennoch kam es auf dem Weg zur „Adelung" zu ganzen Namensänderungsketten [41]:

* 1773 Skotarczyk, oo 1796 – Skotarczak, Kindergeburten 1799, 1801, 1804 – Skotarczyk alias Stachowiak, Kindergeburten 1805, 1808 – Stachowiak, + 1852 – Stachowiak;

* 1780 - Musioł, oo 1812 - Musioł, Kindesgeburt 1813 - Musioł alias Musielak, Kindesgeburt 1828 - Musielak, + 1840 Musielak;

oo 1836 - Palimucha, Kindesgeburt 1847 - Palimucha, Taufpate 1840 und 1845 – Mucha, Kindesgeburt 1852 – **Muszyńska**, + 1866 – **Muszyńska,** Ehemann + 1926 – **Muszyński;** bei **Muszyński** gibt neben **Ritter von Muszyński h. Muszyński** noch zwei weitere altadlige Familien **Muszyński** der Wappen Łodzia und Nałęcz und solche Fälle gehörten wie auch amtlich legitimierte Namensänderungen leider beinahe zum Alltag:

- in Posen 1872 für Kiew, gen. Jakób Leser zu "**Łubiński**" , hier wird es schwierig zu identifizieren, denn es gibt drei Altadlige

LUBICZ

RAWICZ

WIENIAWA

- in Bromberg 1878 für Pinkus Schmul zu Paweł „**Domski**", auch hier der Name eines altadeligen Geschlechtes der **Domski unbekannten Wappens** (es wurden weder das

[41] Nach: http://wtg-gniazdo.org/forum/viewtopic.php?f=5&t=1563&sid=413a80170831a94feeced1b556ed1a 72#p13382, Zugang 30. VI. 2017.

Wappenbild noch der Wappenruf überliefert)[42].

Neben wörtlichen Übersetzungen aus dem polnischen wie „**Chałupniczak**“ zu „**Häusler**“[43] kamen Übersetzungen aus dem Polnische in's Lateinische, so wurde aus Zofia **Strzałkowska** in der Matrik Zofia **Jaculatore** (Übersetzung jaculum = strzałka) und natürlich auch Wechsel von der deutschen zur polnischen Namensversion vor: quellenmäßig wurde „**Dembowski**" aus der heutigen Wojewodschaft Kujawsko-Pomorskie zu „**Eichstaedt**" um dann über **Eichstaedt alias Dembowski** wieder nach 1945 als **Dębowski** polonisiert zu werden. Ob zuerst aus dem lateinischen **Dembowski** beim Einzug des Polnischen in die Kanzleien im XVI./XVII. Jhdt. erst **Dębowski** wurde, um dann im XVIII. Jhdt. zu **Dembowski** zu mutieren, ist nicht bekannt, aber zu vermuten.

Zugleich waren von diesem Trend auch altadelige Häuser erfasst:

oo 1820 – **Gawron** [**h. Gawron**  GAWRON], Kindesgeburten 1823, 1826, 1829 - Gawronia, + 1834 - **Gawroński**; bei **Gawroński** gibt es 8 unterschiedliche altadlige Familien unterschiedlichen Wappens, darunter durch den obigen Namenswandel auch **Gawronski** [Gawroński] **h. Gawron.** Wie häufig in solchen Fällen, wurden diese Änderungen noch nicht in den heraldischen Standartwerken wie auch bei Tadeusz Gajl erfasst.

Wobei es auch früher Richtigstellungen von Namensänderungen von bäuerlich-bürgerlichen zu von adligen Namen (und nicht nur in Preußen) gab wie hier das Beispiel aus dem Jahre 1874/1913 zeigt, wo zuerst aus Kabaciński (bäuerlich-bürgerlich Name) der Name der adligen Familie Kabat wurde [**Kabat h. Kabat**], um dann wieder zu Kabaciński korrigiert zu werden – [Grześkowiak poświadcza Kabaciński]:

---

[42] **Kurier Poznański** vom 7. XII. 1878, Seite 4: „Niejakiś p. Pinkus Schmul, pomocnik handlowy w Nakle, zpragnął zmienić swe rodzinne nazwisko i w tym celu wystósował odnośną prośbę do królew.rejencyi w Bydgoszczy. Król. rejencya uczyniła zadość życzeniu i pan Pinkus Schmul zwać się odtąd będzie Pawłem **Domskim**."

[43] „**Dziennik Poznański**", Nr. 225 vom 1. 10. 1901, Seite 3: „Dobrowolna germanizacya. Pan Walenty Chałupniczak, właściciel domu w Śremie, postarał się i otrzymał pozwolenie na zniemczenie swego nazwiska. Odtąd nazywa się „**Häusler.**"

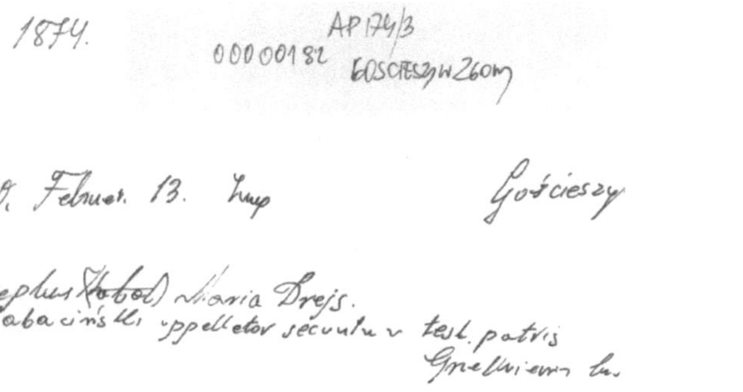
1874.
AP 174/3
00000182
10. Februar 13.
Maria Drejs.

KABAT

Vor der Einführung der Standesämter in Preußen und dem sich verschärfenden Kirchenkampf wurde die offizielle Namensänderung ab 1873 erleichtert, in dem es nicht zentral in Berlin, sondern bei der Regionalbehörden erfolgen konnte [44].

In Preußen bestand eine Regelung über die Rechtschreibung und das Leisten von Unterschriften. Wurde jedoch im Kaiserreich Österreich strafbewehrt nur die unberechtigte Verwendung von adligen Namen als auch gleichzeitig die Nichtverwendung des Adelsprädikates im Falle von berechtigten Personen im öffentlichen Schriftverkehr und den Massenmedien, so war es in Preußen auf Fälle der Unterschriften erweitert. Es gab offensichtlich eine einheitliche Geldstrafe (oder ersatzweise Gefängnisaufenthalt) von 150 Mark[45].

Es gab Fälle von Namenswechsel aus nationalistischer Verblendung sowohl in Richtung Germanisierung als auch in Richtung von Polonisierung wie das nachstehende Schreiben eines aus Bayern stammenden Extremisten an das revolutions-polnische Nationalkommittee in Preußen im Jahre 1848 belegt. Aus „Krauthofer" wurde freiwillig ein „Krotowski", wobei auch hier ein Name des historischen Adels herhalten musste und zu Verwechslung geeignet ist [**Krotowski h. Leszczyc**][46]:

---

[44] Zeitschrift **Wiarus**. Pismo dla polskiego średniego stanu, Nr. 18 vom 13. 2. 1873: „Jeśli kto chciał dawniej zmienić swoje nazwisko n.p. **Fuchs** na **Lisiecki**, lub **Wolf** na **Wilczyński** lub **Wilkoński**, to musiał o to prosić w Berlinie. Teraz ułatwiono tę zamianę nazwisk, i rejencya każda ma prawo pozwolić na zmianę nazwiska. Z tego już wiele osób u nas korzystało, a między inymi nazwał się p. **Krause** z Poznania panem **Wysoczyńskim**."

[45] **„Postęp"**, Nr. 100 vom 1. 5. 1902, Seite 2: „Izba karna skazała Teofila Fligera na 150 marek za to, że podpisywał się **Fligier** a nie **Flieger.**"

[46] **Gazeta Polska** vom 3. 4. 1848, Seite 4: „Z Poznania, dnia 1. Kwietnia. Komitet narodowy otrzymał nastę-pujące doniesienie: Poznań 31.Marca 1848. Do Prześwietnego Komitetu Narodowego W.X.Poznańskiego w Poznaniu. Mój pradziad przesiedlił się, zapewne w biedzie, z Schesslitz w Bawaryi

Und es gab auch natürlich Fälle mit kriminellem Hintergrund, um die eigene Identität zu verschleiern oder nicht erwünschten Pflichten oder Konsecuenzen zu entgehen. In diese Kategorie ist z. B. die Flucht von Grundhörigen oder insbesondere im XIX. Jhdt. nicht selten angetroffener Versuch der Wehrpflicht in der russisch-kaiserlichen oder königlich-polnischen Armee zu entgehen.

In diesem Kontext ist besonders bemerkenswert, dass der Versuch durch eine Namensänderung dem Militärdienst zu entgehen in der Zeit von 1800-1810 vielfach in Familien des Altadels der Res Publica auftrat, die sich entweder aus nationalistischer Verblendung geweigert haben oder durch mangelnde Fürsorge über deren Familiendokumentation nicht in der Lage waren eine Adelsbestätigung und damit eine Befreiung von der Wehrpflicht zu erreichen. Dies trat überwiegend ausgehend von den Gubernie Suwalki über die Mazuren bis in die Bereiche von Kujawien und Pommern auf. Um der 8-jährigen Militärpflicht zu entgehen wurden deutschklingende Namen angenommen.

Auch Berufe konnten bei Namensänderungen eine Rolle spielen wie auch Mehrfachheiraten:

* 1752 - Wojciech **Wawer, +** 1811 als Wojciech **Cieszla**, wobei als Beruf ligrifaber = Zimmermann angegeben wurde. Seine Kinder werden als **Wawer vel Ciesielczyk** und häufig nur als **Ciesielczyk** (Sohn des Zimmermanns = syn cieśli) bezeichnet. In der nächsten Generation werden seine Enkel nur als **Ciesielczyk/Ciesielcząka** genannt, womit binnen 2 Generationen der usprünglicher Name durch den vom Beruf kommenden Namen ersetzt wird. Ähnliche Abläufe können wir auch bei Hofnamen oder Namen „de loco" beobachten.

OGOŃCZYK

Ein Angehöriger des Geschlechtes **Odoliński h. Ogończyk** heiratete im XIX. Jhdt. und bekam Kinder als **Odoliński**. Nach dem Tode seiner Gattin heiratete er

do Polski, mój dziad i ojciec rodzili się i spoczywają wraz z pradziadem na polskiej ziemi, matka moja jest z Ochockich, matka dzieci moich z Kołudzkich; od dawna przeto rodziny mojej ojczyzna jest Polska. Jako prawy syn, składając znaki obczyzny, oświadczam Prześwietnemu Komitetowi: iż odtąd wraz z dziećmi mojemi Bolesławem, Józefą, Mieczysławem i Maryą przybieramy polskie nazwisko„Krotowski". Łączę wyraz wysokiego upowa-żenia. Jakób Krauthofer – Krotowski."

erneut eine Witwe **Dolińska** mit einigen Kindern aus der ersten Ehe. Er verstarb unter dem Namen **Doliński**. Und auch seine Kinder aus der ersten Ehe und Nachkommen verwendeten nicht **Odoliński h. Ogończyk,** sondern nur den angenommenen Namen **Doliński.** Es gib 9 unterschiedliche altadlige Familien Doliński, es ist jedoch keine unter dem Wappen **Ogończyk** notiert und auch dieser Namensjedoch ohne Wappenwechsel ist in keinem Werk erfasst.

Im Zeichen des Flottwelschen Kirchenkampfes kam in den preußischen Gebieten zur polnischen Gegenreaktion [47].

Die Problematik der polnischsprachigen Sonderzeichen wurde auch bei den preußischen Behörden erkannt und nach der Einführung der Standesämter im Jahre 1898 Maßnahmen getroffen, um dem Wildwuchs an Namensverstümmelung Einhalt zu gebieten und festgelegt, dass sie einschreibenfähig sind[48]. Zugleich wurde eine Regelung eingeführt, die bis heute Gültigkeit hat, nämlich dass der Betreffende mit seiner Unterschrift die Richtigkeit der im Dokument auftretenden Daten bestätigt,

---

[47] **„Dziennik Poznański" vom 29. 11. 1883, Seite 1:** „Przemiana nazwisk. … Czytelnicy przypomną sobie, jak się to w jednej gminie nazwisko **Rajczyk** na **Reitzig**; w innej znow **Łoza** na **Lose** i **Bedłka** na **Bethke**; tu **Wódkiewiecz** na **Wuttke**, tam zaś **Stulpiak** na **Stolpe** przemieniło. … W urzędzie stanu cywilnego w Górczynie, pod Poznaniem, miał pewien tamtejszy mieszkaniec czynność pewną do załatwienia. **Urzędnik odnośny napisał nazwisko owego człowieka tak, jak je często na listach urzędowych i w księdze ludności znalazł tj. Schick. Lecz pod spisanym protokułem napisał ów interesant swe nazwisko odmienną orto-grafią, bo Schyk. Landatura znalazłszy przy rewizyi odnośnych książek dwojaką pisownię tego samego nazwiska, kazała urzędnikowi stanu cywilnego wytłumaczyć się z tej niekonsekwencyi. Ten wezwał jeszcze raz przed siebie owego chłopa, aby się dowiedzieć, jak prawnie nazwisko jego pisane być powi-nno. Nie mając metryki, przedłożył ów rzekomy Schick różne urzędowe pisma, w których nie tylko jako Schick i Schyk, ale także jako Schuck był pisany. Zamiast zmniejszyć, powięk-szyła się więc jeszcze niepewność co do właściwej pisowni owego nazwiska. Z nieprzyjemnego tego położenia wyprowadziła wreszcie urzędnika stanu cywilnego dostarczona metryka owego interesanta. Lecz jakież było jego zdziwienie, gdy tam żadnego z trzech, gdyż ani Schicka, ani Schyka, ani wreszcie Schucka, lecz – Gzika znalazł. 'Tak, powiada teraz dopiero chłop, mój ojciec zwal się Gzik, ale mnie już w wojsku przezwali Schyk, więc myślałem, że się tak muszę nazywać, bo tak też w moim pasie wojskowym stoi.'** Oto tak już daleko doszło co do pisowni nazwisk polskich w skutek nieuszanowania przez urzędy polskiej tychże orto-grafii. Przejrzawszy spisy ludności w biurach komisarzy obwodowych, księgi niektórych urzędników stanu cywilnego i wykazy dzieci szkol-nych, przekonamy się, że coraz bardziej unikają kreski nad miękkiem ń,ż,ś,ć i nad twardym ł; tak samo kropki nad niby miękkiem ż. Jeżeli tak dalej pójdzie, to z czasem stracą polskie nazwiska zupełnie swe charakterystyczne znamiona. Nazwisko – to droga spuścizna po przodkach, której nikomu nie wolno samowładnie przemieniać, którą każdy uszanować powinien. Bądźmy więc baczni na to, aby nazwisk naszych w jakichbądź urzędach nie zmieniano. Żądajmy natychmiast sprostowania porobionych pod tym względem pomyłek – inaczej będzie pełno Schicków w miejsce Gzikow."

[48] Wird ausführlich mit Angabe der gesetzlichen Grundlage behandelt bei Kościński, Konstanty: Imiona i nazwiska w obec prawa, sądów i urzędów jako też informacya o urzędach stanu cywilnego; podręcznik dla ludu polskiego, Poznań 1907, Seite 33, http://www.wbc.poznan.pl/dlibra/docmetadata?id=35196.

damit spätere Einwendungen nicht gemacht werden können. Eine Verweigerung der Unterschrift führte zu einer Geldbuße und langwierigen rechtlichen Auseinandersetzungen.

Bei der im Bezug auf die anfangs dargestellte planmäßige Identitätsvernichtung berechtigte Aufregung, gilt es bei dieser Thematik nachfolgende Tatsachen zu berücksichtigen.

Die Zeit nach dem Zerfall der Adelsrepublik fällt in eine Epoche, in denen die Schreibweise der polnischsprachigen Namen (vor allem Bauern) noch nicht zu Ende gefestigt war und deren Träger, häufig Analphabeten, waren nicht auf eine ihnen nicht bekannte Schreibweise ihres Namens fixiert, geschweige den in der Lage diese Schreibweise bei den Beamten und Priestern durchsetzen. Vielfach wird auch übersehen, dass auch die große Masse insbesondere des Klein-Adels schreib- und leseunkundig war[49].

Die Beamten und Priester schrieben so, wie sie es als richtig angenommen haben. Im Falle deutschsprachiger Beamten wurden sie ohne die Kenntnis der polnischen Sprache mit der Problematik der Schreibweise polnischer und litauischer, manchmal auch aus dem kyrillischen transliterierter Namen, konfrontiert und haben bewußt oder mit geringen Achtsamkeit versucht, die gehörte Lautfolge in die von ihnen gewohnte Rechtschreibung zu pressen. Und der Varianten der polnischen Schreibweisen gib es reichlich.

Bei dieser Gelegenheit ist es wert, zu erkennen, dass einige der Änderungen der Recht-schreibung im Verständnis des Beamten oder Priesters auf eine - für offizielle Zwecke – **bessere** Wiedergabe des phonetischen Namensklanges als in der polnischen Schreibweise zielten. Und ein preußischer Beamter verwendete natürlich die ihm natürliche deutsche Rechtschreibung. Daher las er den polnischen Namen **Kosecki** als „**Kozeki**" und hörte er den Namen „**Kosecki**" schrieben er ihn klanglich als „**Kossetzki**" nieder. So versuchten sie, zumindest in der Ära vor Bismarck, nach ihrem Verständnis im gut gemeinten im Sinne den bestehen Klang zu registrieren ohne ihn absichtlich zu verzerren.

Zugleich muss man bedenken, dass im XIX. Jhdt. kein so großer Wert auf die Schreibweise und das graphisches Aussehen der Namen gelegt worden ist wie heute, denn schließlich war, wie in den Jahrhunderten zuvor, nicht Schriftlichkeit die Haupt-

[49] So wird überliefert als nach der ersten Teilung 1772 in Preußen in einem Landkreis 25 Personen als Schultheise neu bestellt waren, kein einziger des Schreibens und Lesen kundig war.

kommunikationsader, sondern das gesprochen Wort. Dies ist in der Zeit der elektronischen Kommunikation, in der ein jedes Zeichen von ausschlaggebender Bedeutung ist, schwer verständlich. In früheren Zeiten war dies jedoch, insbesondere in kleinen Konglomerationen völlig anders.

So könnte es sein, dass in seinem Heimatdorf die Familie von **Jędrasiak** von anderen **Jędraszak** oder **Jędrasiak** [50] genannt wurde, ohne sich zu vergegenwärtigen, dass es nicht ein und der selber Name ist, schließlich ist es geschrieben nur ein kleiner Lautunterschied am Namensende, ohne den Kern zu beeinflussen und ohne eine fühlbare Sinnänderung der Abkunft von **Jędras** oder **Jędreks**. Und es geschah, daß bei der Geburt mehrerer Kinder (manchmal auch von unterschiedlichen Personen niedergeschrieben) in einem Fall eine andere Namensversion notiert wurde als bei einer anderen Geburt. Somit können die jeweiligen Nachkommen bis zum heutigen Tag „ihre“ Namensrechtschreibung führen und zugleich fest davon überzeugt zu sein, dass „ihre“ richtig ist, und die andere verdreht. Auch so kann eine Art Familienlegende über den unverständlichen deutschen Beamten entstehen, welche die Namen verdrehten.

In der Tat recht spät und je nach Gebiet unterschiedlich, z. B. in Großpolen, so ab 1900 wurde begonnen die Namen offiziell zu überprüfen, bei den eine Vielzahl von möglichen Schreibversionen auftrat. Deren Spuren kann man durch Korrekturvermerke bei den Heiratsurkunden ab Mitte des XIX. Jhdt. beobachten. So z. B. wenn im Heiratseintrag von Maciej **Kowalski** hinzugefügt worden ist: „Im Jahr 1905 wurde der Familienname amtlich als **Kowalczyk** festgelegt“[51]. Offenbar haben die Betroffenen zuerst nur die Version von „Kowalczyk“ verwendet und einmal wurde eine Unstimmigkeit der Namensführung bei dem Heiratseintrag aufgefallen. Die amtlichen Nachforschungen führten dann zu der Feststellung der frühesten oder, falls nicht ermittelbar, der überwiegend verwendeten Namensform. Die Nichteinhaltung der Namenskonvention in den Heiratsdokumenten entsprang noch einer Zeit als die Namensfestigung noch nicht abgeschlossen war.

Somit handelte es sich bei diesen **Namenskorrekturen** nicht um Namens**änderungen**, sondern um eine **Vereinheitlichung der Namensführung**, die von der eingangs dargelegten, bewußt unter Zwang vollzogenen Namensänderung zu unterscheiden ist. Früher waren vielfach verschiedene Namensversionen möglich, weil es natürlich in Betracht gezogen wurde, dass ein Name auf unterschiedliche Weise geschrieben werden könnte. Durch das System persönlicher Beziehungs-

---

[50] Um nur zwei mögliche Schreibvarianten zu bemühen.

[51] "w roku 1905 urzędowo ustalono brzmienie nazwiska na Kowalczyk".

geflechte bestand eine andere, unmittelbarere Identifikationsebene, die im Zuge der gesellschaftlichen Veränderungen im XX. Jhdt. weggefallen ist, so dass die Indentitätwahrnehmung eingeengt wurde. Eben durch diese Konzentration der Wahrnehmung auf ein prägendes, unveränderliches Axiom wie den eigenen Namen, stellt eine ungewollte Namensänderung eine Vergewaltigung der eigenen Identität dar. Daher handelt es sich wie eingangs behauptet um eine schwere Menschenrechtsverletzung – den Raub der eigenen Identität.

Und hier wird offenbart, dass die kollektivistische Weltauffassung nicht mit der vorrevolutionären individualistischen Auffassung des ständischen Systems vereinbar ist, denn diese fußt auf einem individuellen Personengeflecht, welches nur im Einzelfall betrachtet und dargestellt werden kann. Daraus folgt, dass zumindest nach Zerfall der Res Publica ein reines Studium der Kirchen-Matrikeln nicht ausreicht und zumindest durch Studium von Adressbüchern, Massenmedien, und noch besser durch Steuertabellen, Grundbuchakten, Gläubigenlisten u. ä., ergänzt werden muss. Somit kann die Beschäftigung mit der eigenen Tradition häufig wahrlich detektivische Fähigkeiten abverlangen und zu einem spannenden Krimi werden.

Beispiel einer Steuertabelle aus der Zeit des Zerfalls der Res Publica 1772 – hier für Tarnobrzeg mit Angabe des Steuerpflichtigen, der Kinderanzahl und Ortes

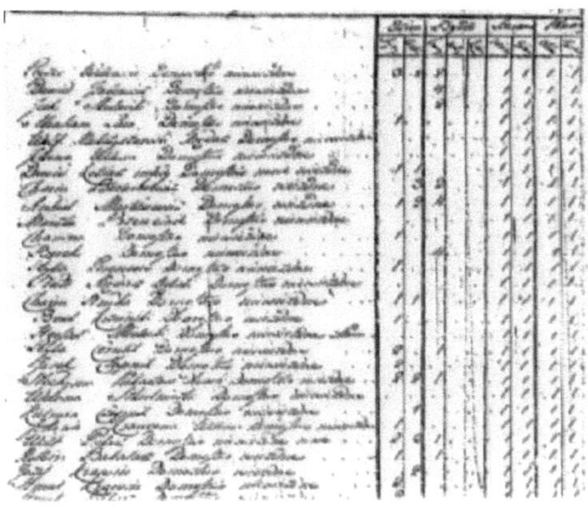

Im Unterschied dazu Beispiel einer Steuertabelle aus der Zeit nach dem Zerfall der Res Publica zum Habsburger Erblanden zugehörig im Jahre 1791 – hier für Tarnobrzeg mit Angabe des Steuerpflichtigen (erstmalig mit Vornamensangabe) und vielen weiteren Angaben

oder Grundbuchaufzeichnungen, die nicht unbedingt in Staatsarchiven zu finden sein müssen, wie hier wie hier am Beispiel aus dem Tarnowski Archiv in Krakau (Sigle 199):

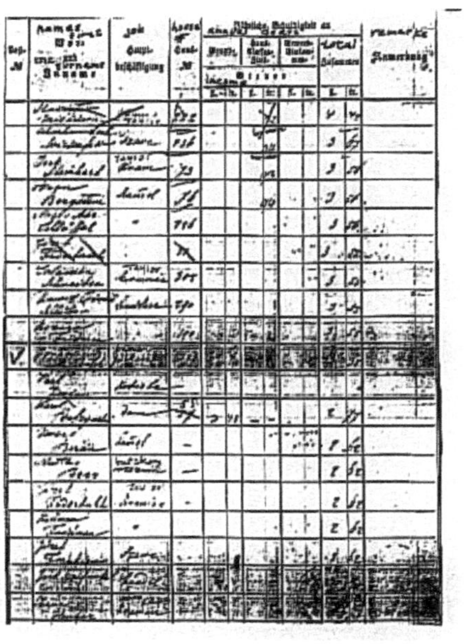

Die mangelnde Einheitlichkeit von Schreibweisen in Urkundenbücher stellt daher ein großes Problem dar: Auch wenn die Texte normiert sind, weiß man als Suchender, der einen Namen vor sich hat, nicht unbedingt, wohin die Normierung geführt hat.

Halten sich die Urkundenbücher weitgehend an die originale Schreibweise von Namen, kann der Suchende nur schwer alle Varianten im Auge haben. Man kann in 2 Schritten suchen: zu einer Namensform verwandte Namensformen suchen, unter den Ergebnissen die Varianten aussuchen und dann mit diesen Varianten suchen.

Seit den sechziger Jahren des XX. Jhdt. wurden in Polen die Namensangelegenheiten durch PWRN – Urząd Spraw Wewnętrznych [Amt für innere Angelegenheiten, seit 1973 Wydział Spraw Wewnętrznych [Abteilung für innere Angelegenheiten] przy Prezydium Wojewódzkiej Rady Narodowej [Presidium des Wojewodschafts-nationalrates] behandelt und sind in den jeweiligen Archiven der Wojewodschaften zugänglich. Die Entscheidungen von amteswegen wurden an die Standesämter [Urząd Stanu Cywilnego] und in die Einwohnermeldeämter [Biuro Dowodów Osobistych - heutige Bezeichnung], die für die Ausgabe der Personalausweise zuständig waren, weitergegeben.

Es bestand keine zentrale Stelle an die Änderungen mitgeteilt wurden. Somit sind die Veränderungen im Familienverband kaum nachzuvollziehen. Auch dies dient dem kollektivistischen Bestreben individuelle Beziehungen abseits von staatlichen Strukturen und Einflussnahme zu schwächen.

Um den letzten Stand von Daten der Vorfahren zu eruieren, ist es möglich kostenfrei einen Antrag an das für die Ausgabe der Personalausweise der betreffenden Vorfahren zuständige Einwohnermeldeamt [BDO, Biuro Dowodów Osobistych przy Urzędzie Miasta oder UmiG] zur Überprüfung der Akten [sprawdzenie w teczce dowodowej] zu stellen. Voraussetzung ist, dass die Serie und Nummer des Personal-ausweises sowie die ausstellende Behörde bekannt sind. Sofern man über diese Daten nicht verfügt, ist es möglich im BDO die Personaldaten der Vorfahren zu erhalten. Man kann dann eine amtlich beglaubigte Kopie des Bescheides [decyzja oder orzeczenie] aus den Akten erhalten[52].

Nehmen wir als Beispiel den Autor Emilian von Żernicki-Szeliga, welcher publizistisch vor dem Ersten Weltkrieg aktiv war. Welche Möglichkeiten einer Namensschreib-weise bestehen in der Republik Polen heute?

1. **von Żernicki-Szeliga** – dem steht entgegen, dass das polnische Recht [53] nur zweiteilige Familiennamen kennt, demnach ist diese Form nicht eintragungs-fähig, da sie dreigliederig ist.

---

[52] Die Gebühr im Jahr 2017 beträgt 5 PLN = knapp 1,00 € für jede Kopieseite.

[53] Reguliert im Art. 25 § 2 des Familien und Pflegegesetzes [kodeks rodzinny i opiekuńczy].

2. Es verbleiben also die Varianten **von Żernicki** oder **Żernicki-Szeliga**. Da gibt es ein Dilemat, man kann aber davon ausgehen, dass die zweite Option **Żernicki-Szeliga** erster Wahl sein wird - alleine aus dem Grund, dass sie den konstituierenden Charakter bildet, eben der Zugehörigkeit zum Adelstand. Bei Adligen mit ausländischer Herkunft, bei den keine Zugehörigkeit zu einer Wappengenossenschaft, sondern ein Individualwappen besteht, würde man die erste Option wählen, denn bei einem Individualwappen würde der Zusatz entweder als „eigenen Wappens" [herbu własnego] lauten (also nicht eintragungsfähig) oder er würde so benannt wie der Namen des Geschlechtes und führte zu einer Namensverdoppelung wie z. B. Habsburg-Habsburg.
3. Bei der Unterdrückung sowohl des Adelstandes als auch der Wappengenossenschaftszugehörigkeit würde der Name **Żernicki** lauten.

Welche endinstanzliche gerichtliche Urteile mit Rechtskraft gibt es zu diesen Fragestellungen in der Republik Polen?

- Kann in Polen ein Adelsprädikat geführt (auch in einer ausländischen Sprachform) werden? Ja.

Im Urteil des **Wojewodschaftsverwaltungsgerichtes in Posen wurde im Jahr 2005 in dritter Instanz unter der Signatur III SA/Po 4/05** festgestellt: Das Erlassen eines Bescheides auf der Grundlage in ihr angerufener Bestimmung des Art. 10 Absatz 1 des Gesetzes vom 15. November 1956 über die Änderung der Vornamen und Nachnamen ist als fehlerhaft anzusehen, so wie es falsch ist, zu behaupten, dass das angerufene Gesetz **nicht** eine Änderungen polnisch klingenden Namen in nicht polnisch klingende Namen vorsieht[54].

- Kann das Adelsprädikat „von" in polnische Standesamtunterlagen eingetragen werden? Ja.

Im Urteil des **Wojewodschaftsverwaltungsgerichtes in Gliwice vom 15. VI. 2007 unter der II SA/Gl 29/07** wird in III. Instanz ausgeführt: Mit Schreiben vom [...] 2006 hat sich der jetzt klageführende Antragsteller A. B. an die Abteilung für Zivile Angelegenheiten [...] des Wojewodschaftsamtes [Wydziału Spraw Obywatelskich [...] Urzędu Wojewódzkiego] mit der Bitte um Erteilung einer Information gewandt, ob und in welchem Modus es möglich ist, das Adelsprädikat „von" einem Namen hinzuzufügen. Als Antwort auf dieses Schreiben hat der stellvertretende Direktor

---

[54] „Wydanie decyzji na podstawie powołanego w nich przepisu art. 10 ust.1 ustawy z dnia 15 listopada 1956 r. o zmianie imion i nazwisk należało uznać za błędne, podobnie jak błędne jest twierdzenie, że powołana ustawa nie przewiduje zmiany nazwiska o brzmieniu polskim na nazwisko o brzmieniu niepolskim." Urteil WSA w Poznaniu aus 2005, Signatur III SA/Po 4/05.

der Abteilung für zivile Angelegenheiten in einem Brief vom [...] 2006 den Kläger informiert, dass es eine solche Möglichkeit gibt, sofern die Vorfahren den Namen mit dem Adelsprädikat „von" trugen. Er wies auch auf die Entscheidung des Obersten Gerichts vom 4. Februar 1998, Aktensignatur I CKU 204/97, in welcher diese Position bestätigt wird.

- Kann das Adelsprädikat „von" nach einer Scheidung „weitergereicht" werden"?

Nein, aber es entscheidet der Einzelfall.

Positiv ist noch anzumerken, dass das **Wojewodschaftsverwaltungsgericht in Gliwice vom 15. VI. 2007 unter der II SA/Gl 29/07** zugleich das Recht auf Weitergabe des adligen Namens nach einer Scheidung bei erneuter Heirat abgewiesen hat [hier **„von B."**].

- Kann in Polen der Eintrag eines Adelsranges im Wege einer Korrektur durch das Standesamt erwirkt werden?

Nein, denn es ist keine Korrektur, daher ist ein gerichtliches Namensfeststellungsverfahren durchzuführen.

In der Sache **III SA/Łd 19/05 bei dem Wojewodschaftsverwaltungsgericht WSA in Łodź vom 4. X. 2005** wurde festgestellt, dass der Eintrag eines Grafentitels „hrabia" nicht im Wege einer Korrektur der standesamtlichen Unterlagen zu erreichen sei. Übersetzung eines Urteilelementes: Es ist auch angezeigt festzustellen, dass die Kompetenzen den Leiter des Standesamtes nur berechtigen, offensichtlicher Schreibfehler zu berichtigen, andere Änderungen in den bestehenden Standesamtsunterlagen können nur auf der Grundlage eines Urteils der allgemeinen Gerichtsbarkeit in Fällen erfolgen, die im Art. 33 des Gesetzes vorgesehen sind[55]. Das Urteil bekräftigt damit zugleich, dass die Festlegung der Namensform ausschließlich in die Zuständigkeit der Amtgerichte fällt.

Damit bestätigt es die bisherige Praxis wie des ältesten bekannten Gerichtsverfahren aus dem Jahr 1995 unter der Signatur III. Ns. 917/95/4 (hier in Faksimile ein Auszug aus dem nicht veröffentlichten Urteil in einer amtlichen Übersetzung durch einen gerichtlich bestellten Dolmetscher)[56]:

[55] „Wskazać też należy, że kierownik USC jest uprawniony tylko do sprostowania oczywistego błędu pisarskiego , inne zmiany w sporządzonych aktach stanu cywilnego mogą być dokonywane jedynie w wypadkach wskazanych w ustawie przez sąd powszechny (art. 33 ustawy)", Urteil WSA w Łodzi vom 4. X. 2005, Signatur III SA/Łd 19/05.

[56] In der Republik Polen finden alle personendatenbezogene Rechtssachen in nicht öffentlichen Sitzungen statt.

Nr.-9499 Gemäß Beschluss des Amtsgerichts in Poznań vom 27 Februar 1995.---------------------------- Signatur Rechtsakt III. Ns 917/95/4 berichtigt man den Familiennamen der Person, die die vorliegende Urkunde betrifft, durch den Namenszusatz „von". Der Familienname lautet: „von ". --------

Faktisch kann man feststellen, dass es sich im heutigen Polen um ein erneutes Adelslegitimationsverfahren handelt, den vor dem allgemeinen Gericht muss wie bei den früheren Adelslegitimationsverfahren die salisch-genealogische Abkunft nachgewiesen werden. Als positives Nebenergebnis eines solchen Verfahrens bei der allgemeinen Gerichtsbarkeit in der Republik Polen ist anzumerken, dass auch die Auswirkungen der Menschenrechtsverletzungen der sozialistischen Gesetzgebung in Österreich und in der I. Tschechoslowakischen Republik 1918-1919 aufgehoben werden können, sofern sich die Erbfolge nahtlos durch Personenstandsdokumente aus der Zeit vor der Menschenrechtsverletzungen des Zeitraums 1918/19 dokumentieren lässt. Zugleich wie vor 250, 200 und 150 Jahren dient es mit dazu, sich mit den Traditionen der eigenen Familie zu beschäftigen und in der heutigen kurzlebigen Zeit sich auf den eigenen Stand zu besinnen.

Somit befindet sich dieses Verfahren auch in der Tradition der Habsburgischen Renovationsverfahren[57], in dem Geschlechter des verdunkelten Adels eine Restituierung deren adligen Rechte beantragen konnten. Die Analogie ist insbesondere auch darin zu sehen, dass zum Zeitpunkt der Renovationsverfahren im Kaiserreich Österreich und später Österreich-Ungarn faktisch alle angestammten adligen Privilegien bereits abgeschafft wurden, so dass es sich faktisch um die Feststellung der Namensführung handelt.

- Wird in der Republik Polen das Salische Rechtsprinzip geachtet? Teilweise ja.
Unter **II SA/Gl 29/07 des WSA Gliwice vom 15. VI. 2007** bestätigte das Wojewodschaftsverwaltungsgericht in dritter Instanz indirekt auch das bestehende Salische Rechtsprinzip, in dem er die materiellen Ablehnungen der ersten beiden Instanzen bestätigte. Dabei wollte der Antragsteller den Namen seiner Großmutter **„von B."** führen. Das Standesamt nahm die Namensänderung auf **„B."** vor, verweigerte jedoch die Eintragung des Adelprädikates **„von."** .

---

[57] Den Weg zu einem formellen Renobilitierungsverfahren ebnete das Dekret der Hofkanzlei in Wien vom 12. X. 1840. Auch hier zeigte sich die liberale Einstellung der Habsburger Monarchie, indem es verarmten alten Adelsgeschlechtern ermöglichte, einen ihrem Stand entsprechenden Status wieder zu erlangen. Es betraf nicht nur – oder sogar am wenigsten verarmte Geschlechter- wenn ihre Familientradion lebendig gehalten haben. Somit handelte es sich eher um eine Chance für Geschlechter, die ihr Standesbewußtsein in früheren Genera-tionen verloren haben. Eigenartiger Weise wurde hiervon bis zum Jahr 1848 kaum Gebrauch gemacht, erst nach dem Revolutionsjahr kam es zu häufigeren Anträgen. Eine mögliche Erklärung hierfür ist, dass vergleich-bar der Situation in Galizien, Polen oder den westrussischen Gubernien erst aufwändig fehlende Dokumente beschafft werden mußten.

- Wird in der Republik Polen bei Rechtsentscheidungen die genealogische Abkunft geachtet? Ja.

Ähnlich wurde in der Sache in dritter Instanz unter **WSA in Lublin vom 27. III. 2012 unter der Signatur III SA/Lu 35/12** zur unberechtigten Nutzung des adeligen Prädikates **„von"** durch einen unberechtigten, da unadligen, Antragsteller geurteilt. Zwar wurde im Urteil mit einer Bezugnahme auf das Urteil des Obersten Gerichtes von 1998 der Klage des Antragstellers stattgegeben, jedoch wegen Verfahrensfehler des Standesamtes und nicht in der Sache [58] selber: Zu Beginn ist festzustellen, dass die Auffassung des Wojewoden zutreffend ist und die **„von"** Präposition kein Name sei.

- Kann ein deutschsprachiges Adelsprädikat „von" in die polnischen Standesamt-unterlagen eingetragen werden? Ja.

Bereits am 4. II. 1998 stellte das Oberste Gericht der Republik Polen [SN] im Urteil unter der Signatur I CKU 204/97 über das **„von"** fest:

Dieser Begriff entspricht dem französischen **„de"** dem niederländischen **„van"** oder dem polnischen **„z"** und wird in der juristischen Literatur als Adelsprädikat bezeichnet. Seine wesentliche Funktion ist es, die Bedeutung von Namen zu betonen. Die Erfüllung nur als ein Unterscheidungsmerkmal kann nicht als Titel behandelt werden. In den meisten der Gesetzgebungen ist es als integraler Bestand-teil des Namens anerkannt und es fehlt ein berechtigter Grund, um sie unter polnischen Bedingungen anders zu verstehen[59].

Und dies zu Recht, den die Verfassung der Republik Polen aus dem Jahr 1935 hat die Verfassung aus dem Jahre 1921 aufgehoben, in der eine Aufhebung des Adelstandes verankert war. Da in der Verfassung von 1935 noch später diese Frage nicht reguliert und ausgeklammert wurde, gilt im Bezug auf den Adelstand die Regelung, welche vor dem in Kraft treten der Verfassung aus dem Jahre 1921 galt, d. h.

---

[58] „Na wstępie należy zgodzić się z Wojewodą, że przyimek von nie jest nazwiskiem." Urteil des WSA in Lublin vom 27. III. 2012, Signatur III SA/Lu 35/12.

[59] „Określenie to, odpowiadające francuskiemu „de", holenderskiemu „van", czy też polskiemu „z", w literaturze prawniczej nazywane jest partykułą szlachecką. Jej istotna funkcja sprowadza się do podkreślenia znaczenia nazwiska. Spełniając jedynie rolę wyróżnika nie może być traktowana jako tytuł. W większości ustawodawstw uznawana jest jako integralna część nazwiska, i brak też uzasadnionych powodów, aby odmiennie ją rozumieć w warunkach polskich." Urteil des Obersten Gerichtes der Republik Polen [SN] in Warschau vom 4. II. 1998, I CKU 204/97:

Rechtsstand des IV. resp. III. Königreich Polen als auch die der Res Publica von 1795 als deren Rechtsnachfolger sich die polnische Republik heute definiert. [60]

Dennoch ist die Fragestellung komplizierter und es wird in entsprechenden juristischen Diskussionsforen engagiert diskutiert [61], denn: Auf der Grundlage der geschilderten Situation, da nach dem in Kraft treten der Verfassung von 1935 und auch der späteren Verfassungen keine Normativakten bezüglich des Adelsstandes in den Gebieten der II. und III. Republik Polen ergangen sind, gilt in den jeweiligen Gebieten, die im Jahre 1918 zur II. Republik Polen vereinigt wurden, auf der Grundlage der Rechtsfortsetzung in Teilelementen auch das Recht der jeweiligen Teilungsmächte. Im Bezug auf die Adelslegitimationsverfahren würde es bedeuten, dass eine adelslegitimierte Familie im Gebiet des Königreiches Galizien und Lodomerien oder des Königreiches Preußen ansässig heute in den Grenzen der II. und III. Republik Polen einen Anspruch auch auf die deutschsprachigen Adelsprädikate erheben kann. Für die Gebiete des III. und IV. Königreiches Polen ergibt sich kein Unterschied, denn es wurden mit dem Stand im Dworjanstwo (sei es durch Adelslegitimation oder Standeserhöhung) keine Adelsprädikate verliehen.

Somit hat die Publikation der Stammfolgen auch einen unmittelbaren praktischen Sinn.

---

[60] „1. Jesli Konstytucja z 1935 roku, uchyliła zapisy Konstytucji z 1921 roku i nie wprowadziła nowych uregulowań w danej kwestii, to jest oczywiste, że po 1935 roku, obowiązywał stan prawny taki jak przed 1921 r..
2. Ponieważ żadna późniejsza Konstytucja nie regulowała tej kwestii, to stan zprzed 1921 roku obowiązuje do dziś, czyli kwestia tytułów szlacheckich nie jest uregulowana."

[61] „3. Nie słyszałem o ustawie ws. tytułów szlacheckich, a jeśli była by wydana, to powinna być aktem nadal obowiązującym, a nie jest (a przynajmniej nie ma w wykazie takich aktów). Wśród aktów nadal obowiązujących, sa jeszcze ustawy przedwojenne, które nie zmieniły się zasadniczo, pomimo trzykrotnych zmien Konstytucji np. ustawa prawo wekslowe z 28 kwietnia 1936 roku.
4. Ustawy i inne akty prawne o tej randze, muszą być zgodne z Konstytucją. To chyba jasne. Jeśli zaczyna obowiązywać nowa Konstytucja, to "stare" ustawy:
- obowiązują tylko w okresie przejściowym, zakreslonym w nowej Konstytucji, nowa Konstytucja nie wchodzi zwykle z dnia na dzień i tak jak ustwy zwykłe, ma vacatio legis;
- po okresie przejściowym, obowiązują tylko te zapisy ustawowe, które nie są sprzeczne z nową Konstytucją, np. jak cytowane wyżej prawo wekslowe;
- po okresie przejściowym, wszystkie ustawy sprzeczne z nową Konstytucją, jak najbardziej idą do kosza.
5. Teoretycznie, jeśli sytuacja prawna jest taka jak wyże opisano i nie wydano później, tzn po 1935 roku, żadnego aktu normatywnego w tej sprawie, to można by sie doszukiwać, na zasadzie ciągłości prawnnej z przepisami obowiązującymi w państwach zaborczych, przed ozyskaniem przez Polske niepodległości w 1918 roku. Mogło by sie okazać, że na części terenów Polski można używać tytułów szlacheckich, a na innych terenach nie można."

Etwas anders sieht es mit der Eintragung von Rängen wie baron, hrabia ... aus – egal ob in einer polnisch- oder einer fremdsprachigen Version, denn diese sind als Titel zu verstehen und Titel (auch wissenschaftlicher Art wie z. B. **„Dr.“**) werden generell nicht in polnische Personalstandsdokumenten eingetragen. Dabei bleibt anzumerken, dass auch bei diesem Fall auf der Grundlage der Rechtsfortsetzung aus dem II. Königreich Polen und Res Publica traditionell keine Rangtitel – außer der dynastisch-fürstlichen Titeln aus dem Großfürstentum Litauen – anerkannt wurden.

Eine Ausnahme bildet jedoch die Eintragung von Rängen bei einer Heirat mit ausländischen Bürgern, die einen solchen zusammengesetzten Namen tragen; diese werden als Ausnahmefall eingetragen.

1.3. Bevölkerungsentwicklung und das Erlöschen von Geschlechtern

In der zweiten Hälfte des XVII. und XVIII. Jhdt. waren Epidemien ein fester Bestandteil des Lebens. Pestepidemien gab es in den Jahren 1651-1663, 1665, 1667, 1679, 1693 und 1695, und die Pest kehrte mit noch größerer Kraft in den Jahren 1708-1711 zurück.

Dazu traten noch oft Krankheiten wie Typhus, Dyphterie und Pocken, welche die Konstitution der Bevölkerung schwächten wie auch die unheilbare Lepra. In Verbindung mit dem niedrigen Niveau der Medizin und Hygiene sowie schwierigen Lebensbedingungen bedeutete dies, dass **das Reproduktionsalter von nur etwa 35% der geborenen Individuen erreicht wurde**.

In Zahlen umgesetzt: auf eine in den Stammfolgen auftretende verheiratete Person kommen statistisch 2 weitere Personen, die in die Stammfolge Eingang hätten finden müssten. Betrachtet man die Genealogien für diese Zeit, stellt man sofort fest, dass dies bei landadeligen Geschlechtern fast in keinem Fall erreicht wird. Sogar die Stammfolgen der dynastischen Familien sind von den zu erwartenden Tatsachen weit entfernt. Daher kam es im XX. Jhdt. immer wieder zu wundersamen „Geschlechteraufweckungen" von in der Literatur für erloschen erklärten Geschlechtern wie z. B. des Geschlechts der Fürsten Chowanski h. Pogoń Litewska[62].

Die Lebenserwartung der Landbevölkerung in der Zeit der ausgehenden Adelsrepublik lag mit 27-28 Jahren recht niedrig. Unter dem Adel war es etwas besser, aber das Alter von 50 Jahren erlebten nur etwa 12,5% der geborenen Population dieses Standes; unter den Bauern nicht mal 10 Prozent. Noch schwieriger war es, als Frau dieses Alter zu erreichen. **Es wurden in diesem Zeitraum durchschnittlich 6 Kinder pro Ehe geboren** und jede Geburt stellte eine ernsthafte Lebensbedrohung der Mutter dar, denn deren Sterblichkeit lag zwischen 5 und 11 Prozent [63].

Aus dem Mittelalter und der frühen Neuzeit wissen wir immer nur von den Kindern,

---

[62] Nachkommen von Narimunt, dem zweitgeborenen Sohn des Großfürsten Gediminas von Litauen, Vorvater des Begründers der litauisch-polnischen Union. Fürsten Chowanski gehörten zum direkten Familienumfeld der Großfürsten von Moskau und waren betroffen von dem späteren Zaren Iwan Grozny veranlassten Ermordung von Mitgliedern seiner eigenen Familie. Im Jahre 1682 haben Chowanski in einem Staatsstreich versucht, die Romanow zu stürzen und sich des Zarentrons zu bemächtigen.

[63] Gloger, Zygmunt: Encyklopedja staropolska ilustrowana [Illustrierte Altpolnische Enzyklopädie], 4 Bände, Warschau 1900-1903. Wegen der Bedeutung des Werkes wird versucht es elektronisch verfügbar zu machen: Volltextsuche und Downlad unter: https://pl.wikisource.org/wiki/ Encyklopedia_staropolska. Brückner, Alexander, Professor der Slawistik an der Universität Berlin: Encyklopedia staropolska, 2 Bände, 1937-1939; Reprint: 1990.

die einerseits ihre Kindheit überlebt haben und die andererseits so wichtig oder reich wurden, dass sie in den Quellen oder Urkunden überhaupt vorkamen. Wer z. B. kein Amt oder eine Würde bekleidete, nie ein Stück seines väterlichen Erbgutes veräußerte, aber auch nichts hinzukaufte oder verklagt worden ist, wurde niemals aktenkundig. Die dritte Hürde ist der fortwährende Verlust der Urkunden durch Brände, Überschwemmungen, mangelnde Vorsorge, Verschleppung durch durchziehende Truppen, Zerfall des Papiers oder bewusste Vernichtung zur Verschleierung von Herkunft und Abhängigkeiten.

Bei dem Forschungsprojekt **"Eliten der Serenissima Res Publica Coronae Regni Poloniae Magnique Ducatus Lithuaniae 1385 - 1569 - 1795 und in deren Grenzen bis 1918"**, setzen wir für die Reproduktion nachfolgende Generationmindestfolgen an:

männlich mit 21 Jahren und weiblich mit 16 Jahren,

jeweils korrigiert um dokumentierte Einträge in Matrikeln, Gerichtsbüchern, Reichstagsprotokollen u. ä. .

So ermitteln wir das späteste Datum der gesuchten Geburt, welches wir mit dem Zeichen „**<**“ für „**vor**“ kennzeichnen. Analog ermitteln wir den frühesten und spätesten Zeitpunkt des Ableben, welches wir mit dem Zeichen „**>**“ für „**nach**“ kennzeichnen. Sicherlich hat es eheliche Verbindungen mit jüngeren als einem 21-jährigen Bräutigam und einer 16-jährigen Braut gegeben, dies gehörte sowohl im MA als auch in späteren Zeiträumen zur absoluten Seltenheit.

Eine Obergrenze setzen wir männlicherseits nicht fest, da sie sehr schwer auszumachen ist: Der Gediminide Wladyslaw II. Jagiello als König von Polen und Großfürst von Litauen, war zur Zeit seiner letzten Geburt 76 Jahre alt und noch ältere Väter sind geschichtlich überliefert, es hängt offensichtlich von deren Kondition ab.

Auch weiblicherseits ist eine Obergrenze schwer festzumachen. Generell wäre sie bei 45-50 Jahren auszumachen. Dies gilt jedoch nur im Allgemeinen, denn wie neueste Forschungen zeigen, verschiebt sich die Grenze bei Vielfachgebährenden (10-15 und mehr Geburten) ganz beträchtlich. Offensichtlich führt die eisprunglose Zeit fast komplett zu einer Verlängerung der Empfängnisfähigkeit. Dies belegen die Kindergeburten bei fast 60-jährigen.

Allerdings ist bei unseren Forschungen die Obergrenze von geringer Bedeutung, denn unser Problem bilden Stammfolgen als solche, denn in Genealogien und historiographischen Aufzeichnungen im östlichen Europa werden kaum Zeitdaten angegeben. Wenn überhaupt zusätzliche Daten angegeben werden, erfolgt gegebenen Falls die Angabe von Ämtern und Würden, so dass sich erhebliche Schwierigkeiten bei dem Versuch ergeben, nicht erfasste Personenfunde richtig zeitlich ein- und zuzuordnen.

Wir sind uns bewusst, dass der obiger Ansatz 21/16 Jahre über viele Generationen zu einer gehörigen Zeitverschiebung führt. Erfahrungsgemäß kommen wir bei 5 Generationen auf ein ca. 50 Jahre späteres Datum der Geburt, bei 10 Generationen (nicht so unüblich bei Adelslegitimationsverfahren) auf eine anzunehmende Mindestverschiebung von bis zu 100 Jahren. Dies mag dem Leser als horrend erscheinen, ist es jedoch nicht. Diese Methode ist wesentlich sicherer und genauer (im Laufe der 5 Jahre Laufzeit des Forschungsprogramms ist uns kein einziger Fall bekannt geworden, der außerhalb der so ermittelter Zeitobergrenze lag) als der Ansatz des wichtigsten polnischen Forschungsprogramms mit der umfassendsten Datenbank für das östliche Europa, der aus obig dargestellten Gründen pauschaliert die Datensicherheit mit +/- 50 Jahren pro Generation angibt (d. h. einer Zeitspanne von 100 Jahren) und dies bereits ab dem XVIII. Jahrhundert abwärts [64].

Als mögliche Ursachen für den Rückgang sowohl der Zahl der Adligen als auch der Anzahl der Adelsfamilien können grundsätzlich folgende Faktoren angenommen werden, die sich vermutlich gegenseitig verstärken können. Dabei ist zu unterscheiden das faktische vom scheinbaren Erlöschen eines Geschlechtes.

Unter den faktischen Ursachen wären zu nennen:

1. Die **Auswanderung** eines Adligen oder gar ganzer Adelsfamilien in östliche Gebiete der Res Publica aber auch in das Großfürstentum Moskau, Schweden, Länder der Böhmischen Krone, Königreich Ungarn oder Gebiete des HRR begleitet durch einen Verlust des privilegierten Statuses in anderen Adelsrechtssystemen könnte eine Ursache für den zahlenmäßigen Rückgang des Adels gewesen sein.
2. Die **Familiengröße** ist ebenfalls als ein Faktor zu sehen, von dem das Aussterben der Adelsfamilien im späten Mittelalter und der Frühen Neuzeit abhing, denn in einer Zeit extrem hoher Kinder- und Jugendsterblichkeit war es für den Fortbestand einer Familie bedrohlich, wenn es nur wenige Familienmitglieder gab.
3. Die **Macht einer Familie** könnte ein anderer möglicher Grund für das

[64] Datenbank Dr. Minakowski über die Geschlechter des Vierjährigen Reichstages, Rezension in: http://de.szlachta.wikia.com/wiki/Rezension_Datenbank_Minakowski.

Aussterben einzelner Adelsfamilien gewesen sein, denn mächtigere Familien konnten einerseits unter positiveren Bedingungen leben als weniger mächtige Adelsgeschlechter, andererseits waren sie aber auch gerade wegen ihrer Macht anderen Gefahren ausgesetzt als weniger mächtige Geschlechter.

4. Der **Familienreichtum** war möglicherweise ebenfalls ein Faktor, der Aussterben bei Adelsgeschlechtern beeinflusst hat. denn wohlhabendere Adelsfamilien konnten sich eine bessere und gesündere Ernährung, bessere Kleidung und Bildung, modernere Kampfausrüstung [65], besseres und gesünderes Wohnen sowie eine bessere medizinische Versorgung leisten.

Zu den zweitgenanten Ursachen zählen sicher:

5. In den Zeiten der Umbrüche der Industriellen- und heute Informationsrevolution durch einen **Bewusstseinsverlust** der eigenen Familientradition so wie der Verzicht aus das Führen der Adelstitel und Ränge[66].
6. Ein scheinbares Erlöschen einer Familie durch **Vergessen** in den tradierenden Medien. Diese wohl häufigste Form kann man an einigen Beispielen verdeutlichen.

In einem Fall wurde sogar seit dem XIX. Jhdt. und noch zu Beginn der 90-er Jahre des XX. Jhdt. vom einem Professor, ausgewiesenem Spezialisten der Historischen Grund-

---

[65] Um die Proportionen zu verdeutlichen: Die Ausrüstung eines schweren Reiters, der über mehrere Jhdt. im Landaufgebot der Szlachta der Res Publica zum Einsatz kam, d. h. eines aufwendig geschulten Pferdes mit Ersatzpferd, Vollausrüstung und 1-3 Hilfspersonen, entsprach dem Wert bis zu drei mittelgroßen Dörfern. Da-für bot eine solche Ausrüstung und Ausbildung eine mit dem Fahrer enes neuzeitlichen Panzers vergleichbare Überlebenschance im Kampf.

[66] So haben z. B. viele der Teilungsfürsten, Nachkommen von Gediminas und Rurik, die Führung deren Für-stentitel [kniaź] seit dem XVI. Jhdt. unterlassen, ohne jedoch auf den Fürstenrang als solchen zu verzichten. Einige Familien haben nach einigen Jahrhunderten dann die Führung des Fürstentitel wieder aufgenommen, viele andere jedoch nicht. Dieses angestammte Recht findet sich sogar in einigen Nobilitierungen des Heiligen Römischen Reiches wieder, in dem ein entsprechendes Privileg 'de non usu"erteilt wurde. Es handelt sich um die Berechtigung, den Adel oder die Rangtitulatur fallweise oder zeitweise nicht zu führen. Bei der Vornahme "bürgerlicher" Handlungen beispielsweise wurde so kein Präjudiz im Bezug auf den Fortbestand des Adels bzw. dessen Wiederaufnahme gesetzt. Dieser Brauch hat sich - wie das Beispiel des **Michael Prinz zu Salm-Salm** im Deutschen Bundestag zeigt - bis heute erhalten.
Diese Regelung bestand nicht im Geltungsbereich der Adelsrepublik, den die Vornahme "bürgerlicher" Hand-lungen war mit dem Adelstand unvereinbar. Diese starre Haltung ist als einer der Gründe der Verarmung weiter Teile der Szlachta im XVII. und XVIII. Jhdt. anzusehen. Dieser Tatbestand musste jedoch nach der Beschuldigung nicht dem Adelstand anzugehören amtlich festgestellt werden. Eine solche Anschuldigung wurde hatte vor einem Gericht verhandelt zu werden.

wissenschaften, in einem Sammelwerk zu Stammfolgen der Gediminiden und Rurikiden das Geschlecht der Chowański als im XIX. Jhdt. erloschen ausgewiesen.

Bis – im Jahre 2007 als Ergebnis eines fast 100-jährigen genealogischen Studiums - in Moskau eine über 500-seitige Monographie dieses weiterhin blühenden Geschlechtes erschien. Man sollte annehmen, dass die Fürsten Chowanski darin erschöpfend vorgestellt werden.

Jedoch bereits vor der Drucklegung des Buches wurde von den Autoren ein „vergessener" Zweig mit mehreren Hunderten heute lebender Familienangehörigen entdeckt[67], die im Werk nicht berücksichtigt werden konnten.

Beispiel des Weges zum „Vergessenwerden" am Beispiel der erwähnten Linie der Fürsten Chowański: Karte 1 = Umsiedlung von den ukrainischen Gebieten in den zentralen Bereich von Altlitauen (hier südlich von Vilnius, der Hauptstadt Litauens, und westlich von Minsk, der heutigen Hauptstadt Weißrusslands

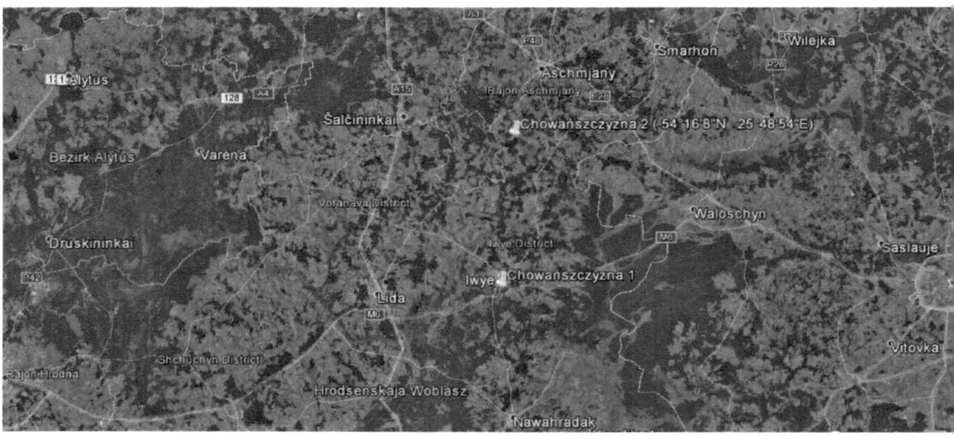

[67] Dies wurde vom Herausgeber im Werk auch noch vermerkt, dieser Zweig konnte jedoch im Werk nicht mehr berücksichtigt werden und ist immer noch als Baustelle in Bearbeitung.

Karte 2 = Wechsel aus einem Teil der Res Publica (Großfürstentum Litauen) und Zuwanderung in den zweiten Reichsteil der Res Publica (II. Königreich Polen)
(als Beispiel einer zum Trend des Drangs nach Osten gegenläufigen Wanderung).

Ein anderes Beispiel: Bis heute wird die Fehlinformation tradiert, dass die Reichsgrafen [de Leszno] Leszczyński h. Wieniawa mit den Töchtern von Stefan, Wojewoden von Kalisch, wie Maria, seit 1725 Gattin des Ludwik XV, Königs von Frankreich und Navarra, erloschen ist. Danach war letztes männliche Mitglied des Geschlechtes Stanislaus I. **Reichsgraf Leszczyński h. Wieniawa**, * 1677, + 1766, König von Polen und Großfürst von Litauen, Herzog von Lothringen und Bar.

Faktisch blühte das Geschlecht, wie die nachstehende Adelslegitimierung und die Linie der in Preußen landsässigen **de Leszno Leszczyński h. Wieniawa** belegen, fort. Die weiterblühenden Linien haben jedoch weder die Anerkennung des Grafenstandes beantragt noch erhalten oder geführt[68].

---

[68] **A0.** ? **de Leszno Leszczyński h. Wieniawa**, * [1780 <], + [],
oo ? **? h. ?**, * [1785 <], + [],
B1. Michał [de Leszno] **Leszczyński h. Wieniawa**, * [1801 <], + [1843 <],
oo ? **? h. ?**, * [1806 <], + [],
C1. Józef [de Leszno] **Leszczyński h. Wieniawa**, * [1822 <], + [> 1843], Adelslegitimiert im Jahr 1843 im III. Königreich Polen (unter Romanows), nach Adam Boniecki lautete die Vornamen Józef Wincenty [Quelle: AGAD, 2/3, Seite 291, nach: Sęczys, Elżbieta: Szlachta wylegitymowana w Królestwie Polskim w latach 1836-1861(1867) [Im (III. Königreich Polen in den Jahren 1836 - 1861 (1867) legitimierter Adel], 2. korrigierte Auflage, Warszawa 2007 in: Seria szlachta polska, Seite 376 und Boniecki (h. Bończa), Adam: Herbarz polski, Warszawa 1899 ff, Band 14, Seite 153],
B2. Józef [de Leszno] **Leszczyński h. Wieniawa**, * [1801 <], – [1843 <?],

Dieser historischen Verwischung wird Vorschub geleistet, indem in westlichen Erarbeitungen wie auch modernistischen Publikationen die Zugehörigkeit zu der entsprechenden Wappengenossenschaft unterdrückt wird. Polnischerseits besteht die historische Verwischung dadurch, dass systematisch, auch bei eingewanderten und indigenierten Geschlechtern, dass geführte Adelsprädikat „von" / „de"sowie ggfs. die bestehenden Adelsränge ignoriert und in der Literatur generell nicht die angetroffenen Vornamen, sondern in polonisierter Form aufgeführt werden.

Es kann jedoch als gesichert festgestellt werden, dass quellenmäßig im ausgehenden Mittelalter und der Frühen Neuzeit bekannte Geschlechter, wenn sie im

---

oo ? **? h. ?**, * [1806 <], + [],

C1. Michał Juljan [de Leszno] **Leszczyński h. Wieniawa**, * [1822 <], + [> 1843], Adelslegitimiert im Jahr 1843 im III. Königreich Polen (unter Romanows), nicht erfasst durch Elżbieta Sęczys, [Quelle: Boniecki (h. Bończa), Adam: Herbarz polski, Warszawa 1899 ff, Band 14, Seite 153],

A0. ? **de Leszno Leszczyński h. Wieniawa**, * [1776 <], + [],

oo ? **? h. ?**, * [1781 <], + [],

B1. Ernst Wilhelm Heinrich Ferdinand [de Leszno] **Leszczyński h. Wieniawa**, * Magdeburg 28. X. 1797, + Berlin 23. II. 1863, königlich preussischer Oberstleutnant, [Quelle: Kurt von Priesdorff: Soldatisches Führertum. Band 9, Hanseatische Verlagsanstalt Hamburg, ohne Jahr, Seite 282-287],

oo Laurette Antonie Berta **von Winterfeld eigenen Wappens**, * Stettin 23. X. 1803, + Boostedt 18. V. 1870, [Quelle: Kurt von Priesdorff: Soldatisches Führertum. Band 9, Hanseatische Verlagsanstalt Hamburg, ohne Jahr, Seite 282-287],

C1. Paul Stanislaus Eduard **[de Leszno] von Leszczynski [h. Wieniawa]**, * Stettin 29. XI. 1830, + Repten 12. II. 1918, königlich preussischer General der Infanterie, seit 1905 Mitglied des preussischen Herrenhauses, [Quelle: Kurt von Priesdorff: Soldatisches Führertum. Band 9, Hanseatische Verlagsanstalt Hamburg, ohne Jahr, Seite 282-287],

oo Berlin 19. V. 1862 mt Hedwig Klara **von Winterfeld eigenen Wappens,** * Nieden 14. VI. 1835, + Repten 20. Januar 1901, [Quelle: Kurt von Priesdorff: Soldatisches Führertum. Band 9, Hanseatische Verlagsanstalt Hamburg, ohne Jahr, Seite 282-287],

D1. Paul **[de Leszno] von Leszczynski [h. Wieniawa]**, *Repten 20. VIII. 1863, + Repten 21. V. 1884, [Quelle: Kurt von Priesdorff: Soldatisches Führertum. Band 9, Hanseatische Verlagsanstalt Hamburg, ohne Jahr, Seite 282-287],

D2. Hedwig **[de Leszno] von Leszczynski [h. Wieniawa]**, * Karlsruhe 5. Mai 1872, + [], [Quelle: Kurt von Priesdorff: Soldatisches Führertum. Band 9, Hanseatische Verlagsanstalt Hamburg, ohne Jahr, Seite 282-287],

oo Berlin 5. V. 1872 mit Wolfgang **Gans Edler Herr zu Putlitz eigenen Wappens**, * Retzin 3. I. 1857, + Gundelsheim 31. V. 1931, preußischer Hauptmann a. D., Herr auf Barskewitz, 1907-1918 Reichstagsabgeordnete, [Quelle: Kurt von Priesdorff: Soldatisches Führertum. Band 9, Hansea-tische Verlagsanstalt Hamburg, ohne Jahr, Seite 282-287],

Zeitraum zwischen dem Dreißigjährigen Krieg / den ukrainischen Freiheitskriegen Mitte des XVII. Jhdt. und der Auflösung der Res Publica Serenissima zur Zeit der Französischen Revolution nicht notiert werden, als ausgestorben angesehen werden müssen. Daher ist eine große Anzahl der in den gedruckten heraldisch-genealogischen Sammelwerken erwähnten Geschlechter erloschen, wobei keine wissenschaftlich gesicherten Schätzungen über die Prozentzahl anzutreffen sind.

Völlig anders verhält es sich bei den Geschlechtern, die vielfach als Briefadel bezeichnet werden. Es sind neuadelige Häuser, welche vielfach durch eine Nobilitierung von verdienten Offizieren und Beamten begründet wurden. Bei Militärangehörigen, welche den größten Personenanteil stellten, auf die sich die Standeserhöhungen bezogen, bestanden strikte Restriktionen bei der zur Familiengründung erforderlichen Heiratsgenehmigung des Dienstherrn. Dadurch war die Nachkommenschaft, wenn überhaupt, nicht zahlreich oder das Geschlecht konnte aus biologischen Gründen häufig nicht fortgesetzt werden.

Bei katholischen Würdenträgern, bedingt durch das Zölibat, kam der erblich verliehene Adelstand faktisch einem persönlichen Adel gleich. Bei der Gruppe des Adelstandes mit mosaischem Hintergrund hat die Zeit der totalitären Systeme des XX. Jhdt. zu großen Verlusten geführt.

Ebenfalls scheint die geringere Traditionsbindung der neuadligen Familien zum beschleunigten Verlust des adelständischen Bewusstseins zu führen. Auch der sozialistische Terror sowie von Links als auch von Rechts im XX. Jhdt., sowohl im rechtlichen [69] als auch biologischen Sinne [70], hat tiefe Auswirkungen sowohl bei briefadeligen Familien als auch beim Altadel im östlichen Europa hinterlassen. Der kollektivistische Terror hat, auch ohne einen Verlust des Adelstandes mit sich zu bringen, vielfach zur Flucht geführt. Im Unterschied zum Aufgehen der exilierten ständischen Oposion der Länder der böhmischen Krone zu Beginn des 30-jährigen Krieges in der Bevölkerung der protestantischen Nachbarländer, brachte die erzwungene Emigration des XX. Jhdt. eine Entwurzelung vielfach auch in außereuropäischen Kulturkreisen und damit zum faktischen Erlöschen nicht weniger Geschlechter.

---

[69] Adelsfeindlichen kollektivistischen Gesesetzgebungen nach dem Ersten Weltkrieg wie in Österreich oder der I. Tschechoslowakischen Republik (1918-1938), dort abzielend auf die Namenstradition oder Bodenreformen und Verstaatlichungen in vielen Ländern Mittel- und Osteuropas.

[70] Gezielte Ermordung von Angehörigen des Adelstandes und Klerus während des Roten Terrors im Kaiserreich Russland, Baltikum, Ungarn, und Spanien, oder durch Glodomor in der Ukraine und Holocaust in Europa.

Leider wurde dem Vorschlag des Teilnehmers **rafal1368** auf historiker.org [71] im Jahre 2009 zur Ergänzung von Wappenbüchern durch Angehörige der jeweiligen Familie [72] nicht befolgt. Sein Beitrag gibt ein beredetes Zeichen dafür, wie scheinbar ein Geschlecht pauperisiert resp. erlöschen kann und seine Nachkommen unauffindbar und zum verdunkelten Adel werden. Berücksichtigt wurden nicht:

A0. **? Ciechomski h. Wąż**, * [1743 <], + [],
oo ? **?**, * [1748 <], + [],
  B1. Michał **Ciechomski h. Wąż**, * [1764 <], + [],
  oo ? **? h. ?**, * [1769 <], + [],
    C1. Wincenty **Ciechomski h. Wąż**, * [1785 <], + [],
    oo ? **? h. ?**, * [1790 <], + [],
      D1. Mateusz **Ciechomski h. Wąż**, * [1806 <], + [> 1851],
      oo ? **? h. ?**, * [1811 <], + [> 1851],
        E1. Ludwik **Ciechomski h. Wąż**, * 1827, + [],
        oo **?**
        E4. Feliks **Ciechomski h. Wąż**, * 1833, + [],
        oo **?**
        E2. Jan Kazimierz **Ciechomski h. Wąż**, * 1834, + [],
        oo **?**
        E3. Wojciech Alfred **Ciechomski h. Wąż**, * 1848, + [],
        oo **?**
        E4. Alfred Gustaw Teofil **Ciechomski h. Wąż**, * 1851, + [],
        oo **?**

Allein an diesem Beispiel erfahren wir, wie durch die nicht komplette Wiedergabe vier Söhne "unterschlagen" worden sind, da sie nicht zur Kenntnis der Wappenbuchautoren gelangten. Gerade ab Ende des XVII. und dann verstärkt im XVIII. Jhdt., dem Jahrhundert des Zerfalls durch die Pragmatische Sanktion, Wirren der französischen Revolution und der napoleonischen Kriege bemerken wir Hand in Hand mit der Pauperisierung weiter

[71] 28/06/2010, 9:19 "Ze swej strony mogę wskazać odnośnie rodziny **CIECHOMSKICH**, że: Mateusz CIECHOMSKI, syn Wincentego, a wnuk Michała miał nie tylko syna Feliksa ur. w 1833 r., ale także synów: Ludwika (ur. w 1827 r.), Jana Kazimierza (ur. w 1834 r.), Wojciecha Alfreda (ur. w 1848 r.) oraz Alfreda Gustawa Teofila (ur. w 1851 r.)." Forum historiker.org, http://www.historycy.org/bez_grafik/index.php/t69905.html, Zugang 5. II. 2016.

[72] "Proponuję by w tym wątku osoby zajmujące się genealogią swoich rodzin podawały informa-cje, które stanowią uzupełnienie polskich herbarzy Bonieckiego, Uruskiego, Żychlińskiego, Niesieckiego i innych autorów."

Adelskreise ein öffentliches Vergessen blühender Geschlechter. An diesem Beispiel wird zugleich die praktische Umsetzung der Regeln demonstriert nach denen die Stammfolgenabhandlungen vorgestellt werden.

Die Angaben in dem obigen Beispiel reichen nicht aus um sie als gesicherte Stammfolgenelemente anzuerkennen, denn sie erfüllen nicht die vier Grundmerkmale gesicherter Datenherkunft:

1. fehlende Verwendung von Klarnamen und zumindest der Angabe der e-mail Adresse, d. h. der Möglichkeit zur Verifikation des ermittelnden Forschers,
2. verifizierbare Angabe der Quelle, aus der die Informationen gewonnen wurden,
3. Angabe nicht nur des Jahres der Geburt, sondern der kompletten Geburtsdaten (ein häufig gemachter Fehler),
4. Angabe des Geburtsortes als Grundlage zu einer möglichen Verifizierung.

Dennoch können anhand des obigen Beispiels die demographischen Konsequenzen nachvollzogen werden:
Wies die Res Publica zur Zeit ihrer größten Ausdehnung zu Beginn des XVII. Jhdt. an die 11 Millionen Einwohner auf, so verzeichneten deren Nachfolgerstaaten heute eine Bevölkerung von knapp über 100 Millionen auf. Dies entspricht, trotz der dramatischen Bevölkerungsverluste (wie an anderer Stelle beschrieben wird, allein 60 % bis 1717), des dreißigjährigen Krieges, der napoleonischen Wirren, der Negativselektion seit Ende des XVIII. Jhdt., der Bevölkerungsverlusten durch die polnischen Aufstände, den ersten und zweiten Weltkrieg sowie der Zeit des rechts- und linkssozialistischen Terrors im XX. Jhdt., dem Multiplikationsfaktor 10 in vierhundert Jahren.

Der Zeitraum von 400 Jahren entspricht je nach Lehrmeinung 10 bis 13 Generationsfolgen. Die Konsequenzen: der Verlust von 4 Söhnen bei einer Person (wenn er vor 400 Jahren einträte) würde - alleine statistisch gerechnet - mit zwei reproduktionsfähigen männlichen Nachkommen in einer Generation einem Verlust von 4 Söhnen x Faktor 13 = 52 männlichen Nachkommen in der heutigen Zeit entsprechen! Allein in den 180 vorgestellten Jahren seit 1840 = 6 Generationsfolgen, würde es 24 verdunkelten Söhnen entsprechen.

Über fehlende Komplettheit auch von wichtigen amtlichen Quellen wie den Steuerlisten oder Aufstellungen für das Militäraufgebot [pospolitte ruszenie] führt Andrzej Pszczółkowski [73] beispielhaft an [74]:

In freier Übersetzung: **Mostowy** [Mostowi, Mostowa, Mostowiak, Mostowianka] **h. Jasieńczyk**. Stammsitzdorf: Krajewo-Mostowe (im achtzehnten Jahrhundert wurde es dem Gut Małokrzynowłoga zugeschlagen). 1635 war Erbe eines Anteil an dem Dorf Wojciech **Mostowy h. Jasieńczyk**, Sohn von Jan. Danach gibt es keine Erwähnung der Familie mehr (nicht einmal in der Tabelle der Kopfsteuer der Provinz Wielkopolska von 1676). Dagegen erwähnt die Statistik aus der Mitte des XIX. Jhdt. gleich drei Mostowy-Namensträger: Franciszkus der einen Teil von Kobylak-Konopek erbt, Jan - auf Kobylaki Włódki und Wojciech - auf Ulatowo-Żyły. Im Jahr 1990 bewohnten 18 Personen mit dem Namen **Mostowy / Mostowa** die Wojewodschaft Ciechanów, 26 die Wojewodschaft Ostroleka und 38 die von Allenstein. Insgesamt entsprach dies 22 % der Personen dieses Namens in Polen[75].

Bei dem Namen **Mostowi** handelt es sich um zum Familiennamen verfestigten Beinamen der altadligen Familie **Krajewski h. Jasieńczyk**, möglicher Weise nahm ein Familienmitglied das Amt als Mostowy = Brückenmeister ein, wurde nach diesem Amt gerufen bis sich der Ruf zum Rufnamen und dann zu Familiennamen verfestigte. Auch dieser Namenswandel wurde weder in den Wappenbüchern noch bei dem elektronischen Wappenidentifikationssystem von Tadeusz Gajl erfasst.

Aus diesem Grunde erfolgt in der Serie StudIaS Stammfolgen zu den Stammfolgen auch eine ausführliche Analyse der jeweiligen Namensverteilung, um den Namensträgern eine zielgerichtete Forschung zu erleichtern.

---

[73] Herr Andrzej Pszczółkowski ist Mitglied in der komisja wywodowa des Polnischen Adelsverbandes in Warschau, (vergleichbar dem Deutschen Adelsrechtsausschuß - ARA) spezialisiert auf genealogisch-heraldische Fragen Masowiens.

[74] "**Mostowy** [Mostowi, Mostowa, Mostowiak, Mostowianka]. Wieś gniazdowa: Krajewo-Mostowe (w XVIII w. wchłonięta do dóbr małokrzynowłoskich). W 1635 r. dziedzicem części tej wsi był Wojciech Mostowy syn Jana. Potem o nich głucho (nawet w regestrze pogłównego prowincji wielkopolskiej z 1676 r. Mostowi nie występują w ogóle). Tymczasem statystyki z połowy XIX w. wymieniają trzech Mostowych: Franciszka dziedziczącego na części Kobylak-Konopek, Jana – na Kobylakach Włódkach i Wojciecha – na Ulatowie-Żyłach. W 1990 r. 18 osób o nazwisku Mostowy/Mostowa zamieszkiwało teren województwa ciechanowskiego, 26 - ostrołęckiego, a 38 - olsztyńskiego. Łącznie stanowiło to 22 % osób noszących to nazwisko w Polsce. ... Mostowi to usamodzielnione przezwisko KRAJEWSKICH" h. **Jasieńczyk**!]. In: Pszczółkowski, Adam: Herbarz małokrzynowłoski," nach: http://akson.sgh.waw.pl/~apszczol/kmherb.htm, Zugang 5. II. 2016. apszczol@sgh.waw.pl.

[75] Auch hier kam die in den StudIaS Stammfolgen angewendete Methode der Analyse der Namenshäufigkeit zum Einsatz.

Es sind keine wissenschaftlichen Untersuchungen bekannt, die sich mit der statistischen Auswertung des Ausmaßes des Erlöschens des Neuadels befasst haben. Dennoch ist es wahrscheinlich keine Übertreibung, wenn geschätzt wird, dass nicht mehr als 10% der neuadeligen Häuser in der vierten Generation nach der Standeserhebung im Mannesstamm blühen. Obwohl die von Prof Voitowicz geäußerte Hypothese, dass mit einem höheren sozialen Status die Aussterbewahrscheinlichkeit überproportional ansteigt, empirisch bisher nicht belegt werden konnte, verstärken die Forschungsergebnisse auf dem Gebiet der Historischen Grundwissenschaften diese Theorie.

2. Vertretung des historischen Adels in den Gebieten der Res Publica

Cilane - Europäische Adelskommission
Die Europäische Adelskommission genannt Cilane oder C.I. L.A.N. E., „La Commission d'information et de liaison des associations de noblesse d'Europe“, ist eine Austausch- und Vernetzungsorganisation europäischer Adelsverbände. Sie wurde 1959 in Paris gegründet und dient zur Vernetzung der Mitglieder von und Jugendarbeit der Adelsorganisationen, ihre Geschäftssprache ist Französisch.

2.1. Estland

Es besteht eine Regionalabteilung des Russischen Adelsverbandes.

2.2. Lettland

Es besteht eine Regionalabteilung des Russischen Adelsverbandes.

2.3. Altlitauen als heutiger Sammelbegriff für die Gebiete des Großfürstentum Litauen

Die Situation in Litauen ist gekennzeichnet durch die weitgehende Polonisierung des alt-litauischen Adels. Fast alle dynastischen Fürstenhäuser, die polnische Historiographie für sich vereinnahmt hat, sind als litauischer oder zumindest altlitauischer Adel und heute - wenn man die Auswirkungen der Französischen Revolution bei der Umwertung zum neuzeitlichen Nationalitätenbegriffs akzeptiert - als litauische, ukrainische oder weißrussische Szlachta anzusehen.

Vorschub der Polonisierung der altlitauischen Eliten leistete im Kirchenkampf gegen die Orthodoxie ab Ausgang des XVI. Jhdt. die katholische Kirche Polens. Zugleich fanden unter polnischem Einfluss bedeutsame Umdeutungen faktischer Begebenheiten statt – kaum jemanden ist im westlichen Europa bekannt, dass sich unter den “polnischen” Jagiellonen um das dynastische litauische Herrschergeschlecht der Gedimiden versteckt.

Nur so ist es zu verstehen, dass Litauisch als Umgangssprache des Adels und die Amtssprache in den litauischen Stammländern durch die polnische Sprache weitgehend verdrängt wurde. Während jedoch bei den Prusen und Kaschuben diese

Assimilierung in einer fast kompletten Eliminierung einer Ethnie – fast wie bei den lausitzer Sorben in Sachsen – endete, konnten sich Litauer in einem Landesteil noch behaupten. Dennoch bildet Litauen ein Paradebeispiel einer erfolgten Inkulturierung.

Kaum im westlichen Europa notiert wurde das polnische “Husarenstück” der Besetzung von rund einem Drittel litauischen Territoriums nach dem Ersten Weltkrieg um es der II. Republik Polen einzuverleiben. Das II. Königreich Litauen und die danach entstandene Republik Litauen musste darauf hin die Hauptstatt nach Kaunas verlegen, da Vilnius mit den besetzten Gebieten durch die polnische Republik annektiert wurde.

Ebenfalls ist im Westeuropa kaum bewusst, dass die heutige Republik Polen sich auch nach dem Zweiten Weltkrieg trotz dessen Westverschiebung nicht nur bedeutsamere Teile der westlichen Ukraine und Weißrusslands einverleibt habe, sondern dass auch einige Gebiete im nord-östlichen Polen zu historischen Gebieten des Großfürstentums Litauen gehören.

Vor diesem Hintergrund ist auch die Position der heutigen litauischen Eliten zu verstehen, welche bestrebt sind einer weiteren Polonisierung des Landes Einhalt zu gebieten. Die Bildung eines nationalen litauischen Adelsverbandes ist erschwert nicht nur durch die Verluste durch das sozialistische Terrorrregime, sondern auch durch die Abwanderung eines großen Teiles des Adels – entweder auf der Flucht ins Exil oder im nicht geringeren Ausmaß nach Polen.

SOCIETY OF LITHUANIAN NOBLES

Die Gesellschaft des litauischen Adels ist Tochtergesellschaft der in den Vereinigten Staaten eingetragenen **Lietuvos Bajoru Karaliskoji Sajunga (The Royal Society of Litauian Bajorai)**, die in Vilnius am 23. April 1994 gegründet und im Litauen als gemeinnützige Organisation geführt wird. Die LBKS ist die Rechtsnachfolgerin der **Lietuvos Bajoru draugija (Gesellschaft der Litauischen Bojaren)**, die in Litauen von 1928 bis 1940 (Besetzung durch die Sowjetunion) tätig war.

Die LBKS unterstützt Aktivitäten zur Steigerung des Interesses an allen Aspekten des kulturellen und historischen Erbes von Litauen, vor allem der Zeitraum von der Antike zur Auflösung des Großherzogtums Litauen 1795. Um seine Ziele zu fördern, hält die LBKS regelmäßige Treffen ab, organisiert gesellschaftliche Veranstaltungen, öffentliche Vorträge und Fahrten zu historischen Stätten und verlegt die Jahresschrift **Lietuvos Bajoras**.

Die LBKS hat kürzlich mit **Lietuvos Bajoru Palikuoniai** (Nachkommen der litauischen Bajorai) ein Buch über seine derzeitigen Mitglieder mit ihren Wappen veröffentlicht. Die Mitgliedschaft in der LBKS ist offen für Männer und Frauen, die aus der Szlachta des Großherzogtums Litauen abstammen. **Die Abstammung wird von dem Adelsnichtbeanstandungsausschuss des LBKS in Vilnius verifiziert.**

Derzeit haben über fünfhundert Personen alle Voraussetzungen für eine Vollmitgliedschaft erbracht. Die zertifizierten Personen werden in die LBKS in einer feierlichen Zeremonie, die alljährlich in der Großen Halle in der Burg von Trakai stattfindet, der historischen Wiege Litauens, aufgenommen.

Die LBKS hat Kapiteln in den größten Städten Litauens und ein Affiliate-Kapitel in den Vereinigten Staaten.

Zusammensetzung des Vorstandes:
Vorsitzende: Undine Nasvytyte
Kanzler: Jonas Ragauskas
Marschall des Senats: Donatas Baikštys

2.4. Republik Polen

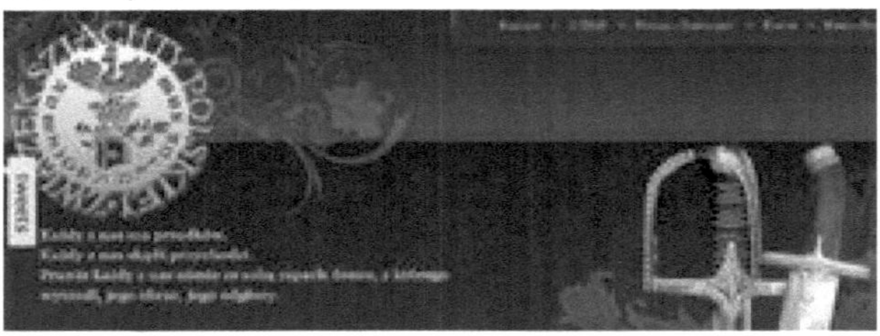

Polnischer Adelsverband - Związek Szlachty Polskiej - Confederation of the Polish Nobility

Verband der Szlachta der Krone Polens.

Daneben besteht noch in Polen der
Związek Szlachty Polskiej Kresów Wschodnich [Verband der Szlachta aus den Ostgebieten]
Bohaterów Warszawy 31, Szczecinek, Tel.: +48 94 712 73 32

Zur zweifelhaften Tätigkeit des **"Verbandes des polnischen Adels aus den Ostgebieten" - Związek Szlachty Polskiej Kresów Wschodnich**, der keine adelsrechtliche Kommission bestellt hat, siehe eigenen Artikel **unter** http://de.szlachta.wikia.com/wiki/Verband_der_Szlachta_aus_den_Ostgebieten.

In USA besteht die **Stiftung Polnischer Adelsgesellschaft - Polish Nobility Association Foundation**, Villa Anneslie, 529 Dunkirk Road, Anneslie, MD 21212-2014, USA.

Es handelt sich um eine obskure Stiftung, die 1960 in den USA als Neugründung der 1918 unter dieser Bezeichnung entstandenen und 1927 restruktuierten Organisation entstand. Die ursprünglich 1918 entstandene Stiftung förderte nach dem ersten Weltkrieg das Ziel der Entstehung einer konstituonellen polnisch-litauischen Monarchie. Die derzeit unter dieser ungeschützten Bezeichnung auftretende Organisation hat die 1960 entstandene Stiftung wenig gemein.

Im Bezug auf einige der dort handelnde Personen siehe „**Zweifelhafter Adelsbezug auf die Szlachta der Adelsrepublik 1385 - 1569 – 1795**" auf dem Wikia Szlachta.

2.5. Ukraine

Es sind bisher keine Verbandsaktivitäten der historischen Szlachta bekannt. Hierzu muss allerdings angemerkt werden, dass in vielen Oblasten der Ukraine Abteilungen des Russischen Adelsverbandes aktiv sind.

2.6. Weißrussland - Geschichte des "Verbandes des weißrussischen Adels" (ZBS)

Weißrussischer Adelsverband - Згуртаванне Беларускай Шляхты - Association of the Bela-rusian Nobility

Ende 1988 trafen sich mehrere Personen, um die Gründung einer Organisation des historischen Adels in Weißrussland zu diskutieren. Besondere Unsicherheit bestand im Bezug auf die Namenswahl des zu gründenden Verbandes. Zur Diskussion standen die Formulierungen “Weißrussische Union des Adels" und "Verband des Weißrussischen Adels".

Ebenfalls wurde diskutiert, ob man sich als Vertretung der Gesamtheit des alt-litauischen Adels, dass heißt in den Grenzen des Großfürstentums Litauen vor 1569 oder in den Grenzen Großfürstentums Litauen während der Realunion der Res Publica nach 1569 konstituieren sollte.

In den Verhandlungen zur Schaffung der Realunion wurde das Gebiet der heutige Ukraine vom Großfürstentums Litauen abgetrennt und zur Provinz Kleinpolen des II. Königreiches Polen in der Res Publica zugeschlagen. Somit bestand das Großfürstentums Litauen in der Realunion aus westlichen Gebieten des heutigen Russlands, Teilen von Estland und durch Polen annektierten Gebieten in den Grenzen des heutigen Polens sowie den heutigen Staaten Lettland, Litauen und Weißrussland.

Zuletzt entschied man sich für die klein-altlitauische Lösung, d. h. der Verband wird sich auf Geschlechter des historischen Adels in den Grenzen Weißrusslands beschränken.

In den Jahren 1989 bis 1991 wurde die Gründung der Organisation vorbereitet. Die Organisationsstruktur wurde konkretisiert und zum Leiter der Organisationsgründung wurde Herr Peter Hushcha bestimmt.

Am 26. Juni 1992 genehmigte das Organisationskomitee den Entwurf der Verbandssatzung und am 1. November 1992 fand der Gründungssejm des Verbandes des weißrussischen Adels statt, an dem das Statut verabschiedet wurde und der Vorstand gewählt wurde. Zum Vorsitzenden des ZBSH wurde für eine vierjährige Amtszeit Dr. Anatoly Gritskevich gewählt.

Der Verband des weißrussischen Adel [Згуртаваньне Беларускай Шляхты (ЗБШ)] wurde 29. Januar 1993 als gemeinnützige Organisation bei dem Justizministerium der Republik Belarus zur Registrierung angemeldet.

Im Jahre 1996 wurde eine Satzungsänderung, insbesondere im Bezug auf die Definition der historischen Begriffe, beschlossen. Als Großmarschall des Verbandes wurde Dr. Anatoly Gritskevich wiedergewählt.

Verband des belarussischen Adels wurde als gemeinnützige Organisation von dem Justizministerium der Republik Belarus am 5. Juli 1996 unter der Registernummer

0727 in das Vereinsverzeichnis eingetragen. Mit der Registrierung wurde auch das Verbandswappen des ZBSH zertifiziert.

2.7. Die Nationalstaaten übergreifende Aktivitäten

Polnisch-Litauisch-Russischer Adelsclub - Adelsvereinigung im Kaiserreich Russland legitimierten Adels

President of nobiliary club:
Arsentij Nilski-Krasnicki - Арсентий Нильский-Красницкий
E-mail: Nilskij@gmail.com, Krasnicki@mail.ru - Russia, Moscow

---

Vice-president of nobiliary club:
Andrej Mikalajev-Paszkiewicz - Андрей Николаев-Пашкевич
E-mail: andrey.nicolaev@gmail.com - Location: Belarus, Minsk

Official club representative in Russia:
Sergey Wojcicki - Сергей Вуйцицкий
E-mail: club.szlachta@gmail.com - Russia, Moscow

Official club representative in Lithuania:
Borislaw Wolk-Niemierzycki - Борислав Волк-Немержицкий
E-mail: borislav-volk@mail.ru - Lithuania, Vilnius

Official club representative in Belarus:
Andrej Mikalajev-Paszkiewicz -ндрей Николаев-Пашкевич
E-mail: andrey.nicolaev@gmail.com - Belarus, Minsk

Official club representative in regional Volga:
Sergey Zhagat-Dadian - Сергей Жагат-Дадиани
E-mail: zhagat@mail.ru - Russia, Tol'yatty

2.8. Editierungsgrundlage zum Eintrag im Adelslexikon und Wappenlexikon

Das Forschungsprojekt **"Eliten der Serenissima Res Publica Coronae Regni Poloniae Magnique Ducatus Lithuaniae 1385-1569-1795 und deren Gebieten bis 1918"** und auf ihm basierende **WIKIa Szlachta** bevollgt nachstehenden Editierungsregeln:

1. Boniecki´s wissenschaftlicher Anspruch, nur Daten anzugeben, die er persönlich in Quellen ermittelt hat, qualifiziert die Angaben in seinem Wappenbuch zum Eintrag im Adelslexikon. Die Folge dieses Vorgehen führte jedoch auch zur Konsequenz, dass frühere Daten und nicht von ihm persönlich verarbeitete Daten von ihm nicht berücksichtigt wurden. Bei der Datenmenge kommen bei Boniecki auch natürlich Fehler vor. Aber diese Fehler beziehen sich nicht auch die Zugehörigkeit zum Adelstand, sondern die Zuordnung von Personen zu Linien oder Familien gleichen Namens der Zugehörigkeit anderen Geschlechtern oder Wappengenossenschaft. Daher können seine Angaben als historisch korrekt angegeben werden, über die Zuordnungen von einzelnen Individuen zu Familien kann und muss ggfs. diskutiert werden.
2. Ähnliche Klassifizierung trifft auch die Publikation von Graf Uruski und für die Provinz Großpolen die Arbeit von Prof. Dworzaczek, der auch ausschließlich Szlachtafamilien erfasste.
3. Dies um so mehr, denn ein Teil der Angaben kann wegen der Quellenverluste der zwischenzeitlich vergangenen 100 Jahre, des I. und II. WK als auch der kommunistischer Herrschaft nicht mehr verifiziert werden können.
4. Vergleichbar mit Abstrichen gilt das vorgesagte für die frühen gedruckten Werke, wobei hier als Zeitobergrenze das Wappenbuches Niesiecki der Ausgabe Bobrowicz anzusehen ist.
5. Die aus diesen Werken in das Adelslexikon eingestellten Angaben erfüllen den Ansatz der Redaktion des WIKIa Szlachta, im Adelslexikon nur klassifizierte Familien der Szlachta aufzunehmen. Dies wäre zu realisieren durch die Einstellung der vorerwähnten Texte in den Bereich des Adelslexikon, die in der originalsprachlichen Version nach Abschluss der Vorbereitungsarbeiten in Angriff genommen wird. Eine schrittweise Umsetzung dieser Texte wäre wünschenswert, ob dies zu realisieren ist, wird sich zeigen. Beginn der Umsetzung in die deutsche Sprache wurde bereits 2013 gestartet mit dem Werk von Prof. Dworzaczek über den Adel Großpolens.
6. Bei neueren Monographien und Publikationen ist im Einzelfall zu Prüfen, ob die in ihnen aufgeführten Daten den Anforderung zur Aufnahmen in das Adelslexikon erfüllen. Über die positiv klassifizierte Titel wird ein Nachweis

durch die im WIKIa Szlachta publizierten Rezensionen geführt.

7. Besondere langfristige Zielsetzung des WIKIa Szlachta ist der Anschluss der so erfassten historischen Geschlechter zu bestehenden blühenden Linien.

2.8.1. Richtlinie für die Fortschreibung des Adelslexikons

1. Die Qualifikation der Familienverbänden ist bei Familien erfüllt, die im Geschlechtshandbuch des deutschen Adels, des Brünner Taschenbuches, der GTÖ, des Almanach der böhmischen Adels- und Rittergeschlechter (Vavřínek) oder des Goldenen Buches des Polnischen Adels oder unter Kapitel 8. genannten Werke erfasst sind. Bei bestehenden Familienverbänden sind diese für die Eintragungen in Eigenverantwortung nach den Maßstäben des GHdA, zuständig.
2. Bei Familienverbänden deren Familien nicht in den obigen Werken erfasst sind, muss die Eigenverantwortung mit der Redaktion geklärt werden.
3. Bei beabsichtigten Einträgen von Familien ohne Familienverband oder durch individuelle Forscher kann ein Eintrag erst nach der Prüfung der Quellenlage erfolgen. Dies könnte bei größerem Anfall ein Problem darstellen, da die Redaktion des WIKIa ehrenamtlich tätig ist, und im größeren Umfang dies deren zeitliche Möglichkeiten übersteigt.
4. Zum System der Darstellung der Stammfolgen bestehen keine Vorgaben. Es wäre jedoch eine einheitliche Präsentationsform erwünscht, entweder in sprachlicher Form wie bei obigen Normwerken oder nach einem bekannten Listungssystem. Die Darstellung nach Listensystemen wird bevorzugt, da die Sprachabhängigkeit vermindert wird und die vorgestellten Daten sprachunabhängig verstanden werden.

Vergleichbares Problem besteht bei eindeutig adligen Geschlechtern, die keiner der bekannten klassifizierten Familie mit Zuordnung zur einer Wappengenossenschaft zugeordnet werden können. Dies trifft manchmal auch Szlachta-Familien mit Eintrag im GHdA. In solchen Fällen wird es erforderlich, ohne eine Anbindung an historisch bekannte Geschlechter einen zusätzlich Eintrag zu generieren,.

2.8.2. Vereinheitlichung der Namensschreibweise

1. Es wird von einer Gleichbürtigkeit des Adels nach dem Adelsrecht der Res Publica verfahren, d. h. in den Indices und Eintragsnamen wird die erkannte gebräuchliche nicht lateinische originalsprachliche Namensform ohne

Adels-ränge jedoch mit Prädikaten angegeben.

2. Einzige Ausnahme – in Übereinstimmung mit den obigen Grundsätzen – Bilden die Fürstentitel dynastischer Familien litauischen, russischen oder tatarischen Ursprungs, die im Lexikoneintragstitel Erwähnung finden. So z. B wird das adlige Haus **Chowański** nicht unter **Chowański-h-Pogoń-Litewska** geführt, sondern unter **Chowański-Fürst-h-Pogoń-Litewska**. Wegen anderen Schreibweisen wird es Verweise geben wie bei diesem Fall **Chowanski-h-Pogoń-Litewska-siehe-Chowański-Fürst-h-Pogoń-Litewska** und **Howanski-h- Pogoń-Litewska-siehe-Chowański-Fürst-h-Pogoń-Litewska** oder **Khovansky-h-Pogoń-Litewska-siehe-Chowański-Fürst-h-Pogoń-Litewska**. Dies bedeutet, dass sämtliche ausländische Gnadenakte (z. B. des Heiligen Römischen Reiches oder die päpstlichen Titel) im **Lexikoneintragstitel** unberücksichtigt werden. Sie finden natürlich ihre Berücksichtigung im Lexikoneintrag. Da in der Adelsrepublik neben Latein die polnische Sprache landesweit Amtsprache war, wird in der Regel der Name in der polnischen Sprachform angegeben. Soweit es möglich ist, werden nach der Grundform alle sprachlichen Namensabwandlungen in alphabetischer Reihenfolge angegeben **(DE für Deutsch, LAT für Lateinisch, LIT für Litauisch, RU für Russisch, UA für Ukrainisch und BY für Weißrusssisch)**. Wünschenswert wäre (zumindest bei großer Namensveränderung wie im Beispiel Chowański auch die EN für englische und FR für französische Namensform anzugeben).
3. Bei **erstmaliger** Standeserhöhung erfolgt im **Lexikoneintragstitel** die Bezeichnung entsprechend der Titulierung im Diplom z. B. bei einer Nobilitierung außerhalb des Geltungsrechtes der Res Publica als Ritter von Xxx oder Edler (Edle) von Xxx.
4. Auf die preußische Form **"v."** wird zu Gunsten des **"von"** verzichtet, da sie amtlich nur regional Verwendung fand und über dies es zu Verwechslungen mit der in der Literatur vielseitigen Abkürzung **"v."** für bei "**voto**" oder "**vel**" kommen kann. Mit dem Vorgenannten wird z. B. das Geschlecht **Wiłucki** unter dem Eintrag **Wiłucki-von-h-Wiłucki** sowie Verweis **Wilucki-von-h-Wilucki-siehe-Wiłucki-von-h-Wiłucki** und nicht unter **Wilucki-v.-h-Wiłucki-siehe-Wiłucki-von-h-Wiłucki** geführt. **Zunamen / Beinname (przydomek)** oder **Rufnamen / Spitznamen (przezwisko)**, auch wenn sie erblich geworden sind, werden generell unter Verweisen auf den Familienanmen geführt. **Ausnahmen bestehen bei den heute noch verwendeter Doppelform wie Dunin-Borkowski, wobei der Verweis auf Borkowski gesetzt wird**.
5. Generell wird bei den Adelshäusern von Familien und nicht von Geschlechtern (ród) gesprochen, denn fast alle uradligen polnischen und

litauischen Adelshäuser sind auf eine Vielzahl von Linien und Zweigen mit unterschiedlichen Familiennamen, aber in der Regel der Zugehörigkeit zu einer und der selben Wappengenossenschaft, aufgespaltet. Zur Vereinfachung wird auch für die blühenden Gechlechterlinien die Bezeichnung Familie geführt wie z. B. für die Familie **Nałęcz des Wappens Nałęcz**, wobei diese Familie das eigentliche (Ur-)Geschlecht für die Mitglieder der Wappengenossenschaft Nałęcz darstellt. Dies gilt auch für nobilitierten oder indigenierten Kernfamilien oder Linien zu, für die ebenfalls eine Bezeichnung als Geschlecht zutreffend wäre. Wegen der Unangebrachtheit im Vergleich zu den vorgenannten altadeligen Familien wird jedoch die einheitliche Klassifizierung als Familie auch für diese Adelsgruppen verwendet.

6. Von Geschlechtern wird nur im Kontext des **polnischen Altadels bis zu dessen Aufgehen in dem einheitlichen Ritterstand der Adelsrepublik gesprochen**, wobei hier als Entstehungsgrenze die Massenadoption im Jahre 1413 in Horodlo angesetzt wird. Hierdurch entstand die Verschmelzung des polnischen mit dem litauischen Altadel zur Szlachta der Res Publica. In der wissenschaftlichen Literatur besteht unentschiedene Diskussion, über die Zeitgrenze sowohl für die definitive Verschmelzung dieser beiden Adelsgruppen als auch über den Zeitpunkt, ab welchem von der Res Publica (Adelsrepublik) gesprochen werden kann. Die diskutierte Zeitspanne umfasst den Zeitraum von 1385 bis zur Umwandlung der Reiches zur Realunion im Jahre 1569. Um eine sprachliche Klarheit bemüht, setzt die Redaktion als Zeitpunkt der Entstehung eines einheitlichen Adels der Res Publica die Massenadoption im Jahre 1413 in Horodlo an. Somit hat die Bezeichnung **„polnischer Adel"** nach diesem Zeitpunkt bis 1772-1795, außerhalb der Reichshälfte der Krone des II. Königreiches Polen keine adelsstandesrechtliche Berechtigung. Ein solcher Fall ist der Redaktion nicht bekannt und war in der Konstruktion des Adelsrechtes des Reiches auch nicht vorgesehen.
7. Der neu kreierter Adel des Herzogtums Warschau mit den Napoleonischen Gnadenakten sowie des III. Königreiches Polen als Personalunion mit Russland und des IV. Königreiches Polen als Regentschaftskönigreich 1916 – 1918 wird wiederum, sofern die Begünstigten nicht älteren adelsrechtlichen Titeln zugeordnet werden können, als Geschlecht des **polnischen Adels (polnische Szlachta oder polnisches Dworjanstwo)** tituliert. Folgelogisch werden die Standeserhöhungen bürgerlicher Familien im **Heiligen Römischen Reich** als **Reichsadel, Kaiserthum Österreich / Kaiserreich Österreich / der österreichischen Erbländer** als **österreichischer** und im **Königreich Preußen** als **preußischen Adel** sowie im **Kaiserreich**

Russland als **russischer Adel (Dworjanstwo)** bezeichnet.

8. Erfolgte nach dem Untergang der Res Publica in den Teilungsmächten ein Gnadenakt, so wird versucht, die hiervon betroffenen Kernfamilien ihren Stammfamilien zuzuordnen. Sofern ein Familienzusammenhang nicht erkannt werden kann, und dies trifft z. B. in vielen Fällen des system-mässigen Adelstandes in Österreich und Russland zu, werden diese Standeserhöhungen so lange als eigener Lexikoneintragstitel behandelt bis ein quellenmäßiger Nachweis der Zugehörigkeit erfolgt.
9. Adlige Häuser, die zeitweilig zur Szlachta der Adelsrepublik zugeordnet oder dieser gleichgestellt waren (wie die baltischen Ritterschaften), werden als Szlachta aufgeführt.

Sicherlich sind diese Entscheidungen der Redaktion diskussionswürdig und wir bitten um kritische Diskussionsbeiträge.

2.8.3. Sprachliche Regelungen

1. Es wird angestrebt alle Personennamen im Nominativ Masculin Singular anzugeben. In Fällen, die bedauerlicher Weise bei polnischsprachig aufgeführten Familiennamen gar nicht so selten sind, in den nicht eine eindeutige Rückführung auf Nominativ Masculin Singular herbeigeführt werden kann, wird die Originalangabe der Quelle in eckigen klammern [] neben der vermuteten Nominativform aufgeführt.
2. Wegen internationaler Gepflogenheiten und der Übersichtlichkeit wegen wird im Adelslexikon nicht „des Wappens“ angegeben, sondern die bekannte Abkürzung „h“ für „herb“ verwendet.
3. Abwandlung des Wappen werden als „h. XXX-Abwandlung“ angegeben, es sei den, dass sich in allgemeiner Literatur statt „Wappensabwandlung XXX“ (odmiana herbu xxx) der Familienname für den Wappennamen durchgesetzt habe.
4. Für die Wappennamen (Wappenrufe) wird die vereinheitlichte Nomen-klatur gemäß dem Wappenidentifikationssystem nach Tadeusz Gajl & Milewski verwendet.
5. Aus rationellen Gründen wird die Redaktion bei der Kategorie „Genealogien“ bei internationalen Bedeutung der behandelten Familien die englische Namensform verwenden.

2.8.4. Methodisch bedingte Abgrenzungsfehler

A. Seit bald 100 Jahren bestehen die beiden multinationalen Reiche der Habsburger und Romanows nicht mehr und an deren Stelle sind nationalstaatliche Strukturen entstanden. Folglich bestehen Probleme sowohl bei der Bezeichnung als auch bei der Klassifizierung der Szlachtafamilien.

1. Als Beispiel kann man Bukowina nehmen. Erst gehörte es zum Saum der Adelsrepublik. Nach Auflösung der Res Publica wurde es als Kronland zum Königreich Galizien und Lodomerien zugehörig. Wegen dem personellen Wechsel mit den ukrainischen Landesteilen aber auch Bevölkerung aus anderen Kronländern ist eine saubere Trennung nicht möglich. Nach dem Zerfall des Romanow-Reiches muss der dortige Adel wegen der staatlichen Zugehörigkeit zum Königreich Rumänien zuzuordnen werden. Daher wäre er als rumänischer Adel anzusprechen, wegen langer historischen Verbindung **wird er jedoch in den WIKla Strukturen erfasst**.
2. Als anderes Beispiel kann man das Baltikum nehmen. Nach dem Zerfall des Romanow-Reiches nach 1917 und auf einem Restgebiet der Wiederentstehung der Eigenstaatlichkeit Litauens entstanden auch Estland und Lettland. Die Nationalisierung in diesen Ländern hat dazu geführt, dass die dort vorherrschende adlige Struktur auch aus der Zeit der Adelsrepublik durch den fast vollkommenen Exodus der Ritterschaften verschwunden ist. Verbleiben sind nur Reste der aus kaiserlich-russischen Nobilitierungen für die Letten und Esten sowie eingewanderte Linien des russischen Dworjanstwo. **Diese führen nicht zu einer Erfassung im WIKla Szlachta**.
3. Die Enklave von Kaliningrad, des ehemaligen Königsberg, erfuhr einen fast 100% Austausch der Bevölkerung, so dass zu Recht für dieses Gebiet eine Regionalgruppe des Russischen Adelsverbandes gebildet wurde. Die dort angesiedelten Adelsfamilien (z. B. Mitglieder der russischen Linien des Fürstenhauses Chowanski) entstammen in der neuen "Nach-Romanow-Zeitrechnung" ebenfalls aus Linien des russischen Dworjanstwo. Sie führen ebenfalls **nicht zur Erfassung im WIKla Szlachta**.
4. Die westlichen Gebiete der Ukraine gehören eindeutig zum Aufgabengebiet des WIKla Szlachta. Die Krim hat ebenso wenig zum Gebiet der Adelsrepublik gehört wie die heutigen Ostgebiete der Ukraine, in den sich ebenfalls Regionalgruppen des Russischen Adelsverbandes gebildet haben. Daher muß willkürlich eine Grenze gezogen werden.
5. Nach der Auflösung des Großherzogtums Krakau wurde dieser Landesteil dem Bereich Galizien, Lodomerien/Bukowina zugeordnet. Ethnisch ist jedoch der Adel des westlichen Teiles der ehemaligen Provinz Kleinpolen der Adelsrepublik eindeutig polnisch, so dass die dort vorkommenden

Adelsstrukturen als eindeutig polnisch anzusprechen sind.

B. Bereits bei den Adelslegitimationen und Gnadenakten wird es schwierig, eine künstliche Abgrenzung nach regionalen Aspekten zu durchzuführen.

C. Historisch ist nachgewiesen, dass der Adel sowohl in einer Gesellschaftsform

1. eines Staatswesen in der Form einer Monarchie ohne Adel ebenso denkbar ist,
2. einer ständischen Adelsrepublik wie sie historisch in Venetien, Dalmatien, Novgorod, Pskov oder eben der litauisch-polnischen Adelsrepublik vorkam, wobei wenn im deutschsprachigen Umfeld von einer Adelsrepublik gesprochen wird, die letztere gemeint ist, wie auch
3. eine Nichtmonarchie mit althergebrachten Adelsstrukturen bestehen kann.

So weist die norwegische Monarchie trotz des Fehlens historischer Verwerfungen so gut wie keine Adelsstruktur auf. Ganz abgesehen von der Sonderform der Monarchie ohne einen Monarchen wie in Ungarn nach dem I. Weltkrieg, besteht eine Vielzahl von Staaten in der Form einer bürgerlichen Republik mit gewachsenen und stabilen adligen Strukturen. Sie besteht und ist soziologisch wegen Wegfall der rechtlich authorisierenden Neubildungsmechnismen als eine geschlossene gesellschaftliche Gruppe anzusehen.

Wegen des Galton-Watson Prozesses, adelsfeindlichen Gleichmachungsauswirkungen der Umwelt als auch möglicher Weise der von Prof. Voitovic postulierten besonderen Selektion nimmt sie im Verhältnis zu der Gesamtbevölkerung ab.

Die multi-ethnischen Reiche der Habsburger und Romanows als Vorläufer der Europäischen Union bringen noch eine Besonderheit mit sich. Sowohl Böhmen mit Mähren und Schlesien, Österreich und Ungarn mit Habsburg als auch Russland mit Romanows haben im den bestehenden Dynastien einen möglichen Kristalisierungspunkt.

Diese Frage für Deutschland ist schon schwieriger zu beantworten, denn Wittelsbacher sind für den preußisch-protestantischen Norden ebenso wenig denkbar wie auch das Haus Preußen für den Rest Deutschlands. Ebenso gilt es für die Länder, die auf den Gebieten der Adelsrepublik entstanden sind, wie Litauen, Polen, die Ukraine oder Weißrussland als eine problematische Fragestellung.

Die neu entstandenen Staaten wie die Ukraine und Weißrussland ebenso wie die

Slowakei haben keinen entsprechenden Kristalisierungspunkt. Sogar Litauen [76] (aber ohne Weißrussland) und Polen [77] (hier mit der Westukraine) haben nach einer 400 Jahre dauernden Epoche der Königs- und Großfürstenpräsidentur keine eindeutigen Tronprätendenten.

Eine Ausnahme bildet neben Habsburg auch Russland, welches nicht nur unangefochten Kronprätendenten hat, sondern dessen letzter regierende Zar Michael II. (Nikolaus II. dankte bekanntlich zu Gunsten seines Bruders ab) nicht abgedankt ist, sondern die weiteren Geschicke des Landes in die Hand des Volkssouveräns gelegt habe. Damit ist eine Rechtsnachfolge für die Stammländer mit Grenzen vor 1772 geregelt.

In den folgenden knapp 150 Jahren bildete sich auf der Grundlage des russischen Uradels, der Szlachtafamilien und der Nobilitierungen im Russischen Imperium eine homogene Schicht des Dworjanstwo, die in den westlichen Gebieten von dem Teil der Szlachta, die aus unterschiedlichen Gründen nicht im Dworjanstwo eine Aufnahmen gefunden hat, ergänzt wird. Somit bestehen es in den heutigen Gebieten von Litauen, Weißrussland und der Ukraine adlige Elemente des nicht im Dworjanstwo aufgegangenen Adels der Res Publica als auch dem russisch-imperialen Dworjanstwo.

Bedauerlicher Weise erfolgte die Matrikulierung des Dworjanstwo nicht zentral in St. Petersburg, sondern gesplittert in den Gubernien. In Anbetracht der Weite des Landes als auch der regionalen und ethnischen Unterschiede war es, auch im Hinblick auf die Aufgaben der regionalen Adelsversammlungen, ein Gebot der Stunde. Somit wurden die Geschlechter nicht zentral, sondern in den Gubernien nur die einzelnen Familienzweige erfasst. Diese Regelung war durch die Kommunikationsprobleme früherer Zeiten bedingt und ist im Bezug auf einen Familienzusammenhalt über Jahrhunderte als extrem kontraproduktiv anzusehen.

Dies hat z. B. zur Folge, dass die russischen Linien des Fürstenhauses Chowanski des

---

[76] Mit Herzog Wilhelm Karl von Urach, Graf von Württemberg, dem Haus Urach als designiertem König des II. Königreiches Litauen (1918) hat Litauen in **Herzog Wilhelm Albert von Urach** einen geborenen Tronprätendenten. Am 11. Juli 1918 wurde Herzog Wilhelm II. von Urach von dem litauischen Landesrat der Lietuvos Taryba (DE - Litauischer Staatsrat, PL - Litewska Rada Państwowa), als **Mindaugas II.** zum König von Litauen gewählt. Es kam jedoch wegen nicht zur Investitur und am 2. November 1918 hat die Taryba unter dem militärischen Druck der Sowjets die Wahl widerrief.

[77] Allerdings gibt es nach wie vor Diskussionen über die Rolle der Habsburger als Könige von Galizien und Lodomerien, also großerer Teile der ehemaligen Res Publica hier des polnischen und Ukrainischen Reichsteiles. Zuletzt in: Tracz, Adam: Ostatni król Polski Karol Stefan Habsburg [der letzter polnischer König – Karl Stefan Habsburg, 1916-1918], Historia polskich Habsburgów. Żywiec 2012, 394 Seiten.

Wappens Pogoń Litewska in ingesamt sieben Gubernien (im Zeitraum von 1778 bis kurz vor dem I. Weltkrieg) registriert wurden. Einige Familienlinien schafften es mit der Prozedur in einer Gubernie in die Fürstenkategorie, in einer anderen Gubernie nur in die Adelskategorie (auch einige Linien des Hauses Rurik wurden erst nach fast 150 Jahre dauernder Verifikationsprozedur kurz vor dem I. Weltkrieg registriert). Folge dieser Struktur der Matrikulierung ist, dass die genealogischen Zusammenhänge der Geschlechter häufig ohne intensivste Forschungen nicht mehr erkennbar sind.

Diesem gewichtigen Nachteil steht in der Situation des nachrevolutionären Osteuropa ein praktischer Vorteil entgegen.

Vergleichbar der Regelung in Finnland, welches bis 1917 ebenfalls dem Reich der Romanows angehörte und heute eine eigene geschlossene Ritterschaft aufweist, scheint es gerechtfertigt, vergleichbar Finnlands Vorbild, in nicht russisch-ethnischen Gebieten eine vergleichbare Struktur zu wählen. Somit bietet sich die Gelegenheit, analog zu der Situation in Finnland, die regionalen Strukturen zu nutzen, um die Zugehörigkeit zum polnischen, litauischen, weißrussischen und ukrainischen Adel zu definieren. Wegen der eingangs beschriebenen Situation in Estland, Lettland und dem Kalinigrader Gebiet bietet es sich an, dass die Regionalgruppen des Russischen Adelsverbandes dessen integralen Bestandteil bilden.

Faktisch haben sich auch in Litauen, der Ukraine und Weißrussland Regionalverbände des Russischen Adelsverbandes gebildet. Gleichzeitig besteht in Weißrussland ein Adelsverband, der sich als Vereinigung der Szlachta der Res Publika anssässig im Großfürstentum Litauen versteht. Durch die Leiterinen der Weißrussischen und Ukrainischen Sektionen der RvS Stiftung wurde in der StudIaS Reihe eine Zusammenstellung Weißrussischen Adelsverband als adlig anerkannten Geschlechter Weißrussland in deutscher Sprache publiziert [78].

Die Situation des polnischen Adels ist eindeutig sowohl territorial als auch durch die

---

[78] **GEN 39.** Rozava, Katsiaryna & Schlesinger, Nina von (Hrsg.): **Verzeichnis des alt-litauischen Adels in Weißrussland, Band I**: Zusammenstellung von 238 betitelten Adelshäusern sowie 191 Familien mit dem Prädikat "**фон**" = "**von**"mit Herkunft aus Gebieten des Heiligen Römischen Reiches oder Kaiserreiches Österreich die vom Weißrussischen Adelsverband als alt-litauischer Adel Weißrusslands gezählt werden, VIII + 200 Seiten.

GEN 40. Rozava, Katsiaryna & Schlesinger, Nina von (Hrsg.): **Verzeichnis des alt-litauischen Adels in Weißrussland, Band II:** Zusammenstellung von 12.083 Familien und 2.627 Namensverweisen, welche vom Weißrussischen Adelsverband als alt-litauischer Adel Weißrusslands angesehen werden, VIII+260 Seiten.

Staatenbildung des Herzogtums Warschau und des (III.) Königreiches Polen (entstand gemäß den Beschlüssen des Wiener Kongresses als Personalunion mit dem Kaiserhaus von Russland) als auch des IV. Königreiches Polen von 1916-1918 definiert. Einzige methodische Problematik besteht, wie zuvor aufgeführt, in dem Gebiet um Krakau, das bedingt durch den Anschluss an Österreich und dessen späteren Eingliederung zu Galizien eine eigene Zuordnungsproblematik darstellt.

Daher werden Familien, die im Legitimierungsverfahren als eindeutig dem Adel aus dem Gebiet des Großherzogtums Krakau resp. nach dessen Auflösung aus **diesen Gebieten der ehemaligen Provinz Kleinpolen dem polnischen Adel zugeordnet**. Geschlechter und Familien bei denen **keine solche Herkunft zum Zeitpunkt der Legitimierung oder des Gnadenaktes hervorgeht, werden durch deren Zugehörigkeit zum Galizischer oder Bukowiner Adelsstand als ukrainischer Adels angesprochen.**

D. Im den Preußen zugefallenen Gebieten ergibt sich die Problematik, dass familienindividuell über deren Herkunft entschieden werden müsste. Somit kann man annehmen, dass all die Familien, deren Familienvorstände dem preußischen König huldigten, durch den WIKIa Szlachta zu erfassen sind. Wegen der in den Jahrhunderten entstandenen Familienverbindungen ist eine Trennung schwierig zu bewerkstelligen. Deshalb werden im WIKIa Szlachta alle in den ehemaligen Gebieten und Lehen der Adelsrepublik landsässigen und dort funktionierenden Geschlechter und Familien als Angehörige der Szlachta ohne ethnische Unterscheidung erfasst.

3. Wie starte ich die Suche nach den Familienwurzeln?

Bei manchem beginnt es vielleicht mit einem alten Fotoalbum seiner Großmutter. Ein anderer bestaunt eine Familien-Chronik, geschrieben von einem entfernten Verwandten. Oder die von Opa schon so oft erzählte, langweilige Geschichte wird plötzlich zum zündenden Funken. Irgendwann regt sich in vielen Menschen das Interesse, nach den eigenen Wurzeln zu forschen und mit der Ahnenforschung zu beginnen. Dies ist besonders für Familien mit "Wanderungshintergrund" nicht einfach, da vielfach ab der 2. Generation sich die Auswirkungen des sprachlichen Babylons bemerkbar machen. Dennoch ist die Kenntnis der eigenen Wurzeln eine unverzichtbare Grundlage der Familientradition und des Bewusstseins, ein Mitglied des europäischen historischen Adels zu sein. In unser heutigen kurzlebigen Zeit ist es besonders bedeutsam, sich des eigenen Urprungs nicht im nationalen, sondern im kulturellen Sinne - in Sinne des **Sarmatismus** der **Szlachta** - bewusst zu sein.

Wer sich der Ahnenforschung widmen will, kann dies als lebenslanges Hobby verstehen, denn fertig wird man mit der Erstellung seines Familien-Stammbaumes nie. Je tiefer man in die Vergangenheit zurückgeht, desto mehr "Baustellen" werden sich bilden. Schon nach 10 Generationen ist man bei 1024 Personen angelangt!

3.1. Generation Personenanzahl Bezeichnung und die Kekulé-Nummern

0	1	Proband / selbst
1	2	Eltern
2	4	Großeltern
3	8	Urgroßeltern
4	16	Alteltern
5	32	Altgroßeltern
6	64	Alturgroßeltern
7	128	Obereltern
8	256	Obergroßeltern
9	512	Oberurgroßeltern
10	1024	Stammeltern
11	2048	Stammgroßeltern
12	4096	Stammurgroßeltern
13	8192	Ahneneltern
14	16384	Ahnengroßeltern

15	32768	Ahnenurgroßeltern
16	65536	Urahneneltern
17	131072	Urahnengroßeltern
18	262144	Urahnenurgroßeltern
19	524288	Erzeltern
20	1048576	Erzgroßeltern
21	2097152	Erzurgroßeltern
22	4194304	Erzahneneltern
23	8388608	Erzahnengroßeltern
24	16777216	Erzahnenurgroßeltern

In der Genealogie ist es üblich, die Vorfahren innerhalb eines Stammbaumes mit der sog. Kekulé-Nummerierung zu versehen. Dieses 1898 eingeführte Nummerierungs-System vergibt dem Probanden (Ausgangsperson) die Nr. 1. Jeder Vater einer Person erhält den doppelten Wert, jede Mutter den doppelten Wert plus 1. Alle männlichen Vorfahren eines Probanden haben gerade Zahlen, alle weiblichen Vorfahren ungerade Zahlen.

Nachfolgendes Schema erläutert das System:

```
Generation 0 (Proband)                                 1
                                      ________________|________________
                                     |                                 |
Generation I (Eltern)                2                                 3
                              _______|_______                   _______|_______
                             |               |                 |               |
Generation II                4               5                 6               7
                          ___|___         ___|___           ___|___         ___|___
                         |       |       |       |         |       |       |       |
Generation III           8       9      10      11        12      13      14      15
                        _|_     _|_     _|_     _|_       _|_     _|_     _|_     _|_
                       |   |   |   |   |   |   |   |     |   |   |   |   |   |   |   |
Generation IV         16  17  18  19  20  21  22  23    24  25  26  27  28  29  30  31
```

3.2. Wie sehen die Schritte der Ahnenforschung aus?

Zunächst einmal sollte man sich entscheiden, wie man die Ergebnisse seiner Ahnenforschung festhalten will. Wer über keinen Computer verfügt, kann sich Ahnentafel-Vordrucke in vielen Variationen aus dem Handel besorgen. Anbieten tut sich jedoch die Organisation seiner Stammbaum-Daten auf dem PC. Es gibt ene Vielzahl sowohl unentgeldlicher als auch kostenpflichtiger elektronischer Lösungen für den Familienforscher. Die Installation einer Test-Version ist zu empfehlen, da die Programme in ihrer Benutzerfreundlichkeit stark variieren.

Dann kann es mit der Informationsbeschaffung schon losgehen. Zunächst wird man sich in der Familie umhören, die Eltern und Großeltern befragen, vielleicht zusammen in alten Fotos herumstöbern. Das Erinnerungsvermögen der Gesprächspartner entscheidet über das weitere Vorgehen. Nicht selten lernt man auf diesem Wege andere, entfernte Verwandte kennen, die wiederum etwas mehr wissen, andere Fotos zeigen und manche Geschichte erzählen können. Anschließend weiß man dann, warum sich Opa und Oma X und Onkel und Tante Y seit 15 Jahren nicht mehr grün sind. Es ist interessant, auch mal andere Versionen der Verwandtschaftsgeschichten zu hören, das erweitert den Horizont ungemein.

Nach dem Mündlichen das Schriftliche: wo vorhanden, müssen für die genauen Daten Geburts-, Heirats- und Sterbeurkunden her. Wenn nicht oder nicht mehr vorhanden, können diese Urkunden beim jeweiligen Standesamt als Kopie nachgefordert werden, ein entsprechender Verwandtschaftsnachweis ist vorzulegen. Was gibt es noch für Möglichkeiten?

Vielleicht existiert auf irgendeinem Dachboden der Verwandtschaft ein schon mal vor Zeiten angefertigter Stammbaum oder sogar eine Familien-Chronik. Viele Großeltern haben auch noch einen sogenannten Arier-Nachweis in ihrem Besitz, eine Abstammungs-Urkunde aus dem dritten Reich, die Ahnenforschern das Leben sehr erleichtert. Ein wichtiger Faktor bei der Recherche ist natürlich schließlich das Internet.

Es gibt eine Vielzahl von Quellen, die online erkundet werden können. Einige interessante Datenbanken findet man am Ende der Abhandlung unter Materialien gelistet.

Ein wichtiger Tip: notieren Sie zu jeder Information, die Sie in Ihre Unterlagen übertragen, die Quellen-Angabe! Sie wissen nach zwei Jahren garantiert nicht mehr, woher Sie die Geburtsdaten von UrGroßtante haben, ob aus einer Urkunde oder von jemandem, der sich nur vage erinnern konnte. Dies kann später jedoch einmal wichtig sein, z. B. beim Abgleich mit Daten anderer Ahnenforscher.

Da die Personenstandsregister erst seit 1874 in den Standesämtern geführt werden, muss bei allen Recherchen, die darüber hinaus gehen, auf Kirchenbücher oder andere alte Dokumente zurückgegriffen werden. Die Kirchenbücher, in denen Geburts- bzw. Tauf-, Trauungs- und Sterbedaten aufgezeichnet wurden, können bis in den Anfang des XVII. Jh. zurückgehen. Kirchenbücher können auf Anfrage in den Kirchenarchiven eingesehen werden. Alternativ kann man in den Genealogie-Forschungsstellen der Mormonen-Kirche Mikrofilme digitalisiert einsehen, denn ab September 2017 kann man dort keine Kirchenbücher mehr zur Ansicht bestellen. Gerade für die Ahnenforschung im Bereich des östlichen Europa kann sich dies als praktisch erweisen. So spart man sich oft die Fahrt ins Archiv. Erfreulicher Weise werden immer mehr digitalisierte Dokumente im Internet zugänglich, wobei nicht nur Kirchenbücher, sondern auch Grundbücher, Urbare und andere Quellen zugänglich werden, die geeignet sind, das Kulturumfeld der eigenen Familie zu ergründen.

3.3. Verwendete Nomenklatur der Stammfolgen

Die Angabe **unbekannten Wappens** bei einer Namensnennung bedeutet, dass die Person adlig ist, aber

1. das geführte Wappen nicht überliefert ist (wie häufiger beim alten Adel),
2. bei dem Briefadel im Gnadenakt keine Wappenvergabe erfolgte, der Wappenruf nicht bekannt ist, oder bei systemmässiger Nobilitierung in Österreich [79] oder Russland keine Wappenverleihung [80] erfolgte,
3. bei mehreren Familien gleichen Namens jedoch unterschiedlicher Wappenzugehörigkeit, eine Aussage über das geführte Wappen nach dem derzeitigen Forschungsstand nicht eindeutig getroffen werden kann erfolgt die Angabe **? Wappens / h. ?**. In diesem Fall werden die in Frage kommenden Wappengenossenschaften in der Regel aufgelistet oder auf die Anzahl möglicher Wappengenossenschaften hingewiesen.
4. Die ausschließliche Angabe **? Wappens / h. ?** bei einer Namensnennung bedeutet, dass nicht bekannt ist, ob die Person adlig ist, dies jedoch nicht ausgeschlossen wird.

Als alte [nach preußischer Nomenklatur uradelige] Geschlechter gelten im Bereich

[79] Zum Beispiel bei frühen Verleihungen des Militärischen Maria Theresia Ordens. Für Untertanen der von den Habsburgern regierten Länder war mit der Verleihung des Ritterkreuzes des Militär-Maria-Theresien-Orden bis 1895 die Erhebung in den erblichen österreichischen Ritterstand oder ungarischen Adelstand ver-bunden. Die Verleihung des Großkreuzes brachte bis 1895 den Anspruch auf Erhebung in den erblichen Frei-herrenstand sowie den Geheimratstitel mit der Anrede „Exzellenz“ und Mitgliedschaft im Hofstaat ein. Nach der Statutenänderung vom 8. III. 1895 stand allen inländischen Mitgliedern des Ordens ab der Verleihung der persönliche Ritterstand zu und sie konnten diese zudem um die Erhebung in den erblichen Herrenstand (in Österreich als Frei-herr, in Ungarn als Báró = Baron) unter Ausschluss der sonst üblichen Gebühren und Taxen ansuchen (in diesem Fall wurde im Gnadenakt auch ein Wappen verliehen).

[80] Nach der Rangtabelle, vergleiche hierzu die entsprechende Publikation in der StudIaS Reihe.

des Res Publica die Familien, deren gesicherte Stammfolge vor 1505 (Privileg "Nihil novi") beginnt. Als neuadelig sind Geschlechter anzusehen, welche nach 1505 nobilitiert worden sind. Bei quellenmässig gesichertem Namens- und / oder Wappenwechsel in gesicherter Stammfolge gilt der altadliger Status als gewährt. Adelslegitimationen, Adelsbestätigungen, Indigenats- und Inkolatsverleihungen wie auch vergleichbare Gnadenakte sind **nicht** als Nobilitierungen anzusehen.

Bei Adelsentsetzung oder sonstigem Verlust des Adelstandes ist der Familienname bei den Nachkommen **ohne Wappenzusatz** anzuführen. Namen (sowohl Personen als auch Ortschaftsnamen) sind im **Nominativ maskulin** anzugeben, etwaige Variationen in eckiger Klammer anzugeben [81]. Unbekannter Vorname = unfettes "?", unbekannter Familienname = **fettes "?"**, unbekannte Wappengenossenschaft = **fettes "h. ?"**, Ämter und Funktionsbezeichnungen sind in deutsche Analogbezeichnung zu setzen und die Originalbezeichnung aus der Quelle in eckigen Klammern nachzustellen.

Bei Berechnung von Daten (Hochrechnung von Geburts- und Todesdaten aus den Quellen) ist die Mindestgenerationsfolge männlich 21 Jahre, weiblich 16 Jahre anzusetzen und bei Stammfolgenelementen jeweils eine Generation weiter zurückzuführen, um durch die errechneten frühesten/spätesten Auftretensdaten eine Zuordnung zu erleichtern.

3.4. Verwendete Generationsbezeichnungen

A - 1. Generation **B** - 4. Generation **C** - 3. Generation **D** - 4. Generation
E - 5. Generation **F** - 6. Generation **G** - 7. Generation **H** - 8. Generation
I - 9. Generation **J** - 10. Generation **K** - 11. Generation **L** - 12. Generation
M - 13. Generation **N** - 14. Generation **O** - 15. Generation **P** - 16. Generation
Q - 17. Generation **R** - 18. Generation **S** - 19. Generation **T** - 20. Generation
U - 21. Generation **W** - 22. Generation **V** - 23. Generation **X** - 24. Generation
Y - 25. Generation **Z** - 26. Generation.

Kurzmuster [um der Redaktion die Datenintegration bei Datennachsendung zu erleichtern]:

A1. ? **Name h. Wappenruf** [bei Individualwappen den Namen unter dem er in der Literatur bekannt ist oder falls kein vergeben mit Anmerkung **eigenen**

[81] Dies gilt auch bei Unsicherheit bei einer Namens-Rückführung aus den kyrillischen Alphabeten.

Wappens], * Geburtsdatum mit Ortsangabe [Tag arabisch, Monat römisch, Jahreszahl, ggfs. in eckiger Klammer errechnetes Datum = früheste Nachkommen, gesichertes Auftreten - 21 Jahre], + Todesdatum mit Ortsangabe [Tag arabisch Monat römisch Jahreszahl, ggfs. in eckiger Klammer errechnetes Datum], sofern bekannt Datum und Ort der Bestattung [Tag arabisch Monat römisch Jahreszahl], Religion, weiterführende Informationen, [Quelle:],

oo Datum der Eheschließung mit Ortsangabe [etwaig **I. voto, II. voto** ...] mit ? **? h. ?** Geburtsdatum mit Ortsangabe wie oben [errechnetes Datum = frühestes Nachkommen - 16 Jahre], + Todesdatum mit Ortsangabe wie oben, Datum und Ort der Bestattung, Religion, Sohn/Tochter des Vorname(n) **Name h. Wappenruf,** Geburtsdatum mit Ortsangabe wie oben, + Todesdatum mit Ortsangabe wie oben, Datum und Ort der Bestattung, und der Vorname(n) **Name h. Wappenruf,** Geburtsdatum mit Ortsangabe wie oben, + Todesdatum mit Ortsangabe wie oben, Datum und Ort der Bestattung, weiterführende Informationen, [Quelle:],

B1. Vorname(n) **Name h. Wappenruf,** wie oben, [Quelle:],

oo Datum der Eheschließung mit Ortsangabe [etwaig **I. voto, II. voto** ...] mit Vorname(n) **Name h. Wappenruf,** wie oben, [Quelle:],

Die nachstehende Monographie wurde im Rahmen des Forschungsprojektes **„Eliten der Serenissima Res Publica Coronae Regni Poloniae Magnique Ducatus Lithuaniae 1385 - 1569 - 1795 und in deren Gebieten bis 1918"** erarbeitet. Um Eigenforschungen an Familiengeschichte interessierter Personen zu erleichtern, werden die Ergebnisse des Projektes in deutscher Sprache als Geschlechterdarstellungen zur Publikation als elektronisches und Printmedium vorbereitet (StudIaS Reihe Stammfolgen). Die Unterstützung wird durch die Auswertung unterschiedlicher fremdsprachigen Quellen als auch durch eine systematische Aufarbeitung der bestehenden Sekundärliteratur und Datenbanken geleistet. Dazu baute die Stiftung (resp. deren Vorgängerin in der Form eines eingetragenen Vereins) seit 1978 eine Fachbibliothek und Spezialarchiv mit unveröffentlichten Manuskripten auf. Damit wird eine gezielte punktuelle Erforschung von Primärquellen durch Privatforscher, die eine Forschungsstelle nicht leisten kann, erleichtert und vergrößert die Erfolgschancen eigene Familienlinien in bekannte Zweige des historischen Adels zu anzubinden.

Anfragen aller Art sind zu richten an die Deutsche Sektion der gemeinnützigen rechtsfähigen **„Ritter von Schlesinger Stiftung"** [82], unter rvsf-d@web.de.

[82] Selbstdarstellung unter: http://de.szlachta.wikia.com/wiki/Ueber_uns, Zugang 10. 11. 2016.

4. Deutsch-polnisches Ortschaftswörterbuch mit Anlagen

In Osteuropa erschwert die seit Jahrhunderten gepflegte Unart nationalistischer oder später auch kommunistischer Regime die Ortbezeichnungen nach ihrem Gusto zu verändern viel mehr als im westlichen Teil Europas die regionalen und lokalen Forschungen. Betroffen waren davon nicht nur Großstädte wie z. B. im Falle Zabrze (**Hindenburg**, älteste Erwähnung 1295/1305 Zabrzu als Sadbre sive Cunczindorf*)* oder die Umbenennung vom 9. III. 1953 bis zum 20. XII. 1956 Kattowitz/Katowice in **Stalinogród**, sondern auch eine Vielzahl von kleinen Ortschaften. Ist die Identifizierung von grösseren Orten nach der Namensänderung oder anderssprachlichen Bezeichnung in Quellen wie Katowice-Kattowitz einfach oder lässt es die andere Form erahnen, bildet es für die Lokalisierung kleiner Orte eine oft nicht zu überspringende Barriere bei genealogischen oder Forschungen aus dem Bereich der angewandten Sozialgeschichte. Jüngerer Generation sind zudem die deutschen Ortsbezeichnungen kaum mehr geläufig. Hier stellt die vorliegende Liste ein bedeutsames Instrument bei der Auswertung älterer Literatur dar.

In der Bibliothek der RvS Stiftung wird daher eine Liste deutscher Bezeichnungen polnischer Orte verwendet, die als Band 2 der nunmehr fortgesetzten **Schriftenreihe für angewandte Sozialgeschichte StudIaS** [83] den Forschern zur Verfügung gestellt wird.

Die Erscheinung in Buchform ebenfalls von unschätzbarem Wert, da dort schriftliche Anmerkungen gemacht werden können und es augenfreundlich zu benutzen ist. Überdies ist ein Buch bei der Arbeit an Quellen im Archiv handlicher als die Verwendung eines e-Buchs am Laptops. Da im Ausland überwiegend kein oder nur sehr teuere Internetzugang verfügbar ist, wird der Vorteil der Verlinkung eines e-Buches bei der Archivarbeit relativiert.

Falls eine Ortschaft nicht mehr besteht, wird dies in runder klammer als Zusatzinformation zu der Ortbezeichnung angeboten. Wird man bei zusammengesetzten Ortschaftsnamen (z. B. Klein, Groß, Alt, Neu, Mittel, Ober, Unter ...) nicht fündig (z. B. Alt Werder), lohnt es bei der Stammbezeichnung nachzusehen.

Es wurde überlegt, die Ortschaftsnamen mit Koordinaten zu versehen. Wegen des großen Arbeitseinsatzes wurder jedoch diese Überlegung bei der Liste fallen

[83] [Sie stellt die Fortsetzung der mit Auflösung des **Instituts für angewandte Sozialgeschichte** in Bonn im Jahre 1989 abgebrochenen Schriftenreihe „Studien für angewandte Sozialgeschichte StudIaS"]

gelassen und wird nur bei dem Teilprojekt **„Nachkommen von Gediminas, dem Großfürsten von Litauen"** realisiert. Dafür wurde bei der deutschsprachigen Bezeichnung in der Liste vielfach der zugehörige Landkreis angegeben und bei der polnischen Bezeichnung in runden klammer die Zugehörigkeit oder die Bezeichnung des „powiat" (Kreises) angegeben.

Spätere Germanisierungen, die weniger historisch sind als die slawischen Namen, sind teilweise kursiv dargestellt. In dieser **Liste** werden **polnische Namen von Orten** (Städte, Flüsse, Inseln etc.) den jeweiligen **deutschen Bezeichnungen** gegenübergestellt, die sie zu Zeiten trugen, als die Gebiete zum Deutschen Reich oder Österreich gehörten. Das betrifft sowohl ehemals deutsche oder österreichische Ortschaften als auch polnische Ortschaften, die eine kurze Zeit oder von 1939 bis 1945 dem Deutschen Reich angegliedert waren und umbenannt wurden.

Sicherlich kann und will das vorliegende Wörterbuch nicht das „Geographische Wörterbuch des Königreiches Polen und anderer slawischer Länder"[84] mit seinen fast 15.000 Seiten an den fast 700 Autoren gearbeitet haben völlig ersetzen. Das Geographische Wörterbuch entstand im ausgehenden XIX. Jhdt. und kann daher nicht die zahlreichen Namensänderungen seit dem Einsetzen des Kulturkampfes bis in die NS-Zeit wiedergeben. Ebenfalls sind die wiederum zahlreichen Namensänderungen nach dem Zweiten Weltkrieg dort nicht aufgeführt. Unter Materialien befindet sich ein Permalink zum Download oder online-Nutzung.

Das handliche Format der StudIaS Reihe ermöglicht eine Nutzung des Wörterbuches auch unterwegs, z. B. in Bibliotheken oder Archiven und hilft vielseitig bei der Lösung von Lokalisierung von Ortschaften, welche von den Veränderungen des XX. Jhdt. betroffen waren.

Die Liste erfasst knapp 2.700 geographische Bezeichnungsänderungen und erhebt keinen Anspruch auf Vollständigkeit. Sie wird während des Forschungsprojektes fortlaufend ergänzt und erweitert. Für Mitteilungen über Nichterfasste Ortschaften sind wir unter e-mail: rvsf-d@web.de und Quellenangabe sehr dankbar.

Die nachstehenden Karten sollen die Orientierung bei den Grenzverschiebungen seit 1772 nachzuvollziehen.

84 Geographisches Lexikon des Königreiches Polen und anderer slawischer Länder [Słownik geograficzny Królestwa Polskiego i innych krajów słowiańskich] ist ein 16-bändiges Lexikon mit 14.785 Seiten, das in den Jahren 1880 bis 1902 publiziert worden ist.

4. Deutsch-polnisches Ortschaftswörterbuch mit Anlagen

Übersicht der Teilungen der Adelsrepublik von 1772 bis 1795 [85]

[85] Nach Spiridon Ion Cepleanu, 2011, wird verwendet nach GNU-Lizenz für freie Dokumentation.

Karteausschnitt „Neu Schlesien“ als preußische Provinz 1795-1807 [86]

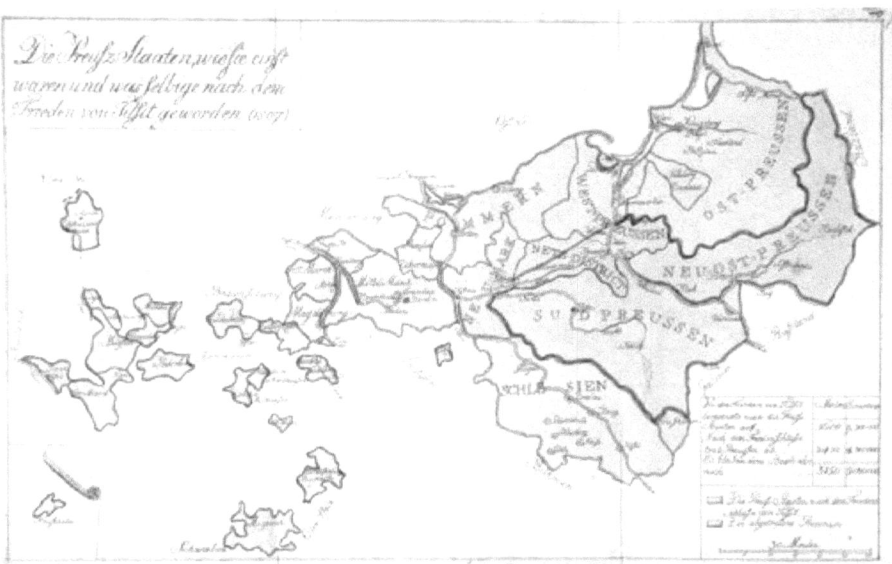

"Die Preuß[ischen] Staaten, wie sie einst waren und was selbige nach dem Frieden von Tilsit geworden (1807)." Kupferstich koloriert [87]

[86] Kartenausschnitt Preußische Provinz 1795-1807 vom 14. I. 2007, wird verwendet nach GNU-Lizenz für freie Dokumentation.

Karte des Herzogtums Warschau 1809 [88]

---

[87] Universitäts- und Landesbibliothek Darmstadt, ULB-Signatur: LK 1672; Standort: Kartensammlung.

[88] Putzger – Historischer Weltatlas, 89. Auflage, 1965.

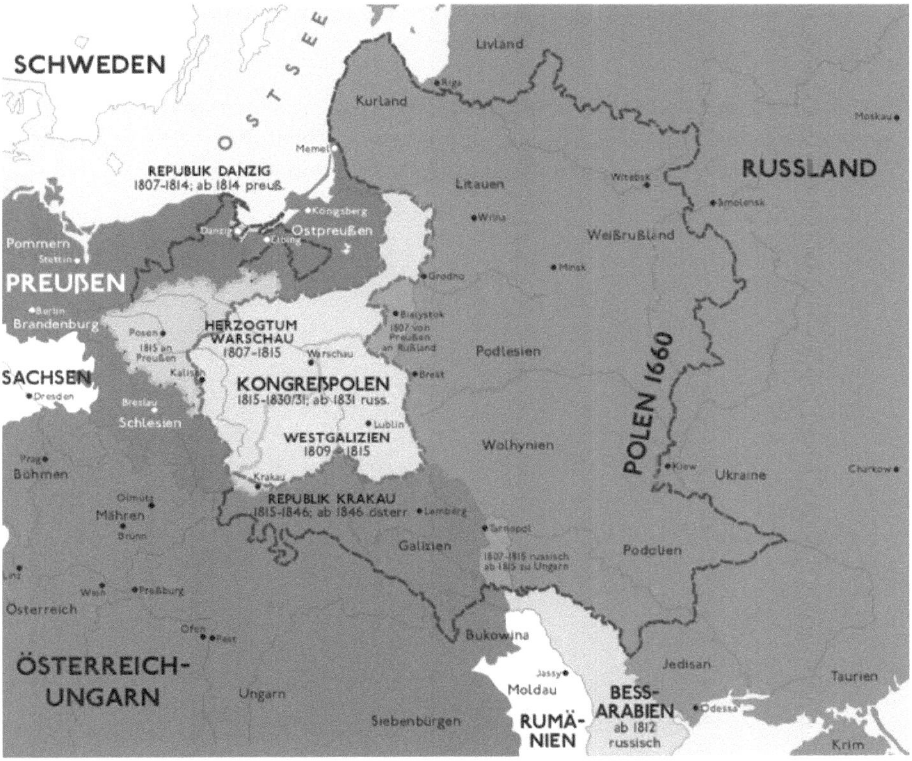

Darstellung zeigt das Herzogtum (nicht Großherzogtum) Warschau und Königreich Polen (dem so genannten Kongresspolen) nach dem Wiener Kongress 1815, u.a. mit dem 1807 Russland zugeschlagenen Kreis Białystok, 2004 [89]

[89] Karte „Herzogtum Warschau und Königreich Polen nach dem Wiener Kongress", 2004, wird verwendet nach GNU-Lizenz für freie Dokumentation.

Zur Orientierung eine Gegenüberstellung der deutschen und polnischen Kreisnamen:

Polskojęzyczny opis podziału administracyjnego Prowincji Poznańskiej na rejencje i powiaty – polnischsprachige Bezeichnungen der Verwaltungsgliederungen der Provinz Posen in Regierungsbezirke und Kreise [90]

[90] dito

Deutschsprachige Bezeichnungen der Verwaltungsgliederungen der Provinz Posen in Regierungsbezirke und Kreise - niemieckojęzyczny opis podziału administracyjnego Prowincji Poznańskiej na rejencje i powiaty [91]

[91] 2010, wird verwendet nach GNU-Lizenz für freie Dokumentation aus Wikipedia.

4.1. Deutsch-polnisches Ortschaftswörterbuch

		Deutsche Bezeichnung - niemiecka nazwa	Polnische Bezeichnung - polska nazwa
		A	
A	1	Aalgraben	Węgornik
A	2	Abtshagen	Dobiesław (Darłowo)
A	3	Adamsdorf	Sulimierz
A	4	Adlershorst	Orłowo (Gdynia)
A	5	Adlig Kublitz	Kobylniczka
A	6	Adelnau	Odolanów
A	7	Adelsbach	Struga (Stare Bogaczowice)
A	8	Adolphium	Witosław
A	9	Adolfsaue	Zdrójno
A	10	Adolfshof	Grębocin
A	11	Adolphium	Witosław
A	12	Agneshof	Rosnowo Choieńskie
A	13	Ahornfeld (1942-1945)	Duża Klonia
A	14	Albendorf	Wambierzyce
A	15	Albendorf, Landkreis Landeshut	Okrzeszyn
A	16	Albertinenburg	Lutówko
A	17	Albertinenhof	Mokryca
A	18	Albrechtsdorf b. Bartenstein	Wojciechy
A	19	Albrechtsdorf	Karczno
A	20	Allenstein	Olsztyn
A	21	Alt Banzin	Będzino
A	22	Alt Beelitz	Stare Bielice
A	23	Alt Berun	Bieruń
A	24	Alt Bewersdorf	Bobrowice (Sławno)
A	25	Alt Blessin	Stare Błeszyn

A	26	Alt Bork	Stary Borek
A	27	Alt Buckow	Bukowo
A	28	Altcüstrinchen	Stary Kostrzynek
A	29	Alt Damerow, Kreis Saatzig/Pommern	Stara Dąbrowa (Powiat Stargardzki)
A	30	Alt Damerow, Kreis Stolp/Pommern	Stara Dąbrowa (Damnica)
A	31	Alt Damm	Szczecin-Dąbie
A	32	Alt Dargsow	Dargoszewo
A	33	Alt Deetz	Stara Dziedzina
A	34	Alt Diedersdorf	Stare Dzieduszyce
A	35	Alt Döberitz	Stara Dobrzyca
A	36	Alt Drewitz	Drzewice
A	37	Altbatzdorf	Starków
A	38	Altemühle, Kreis Kolberg-Körlin/Pommern	Mącznik (Siemyśl)
A	39	Alte Mühle, Kreis Schlawe/Pommern	Młyniska (Polanów)
A	40	Alte Mühle, Kreis Stolp/Pommern	Bałamątek
A	41	Altendorf	Łatno
A	42	Altenfließ	Trzebawie
A	43	Altenhagen, Kreis Regenwalde/Pommern	Dobiesław (Płoty)
A	44	Altenhagen, Kreis Schlawe/Pommern	Jeżyce (Darłowo)
A	45	Altenkirchen	Łukowice
A	46	Alt Falkenberg	Chabowo
A	47	Alt Fanger	Węgorza
A	48	Alt Grape	Stare Chrapowo
A	49	Altgersdorf, Landkreis Habelschwerdt	Stary Gierałtów
A	50	Alt Gurkowschbruch	Górecko

A	51	Altenfließ	Przyłęg
A	52	Altenwedel	Sicko
A	53	Althagen	Brzózki
A	54	Altheide, Kreis Saatzig/Pommern	Sierakowo (Dobrzany)
A	55	Altheide Bad, Kreis Glatz/Schlesien	Polanica-Zdrój
A	56	Althof	Petrykozy
A	57	Althorst	Podlesie
A	58	Althütte	Łasko
A	59	Althütten (Kreis Neustettin)	Stare Łozice
A	60	Alt Hütten (Kreis Belgard)	Dobino
A	61	Alt Järshagen	Stary Jarosław
A	62	Altkarbe	Stare Kurowo
A	63	Altkarber Berge	Kawki
A	64	Altklücken	Stary Klukom
A	65	Alt Krakow	Stary Kraków
A	66	Alt Kuddezow	Chudaczewo
A	67	Alt Kugelwitz	Kowalewice
A	68	Alt Libbehne	Lubiana Pyrzycka
A	69	Alt Lietzegöricke	Stare Łysogórki
A	70	Altlomnitz, Landkreis Habelschwerdt	Stara Łomnica
A	71	Alt Lülfitz	Lulewice
A	72	Alt Marrin	Mierzyn
A	73	Alt Mohrau, Landkreis Habelschwerdt	Stara Morawa
A	74	Alt Neisbach, Kreis Habelschwerdt	Potoczek (Międzylesie)
A	75	Alt Paalow	Pałowo
A	76	Alt Prilip	Stary Przylep
A	77	Alt Quackow	Kwakowo (Szczecinek)
A	78	Alt Quetzin	Kukini

A	79	Alt Reblin	Reblino
A	80	Alt Ritzerow	Rycerzewo
A	81	Alt Rüdnitz	Stara Rudnica
A	82	Alt Sanskow	Zajączkowo
A	83	Altsarnow	Żarnowo
A	84	Alt Schlage	Sława
A	85	Alt Schlawe	Sławsko
A	86	Alt Springe	Borowa
A	87	Altstadt	Budzistowo
A	88	Altstadt	KrŻywiec
A	89	Altstadt	Podgrodzie
A	90	Altstett	Nowa Cerekwia
A	91	Alt Storkow	Storkowo
A	92	Alt Stüdnitz	Stara Studnica
A	93	Alt Tessin	Troczyn
A	94	Alt Tramm	Stramnica
A	95	Alt Warschow	Warszkowo (Sławno)
A	96	Alt Weißbach (auch Altweißbach), Landkreis Landeshut	Stara Białka
A	97	Alt Werder	Korzystno
A	98	Altwaltersdorf, Landkreis Habelschwerdt	Stary Waliszów
A	99	Altwasser	Stary Zdrój
A	100	Altweistritz, Landkreis Habelschwerdt	Stara Bystrzyca
A	101	Altwilmsdorf	Stary Wielisław
A	102	Alt Zowen	Sowno (Sianów)
A	103	Amalienhof	Dworek
A	104	Amalienhof	Starczewo
A	105	Amalienhof	Wierzchosław

A	106	Angerburg	Węgorzewo
A	107	Ankerholz	Przymiarki
A	108	Annaberg	Jelenino
A	109	Annashof	Dobrzyn
A	110	Annenaue	Baranowice
A	111	Argenau	Gniewkowo
A	112	Armenheide	Grzepnica
A	113	Arnhausen	Lipie
A	114	Arnimswalde	Osiedle Załom
A	115	Arnoldshof	Rokitno
A	116	Arnsberg	Gorzysław
A	117	Arnsdorf	Wilczkowo
A	118	Arnshagen	Charnowo (Ustka)
A	119	Arnswalde	Choszczno
A	120	Aspenau, Landkreis Habelschwerdt	Topolice (Bystrzyca Kłodzka)
A	121	Auersberg (1938-45)	Turowo
A	122	Aufzug	Lubiatów
A	123	Augustenhof (Kreis Belgard)	Liśnica
A	124	Augustenhof (Kreis Beuthen)	Augustynów
A	125	Augustenhof (Kreis Dramburg)	Czaplin
A	126	Augustenhof (Kreis Neustettin)	Ubocze
A	127	Augustenhof (Kreis Pyritz)	Sicina
A	128	Augustenhof (Kreis Reppen)	Krzywnia
A	129	Augustenhof (Kreis Schlawe/Pommern)	Mirogniew
A	130	Augustenhof (Kreis Soldin)	Czyżykowo
A	131	Augustenhof (Kreis Stargard)	Piaszcze
A	132	Augustfelde (Kreis Rummelsburg/Pommern)	Uliszkowice
A	133	Augustfelde (Kreis	Soszyce (Czarna Dąbrówka)

		Stolp/Pommern)	
A	134	Augusthof	Jedlice
A	135	Augustthal	Podlesie
A	136	Augustwalde (Kreis Arnswalde)	Rębusz
A	137	Augustwalde (Kreis Guben)	Mikulice
A	138	Augustwalde (Kreis Marienburg)	Wieśniewo
A	139	Augustwalde (Kreis Rössel)	Augustówka
A	140	Augustwalde (Kreis Stettin)	Wielgowo
A	141	Augustwalde (Kreis Stolp/Pommern)	Mirosławin
A	142	Ausche	Usza
A	143	Auschwitz	Oświęcim
		B	
B	1	Babbin	Babin
B	2	Bachmannshof	Piastowo
B	3	Bachwitz	Wieloleka
B	4	Bachwitz-Erdmannsdorf	Rozwady
B	5	Bachwitz-Sophienthal	Zofjowka
B	6	Bad Altheide eigtl. Altheide Bad	Polanica-Zdrój
B	7	Bad Flinsberg	Świeradów-Zdrój
B	8	Bad Königsdorff-Jastrzemb	Jastrzębie Zdrój
B	9	Bad Kudowa	Kudowa-Zdrój
B	10	Bad Landeck	Lądek-Zdrój
B	11	Bad Langenau	Długopole Zdrój
B	12	Bad Polzin	Połczyn Zdrój
B	13	Bad Reinerz	Duszniki-Zdrój
B	14	Bad Salzbrunn	Szczawno-Zdrój
B	15	Bad Ziegenhals	Głuchołazy

B	16	Bad Schönfließ	Trzcińsko Zdrój
B	17	Badelhörne	Pięćmiechowo
B	18	Bahn	Banie
B	19	Bahrfelde	Bara
B	20	Baldebuß	Białobudz
B	21	Baldekow	Białokury
B	22	Baldenburg	Biały Bór
B	23	Balenthin	Białęcino
B	24	Balenthin (Pachthof)	Białęciniec
B	25	Balenthin Vorwerk	Białęcinko
B	26	Ball	Biała
B	27	Ballenberg	Biała Góra
B	28	Balsdrey	Biały Zdrój
B	29	Balster	Biały Zdrój
B	30	Bandekow	Bądkowo
B	31	Bankwitz	Bakowice
B	32	Banow	Baniewo
B	33	Barckow	Barkowo
B	34	Barenbuch	Niedźwiedź
B	35	Barenwinkel	Chometowko
B	36	Bärfelde	Smolnica
B	37	Barfußdorf	Żołwia Błoć
B	38	Barm	Bartoszewo
B	39	Barnimskunow	Barnim
B	40	Barnimslow	Barnisław
B	41	Barskewitz	Barzkowice
B	42	Bartenstein	Bartoszyce
B	43	Bartikow	Bartkowo
B	44	Barten	Barciany

B	45	Bartin, Kreis Kolberg/Pommern	Bardy
B	46	Bartin, Kreis Rummelsburg/Pommern	Barcino
B	47	Bartlin	Bartolino
B	48	Bartsch-Kulm (Landkreis Wohlau)	Chelm
B	49	Bärwalde (Neumark)	Mieszkowice
B	50	Bärwalde (Pommern)	Barwice
B	51	Bärenwalde	Niedźwiedź (Kobyla Góra)
B	52	Barzwitz	Barzowice
B	53	Basenthin	Bodzęcin
B	54	Bast	Łękno (Będzino)
B	55	Batow	Batowo
B	56	Battin	Batyń
B	57	Batzlaff	Baczysław
B	58	Batzwitz	Baszewice
B	59	Bauerhufen	Chłopy
B	60	Bauerwitz	Baborów
B	61	Baumgarten	Braszowice
B	62	Baumgarten	Kojecin
B	63	Baumgarten	Prokolno
B	64	Baumgarten	Sady
B	65	Baumgarten	Włodzisław
B	66	Bayershöhe	Steklinko
B	67	Bedlin	Bydlino
B	68	Beelitz, Kreis Pyritz/Pommern	Bielice (Powiat Pyrzycki)
B	69	Beelitz, Kreis Weststernberg/Brandenburg	Bielice (Torzym)
B	70	Beelkow	Bielkowo
B	71	Beerberg	Baworowa
B	72	Behlkow	Bielikowo

B	73	Beierswalde	Kowalki
B	74	Belgard a.d. Persante	Białogard
B	75	Belgard a.d. Leba	Białogarda
B	76	Belgen	Białęgi
B	77	Belk	Bełk
B	78	Belkow	Bielkowo
B	79	Bellin	Bielin
B	80	Bellinchen	Bielinek
B	81	Belostok	Białystok
B	82	Bendzin (1939–45 Bendsburg)	Będzin
B	83	Benz	Benice
B	84	Benzin	Bięcino
B	85	Benzrode	PGR Beczno
B	86	Berent	Kościerzyna
B	87	Berg Dievenow	Dziwnów
B	88	Bergdorf	Górzynska
B	89	Berghuben (1937–45)	Kuklice
B	90	Bergen	Góry
B	91	Bergenau	Krzywe
B	92	Bergland	Czarna
B	93	Bergling (Kreis Mohrungen)	Brzeźno (Świątki)
B	94	Bergling (Kreis Osterode/Ostpreußen)	Brzeźno Mazurskie
B	95	Berg Kolonie	Górki
B	96	Bergoben	Kolonia pod Lasem
B	97	Berkenbrügge	Brzeziny
B	98	Berkenow	Berkanowo
B	99	Berlinchen	Barlinek
B	100	Berndtshöhe	Wierzchno

B	101	Berneuchen	Barnówko
B	102	Bernhagen	Ostrzyca
B	103	Bernsdorf	Brzeżnica
B	104	Bernsee	Breń
B	105	Bernstein	Pełczyce
B	106	Besow	Bzowo (Kobylnica)
B	107	Bestiensee	Glinik
B	108	Bethanien	Rajsko
B	109	Bethlehem, Landkreis Landeshut	Betlejem (Krzeszów)
B	110	Betsche	Pszczew
B	111	Beustrin	Bystrzyna
B	112	Beuthen (Oberschlesien)	Bytom
B	113	Beuthen an der Oder	Bytom Odrzański
B	114	Beweringen	Bobrowniki (Chociwel)
B	115	Bewersdorf (Alt Bewersdorf), Kreis Schlawe/Pommern	Bobrowice (Sławno)
B	116	Bewersdorf, Kreis Stolp/Pommern	Bobrowniki (Damnica)
B	117	Beyersdorf	Baczyna
B	118	Beyersdorf	Tetyń
B	119	Bialla	Biała Piska
B	120	Bialutten	Białuty
B	121	Biebersdorf, Landkreis Glatz	Bobrowniki
B	122	Bielendorf, Landkreis Habelschwerdt	Bielice (Stronie Śląskie)
B	123	Bielitz-Biala	Bielsko-Biała
B	124	Bielostok	Białystok
B	125	Bieskau	Nowa Cerekwia
B	126	Billerbeck	Nadrzyn
B	127	Binow	Binowo
B	128	Birgwitz	Bierkowice

B	129	Birkbruch	Brzezinka
B	130	Birkenwalke	Bogusław
B	131	Birkenwalde	Brzosowo
B	132	Birkenwerder	Pogrzymie
B	133	Birkhagen	Brzozowie
B	134	Birkholz	Brzoza
B	135	Birkholz	Kosobudy
B	136	Birkow	Bierkowo
B	137	Bischofsburg	Biskupiec
B	138	Bischofstein	Bisztynek
B	139	Bistrau	Bystra Śląska
B	140	Blankenberg	Gołogóra (Świątki)
B	141	Blankenbruch (1942-1945)	Bielawy
B	142	Blankenfelde	Brwice
B	143	Blankenhagen	Dłusko (gmina Wegorzyno)
B	144	Blankensee	Płotno
B	145	Blüchersruh (1937–45)	Krobielowice
B	146	Blasdorf b. Schömberg	Błażejów
B	147	Blotnitz	Błotnica
B	148	Blumberg	Morzyca
B	149	Blumenfelde	Lubicz
B	150	Bobischau	Boboszów
B	151	Boblin	Bobolin
B	152	Bochowke	Bochówko
B	153	Bocksberg	Jaromierzyce
B	154	Bodenhagen	Bagicz
B	155	Bogenthin	Bugocino
B	156	Bohrau (Markt Bohrau)	Borów
B	157	Boissin	Byszyno

B	158	Bölkau	Bielkowo
B	159	Bolkow	Bolkowo
B	160	Boltenhagen	Bełtno
B	161	Bomst	Babimost
B	162	Bonin, Kreis Arnswalde	Bonin (Choszczno)
B	163	Bonin, Kreis Dramburg	Bonin (Wierzchowo)
B	164	Bonin, Kreis Köslin	Bonin (Manowo)
B	165	Bonin, Kreis Regenwalde	Bonin (Łobez)
B	166	Borchersdorf	Burkat
B	167	Borin	Borzym
B	168	Borkendorf	Dobrzyca (Szydłowo)
B	169	Borkenhagen	Borkowice
B	170	Borkow, Kreis Landsberg/Warthe	Borek (Deszczno)
B	171	Borkow, Kreis Lauenburg in Pommern	Borkowo Lęborskie
B	172	Borkow, Kreis Schlawe in Pommern	Borkowo (Malechowo)
B	173	Born	Borne
B	174	Bornemannshof	Dąbrowiec
B	175	Borntin	Borzecin
B	176	Bosens	Bożenice
B	177	Bottke	Budki (Główczyce)
B	178	Boyadel	Bojadła
B	179	Brackenberg (bis 1937 Sagerke)	Zagórki (Kobylnica)
B	180	Brallentin	Bralęcin
B	181	Bramstädt	Toporzyk (Połczyn Zdrój)
B	182	Brand	Lubiewo
B	183	Brandewalde (bis 1936 Pogosch)	Pogórze
B	184	Brandesow	Będzieszewo
B	185	Brandsheide	Lubiewko

B	186	Braunsberg	Tucze
B	187	Braunsberg	Braniewo
B	188	Braunsfelde	Bronowice
B	189	Braunsforth	Bród
B	190	Braunswalde, Kreis Allenstein/Ostpreußen	Brąswałd
B	191	Braunswalde, Kreis Stuhm/Ostpreußen	Gościszewo
B	192	Brederlow	Przydarłów
B	193	Breesen	Brzeźno (Sulęcin)
B	194	Brega	Brzeg
B	195	Breitenberg	Gołogóra (Polanów)
B	196	Breitebruch	Łuninka
B	197	Breitenfelde, Kreis Naugard/Pommern:	Dobropole
B	198	Breitenfelde, kreis Schlochau/Pommern	Sierpowo (Pommern)
B	199	Breitenstein	Bobrówko
B	200	Breitenstein Kreis Deutsch Krone	Dobino
B	201	Breitenwerder	Pławin
B	202	Bremerheide	Pniewo
B	203	Brendemühl	Jatki
B	204	Brenkenhofsbrink	Mokradła
B	205	Brenkenhofsbruch	Błotno
B	206	Brenkenhofswalde	Błotnica
B	207	Brenkenhofswalde	Jeczydól
B	208	Bresin (Kreis Lauenburg/Pommern)	Brzeźno Lęborskie
B	209	Bresin (Kreis Putzig)	Mrzezino
B	210	Bresin (Kreis Schwetz (Weichsel))	Brzeziny (Osie)
B	211	Breslau	Wrocław
B	212	Bresow	Brzowo

B	213	Brieg	Brzeg
B	214	Briese (Kreis Oels/Schlesien)	Brzezinka
B	215	Briese (Kreis Schwerin/Warthe)	Brzeźno (Pszczew)
B	216	Briesen	Wąbrzeźno
B	217	Briesen (Kreis Belgard)	Brzeżno
B	218	Briesen (Kreis Brieg)	Brzezina
B	219	Briesen (Kreis Czarnikau)	Brzeźno (Czarnków)
B	220	Briesen (Kreis Pyritz)	Brzezin
B	221	Briesen (Kreis Neustettin)	Brzeźno (Szczecinek)
B	222	Briesenhorst	Brzeźno (Lubiszyn)
B	223	Brietzig	Brzesko
B	224	Brockau	Brochow
B	225	Broitz	Brojce
B	226	Bromberg	Bydgoszcz
B	227	Bruchhausen	Smogolice
B	228	Brunken	PGR Brunki
B	229	Brunow	Bronowo (Połczyn Zdrój)
B	230	Brunn	Bezrzecze
B	231	Brunnstadt	Ozorków
B	232	Brusenfelde	Dębogóra
B	233	Brutzen	Brusno
B	234	Brücken Vorstadt	Zamoście
B	235	Brügge	Ławy
B	236	Brügger Berge	Górne Ławy
B	237	Brünken	Stare Brynki
B	238	Brüsewitz	Brudzewice
B	239	Buchen (1937–45)	Budziszów
B	240	Buchenberg (1942-1945)	Bukowa Góra
B	241	Buchengrund	Goszczowice

B	242	Buchholz	Bukwica
B	243	Buchholz	Grabowiec
B	244	Buchholz	Grabowo
B	245	Buchholz	Płonia
B	246	Buchhorst	Żelimucha
B	247	Buchwald	Darszyce
B	248	Buchwald	Bukówka (Lubawka)
B	249	Buchwerder	Wełmin
B	250	Buchwitz	Budziszów
B	251	Buckow	Bukowo (Polanów)
B	252	Buckower See	Jezioro Bukowo
B	253	Buckowin (Fluss)	Bukowina
B	254	Buckowin, Kreis Lauenburg/Pommern	Bukowina (Cewice)
B	255	Buckowiner See	Jezioro Kamienicki
B	256	Buddenbrock	Krajnik
B	257	Buddendorf	Budno
B	258	Büchenhof	Gać Leśna
B	259	Bulgrin	Białogórzyno
B	260	Bunzlau	Bolesławiec
B	261	Bunzelwitz	Bolesławice (Jaworzyna Śląska)
B	262	Burzlaff, Kreis Belgard	Borzysław (Tychowo)
B	263	Burzlaff, Kreis Rummelsburg	Borzysław (Kępice)
B	264	(1935-45:) Buschdorf	Zakrzewo (Powiat Złotowski)
B	265	Buslar	Buślary
B	266	Bussin	Buszyno
B	267	Büssow, Kreis Friedeberg/Neumark	Buszów (Strzelce Krajeński
B	268	Büssow, Kreis Kolberg-Körlin	Byszewo (Siemyśl)
B	269	Büssow, Kreis Regenwalde	Byszewo (Łobez)

B	270	Büssow, Kreis Schlawe in Pommern	Boryszewo
B	271	Bütow	Bytów
B	272	Butterfelde	Przyjezierze
B	273	Buttken	Budki (Kowale Oleckie)
B	274	Butzke	Buczek (Białogard)
		C	
C	1	Cammin	Kamień Pomorski
C	2	Cäcilienthal	Kozły (Kobyla Góra)
C	3	Cardemin siehe Kardemin	
C	4	Carolath	Siedlisko
C	5	Caseburg	Karsibór
C	6	Charlottenhof, Kreis Kolberg/Pommern	Bogusławiec
C	7	Charlottenhof, Kreis Rummelsburg/Pommern	Domanice
C	8	Charlottenhof, Kreis Dramburg/Pommern	Giślinek
C	9	Charlottenhof	Grzybno
C	10	Charlottenhof, Kreis Neustettin/Pommern	Jadwiżyn
C	11	Charlottenhof, Kreis Randow/Stettin	Sierakowo (Police)
C	12	Charlottenhof	Sosny
C	13	Charlottenhof, Kreis Stolp/Pommern	Sullin
C	14	Charlottenhof	Wisław
C	15	Charlottenmühle	Omieciny (Kobyla Góra)
C	16	Charlottenruh	Tywice
C	17	Charlottenthal	Grabownica
C	18	Chinnow	Chynowo
C	19	Cholm	Chełm

C	20	Chorzow	Chorzów
C	21	Chottschewko (1938-45 Goten)	Choczewko
C	22	Chottschow (1938-45 Gotendorf)	Choczewo
C	23	Christinenberg	Kliniska Wielkie
C	24	Christophswalde	Jastrzębnik
C	25	Chursdorf	Mostkowo
C	26	Ciochowitz, Stillenort (ab 1936)	Cichowice
C	27	Ciossek	Czissek/Cisek
C	28	Coccejendorf	Radosław (Sławno)
C	29	Cocceji-Neudorf	Krzyszczyna
C	30	Cocceji-Neuwalde	Krzyszczynka
C	31	Codram	Kodrąb
C	32	Cosel	Koźle
C	33	Crone an der Brahe	Koronowo
C	34	Crossen	Krosno odrzanskie
C	35	Culm	Chełmno
C	36	Czarnikau (1940-45 Scharnikau)	Czarnków
C	37	Czechowitz	Czechowice
C	38	Czechowitz-Dzieditz	Czechowice-Dziedzice
C	39	Cziasnau, Teichwalde (ab 1936)	Ciasna
		D	
D	1	Daarz	Dars
D	2	Daber, Kreis Naugard/Pommern	Dobra (Powiat Łobeski) (Dobra Nowogardzka)
D	3	Daber, Kreis Stolp/Pommern	Dobra (Dębnica Kaszubska)
D	4	Daber, Kreis Ueckermünde/Pommern	Dobra (Police) (Dobra Szczecińska)
D	5	Daberkow	Dobrkowo
D	6	Dadow	Dziadowo

D	7	Dahlow	Dalewo
D	8	Dambee (1938-45 Eichweide), Gemeinde Schmolsin/Kreis Stolp	(besteht nicht mehr)
D	9	Dambee (1938-45 Eichen), Gemeinde Wottnogge/Kreis Stolp	Dąbie (Czarna Dąbrówka)
D	10	Damen	Stare Dębno
D	11	Damerfitz	Dąbrowica
D	12	Damerkow, Kreis Bütow/Pommern	Dąbrówka (Borzytuchom)
D	13	Damerkow, Kreis Stolp/Pommern	Dąbrówka (Damnica)
D	14	Damerow, Kreis Belgard/Pommern	Dąbrowa Białogardzka
D	15	Damerow, Kreis Cammin/Pommern	Dąbrowa (Świerzno)
D	16	Damerow, Kreis Naugard/Pommern	Dąbrowa Nowogardzka
D	17	Damerow, Kreis Schlawe/Pommern	Dąbrowa (Sianów)
D	18	Damitz, Kreis Kolberg/Pommern	Dębica
D	19	Damitz (Fluss)	Dębnica
D	20	Dammen	Damno (Damnica)
D	21	Damnig	Dębnik
D	22	Damkerort	Dąbkowice
D	23	Damsdorf	Damionowo
D	24	Damshagen	Domasławice (Darłowo)
D	25	Damuster	Dębostrów
D	26	Dannenberg	Domysłow
D	27	Danzig	Gdańsk
D	28	Dargebanz	Dargobądź
D	29	Dargislaff	Dargosław
D	30	Darkow	Dargikowo
D	31	Darmgardt	Dębogard
D	32	Darrmietzel	Dargomyśl

D	33	Darsewitz	Darzowice
D	34	Darsin	Darżyno
D	35	Darsow	Darżewo
D	36	Dassow	Daszewo
D	37	Datzow	Dadzewo
D	38	Deep	Mrzeżyno
D	39	Deetz	Dziedzice
D	40	Degow	Dygowo
D	41	Denkhaus	Pamięcin
D	42	Denzig	Dębsko
D	43	Denzin	Dębczyno
D	44	Deschowitz	Zdzieszowice
D	45	Derschau	Suchy Bór
D	46	Dertow	Derczewo
D	47	Deuthin	Ducino
D	48	Deutscheneck	Sompolno
D	49	Deutsch Eylau	Iława
D	50	Deutsch Filehne	Wieleń
D	51	Deutsch Krone	Wałcz
D	52	Deutsch-Jägel	Jagielno
D	53	Deutsch Lissa, Breslau-Lissa	Wrocław-Leśnica
D	54	Deutsch-Nettkow (1937-45 Straßburg - Oder)	Nietkowice
D	55	Deutsch Neukirch	Nowa Cerekwia
D	56	Deutsch Piekar	Piekary Śląskie
D	57	Deutsch Pribbernow	Przybiernówko
D	58	Deutsch Puddiger	Podgórki (Malechowo)
D	59	Deutschrode (1939-1945), Kreis Gostyn (1941-45 Gostingen)/Posen	Czeluścin (Pępowo)

D	60	Deutschrode, Kreis Schlawe/Pommern	Tokary (Sławno)
D	61	Deutschrode, Kreis Strelno/Posen	Ciencisko
D	62	Deutsch Wartenberg	Otyń
D	63	Dicking	Dzikowo
D	64	Diebelsbruch	Jaglisko
D	65	Diedrichsdorf	Bolechowo
D	66	Dimkuhlen	Dzięciołowo (Tychowo)
D	67	Dingelsberg	Orzechowo
D	68	Dirschau	Tczew
D	69	Dirschel	Dzierżysław
D	70	Dischenhagen	Dzisna
D	71	Dittmannsdorf	Dziećmorowice
D	72	Dobberphul	Dobropole
D	73	Dobberschütz (1939-45)	Dobrzyca
D	74	Döbel	Doble
D	75	Döberitzfelde	Dobrzyca (Wałcz)
D	76	Dobrtowitz	siehe Gutfelde
D	77	Döbsow	Dobieszewo Leśne
D	78	Dockern	Tokary (Długołęka)
D	79	Dölitz	Dolica
D	80	Dölzig	Dolsko
D	81	Döringshagen	Wołowiec
D	82	Dörnikau	Darnków
D	83	Dörsenthin, Kreis Köslin/Pommern	Dzierżęcino (Stadtteil von Koszalin)
D	84	Dörsenthin, Kreis Schlawe/Pommern	Dzierżęcin
D	85	Dohnafelde	Donatowo (Ostrowice)
D	86	Dolgen	Dołgie
D	87	Dolgenow	Dołganów

D	88	Donnerau, Landkreis Waldenburg	Grzmiąca (Głuszyca)
D	89	Dorotheenhof	Anielino
D	90	Dorotheenthal	Sarikierz
D	91	Dorow	Dorowo
D	92	Dorphagen	Mechowo
D	93	Drage	Drawa
D	94	Dragebruch	Drawiny
D	95	Dramburg	Drawsko Pomorskie
D	96	Drammin	Dramino
D	97	Dratzig	Drawsko (Powiat Czarnkowsko-Trzcianecki)
D	98	Dratzigsee	Drawsko
D	99	Dreimühlen (1938-45)	Kalinowo
D	100	Drengfurt	Srokowo
D	101	Drenow, Kreis Belgard	Drzonowo Białogardzkie
D	102	Drenow, Kreis Kolberg-Körlin	Drzonowo (Kołobrzeg)
D	103	(Schlesisch-)Drenow	Drzonów
D	104	Drenzig, Kreis Schlawe	Drzeńsko (Malechowo)
D	105	Dresow, Kreis Greifenberg/Pommen	Dreżewo
D	106	Dresow, Kreis Stolp/Pommern	Drzeżewo
D	107	Drewitz	Drewica
D	108	Driesen	Drezdenko
D	109	Droschkau	Droszków
D	110	Drosedow, Kreis Kolberg/Pommern	Drozdowo (Rymań)
D	111	Drosedow, Kreis Schlawe/Pommern	Drozdowo (Darłowo)
D	112	Drossen	Ośno Lubuskie
D	113	Dubberow (auch	Dobrowo
D	114	Dubberzin	Dobrzęcino

D	115	Dübzow	Dobleszewo
D	116	Dünenfeld	Cisowa
D	117	Dünnow	Duninowo
D	118	Dünow	Duniewo
D	119	Dürenfurth	Brzeg Dolny
D	120	Düringsdorf (auch Dühringshof)	Bogdaniec
D	121	Dürr Arnsdorf, Kreis Neiße, Schlesien	Jarnołtów
D	122	Dürrkunzendorf	Suszyna
D	123	Dürren	Dusin
D	124	Düsterbeck	Orzechowo
D	125	Dummadel	Tąpadły
D	126	Dumröse	Domaradz (Damnica)
D	127	Dumzin	Domacyno
D	128	Dybow	Dybowo
D	129	Dzieditz	Czechowice-Dziedzice
D	130	Dziurdziau	Dziurdziewo
		E	
E	1	Ebenau	Sulino
E	2	Ebersdorf bei Neurode	Dzikowiec
E	3	Ebersdorf bei Mittelwalde	Domaszków
E	4	Eckersdorf Krs. Mohrungen	Florczaki
E	5	Eckersdorf	Bożków
E	6	Edwardshof	Sobieradz
E	7	Egelsdorf	Mroczkowice
E	8	Egloffstein	Łagodzin
E	9	Egsow	Kczewo (Kobylnica)
E	10	Ehrenforst	Sławięcice

E	11	Eichberg	Dębogóra
E	12	Eichberg	Żdżary
E	13	Eichelhof Kreis Rawitsch	Zolednica
E	14	Eichelshagen	Trzebórz
E	15	Eichen (1938-1945)	Dąbie (Czarna Dąbrówka)
E	16	Eichenbrück	Wągrowiec
E	17	Eichenfelde (1935–1945)	Szeligowo
E	18	Eichenwalde	Dębice
E	19	Eichfeuer	Barnimowo
E	20	Eichforst	Gajewko
E	21	Eichhorst	Dębiec
E	22	Eichstädt (1940–45)	Dąbie
E	23	Eichtal	Dąbrówka Górna
E	24	Eichwerder	Dąbrowa
E	25	Eichwerder	Zagaje
E	26	Eickstedtswalde	Dargocice
E	27	Eiersberg	Skalno
E	28	Eisenhammer	Żeleźnica
E	29	Eiserbruch	Kozin
E	30	Elbing	Elbląg
E	31	Eleonorenhof	Zagórcze
E	32	Elis	Machowica
E	33	Elvershagen	Łagiewniki
E	34	Emilienhof	Borzysław
E	35	Emmasthal	Czerwięcino
E	36	Emmyhütten	Krzesimowo
E	37	Engelsburg	Pokrzywno
E	38	Engels Loos	Łaziszcze
E	39	Engelsmühle	Aniołka (Kobyla Góra)

E	40	Entepöl	Dobieszyn
E	41	Erbenswunsch	Moczydła
E	42	Erdmannsthal	Łaszewo
E	43	Ermland	Warmia
E	44	Ermland-Masuren	Warmińsko-Mazurskie
E	45	Ernestinenhof	Dziergów
E	46	Ernestinenhof	Topolinek
E	47	Ernstburg	Łyskowo
E	48	Ernsthöhe	Przystawy (Grzmiąca)
E	49	Eschbruch	Rąpin
E	50	Estherwalde	Wola Augustowska
E	51	Eulenberg	Krzeszewo
E	52	Eulenberg	Sowia Góra
E	53	Eventin	Iwięcino
E	54	Exau, Kreis Karthaus/Westpreußen	Kczewo (Przodkowo)
E	55	Exau, Kreis Wohlau/Schlesien	Turzany (Wińsko)
E	56	Exin	Kcynia
		F	
F	1	Fahlenwerder	Ściechów
F	2	Falkenau	Wałkno
F	3	Falkenberg i. OS	Niemodlin
F	4	Falkenberg, Kreis Belgard	Jastrzębniki (Sławoborze)
F	5	Falkenberg, Kreis Glatz	Sokolec
F	6	Falkenberg, Kreis Jauer	Sokola
F	7	Falkenberg, Kreis Kolberg	Sokolica
F	8	Falkenberg, Kreis Naugard	Sokolniki
F	9	Falkenberg, Kreis Pyritz	Brzezina
F	10	Falkenburg	Podbórz

F	11	Falkenhain, Landkreis Glatz	Sokołówka (Polanica-Zdrój)
F	12	Falkenstein	Sokólsko
F	13	Falkenthal	Drzesz
F	14	Falkenwalde, Kreis Königsberg (Neumark)	Wierzchlas
F	15	Falkenwalde, Kreis Stargard	Sokoliniec
F	16	Falkenwalde, Kreis Stettin	Tanowo
F	17	Farbezin, Kreis Naugard	Wierzbięcin
F	18	Faulen	Ulnowo (Westpreußen)
F	19	Fellhammer, Landkreis Waldenburg	Kuźnice Świdnickie
F	20	Felixhof	Uniesław (Malechowo)
F	21	Ferdinandstein	Daleszewo
F	22	Fernosfelde	Rabias
F	23	Fichtberg	Leśnica (Darłowo)
F	24	Fichtkaten bei Freetz, Kreis Schlawe/Pommern	Zielonka
F	25	Fichtkaten bei Reddentin, Kreis Schlawe/Pommern	Dzięcioły
F	26	Fichtwerder	Świerckocin
F	27	Fiddichow	Widuchowa
F	28	Fier	Wytok
F	29	Filehne	Wieleń
F	30	Finkenstein	Drozdowo (Chojna)
F	31	Finkenwalde	Zdroje (Stettin)
F	32	Fischbach	Karpniki
F	33	Firchau	Wierzchowo (Człuchów)
F	34	Fischerkaten	Pogorzelica
F	35	Flacke	Miłowo
F	36	Flackenhagen	PGR Potuliny

F	37	Flammberg	Opaleniec
F	38	Flatow	Złotów
F	39	Flinsberg	Świeradów-Zdrój
F	40	Flötenstein	Koczała
F	41	Flüchtenhagen	Radziszkowo
F	42	Follmersdorf	Chwalisław
F	43	Forsthaus Balbitzow	L. Bielice
F	44	Forsthaus Jägerwerder	L. Dzicz
F	45	Forsthaus Kerngrund	Kryń
F	46	Forsthaus Kesselgrund	Kotlina
F	47	Forsthaus Kirchensee	L. Kościelec
F	48	Forsthaus Lauenbrügge	L. Dębsko
F	49	Forsthaus Möllenberg	G. Młynow
F	50	Forsthaus Pribbernow	L. Borowik
F	51	Forsthaus Sellenthin	L. Zielęcin
F	52	Forsthaus Stabenow	L. Bytowo
F	53	Forsthaus Stolzenberg	G. Rózanki
F	54	Forsthaus Wolfsgrube	L. Debowiec
F	55	Frankenberg	Sobiemyśl
F	56	Frankenberg b. Frankenstein	Przyłęk (Bardo)
F	57	Frankenstein	Ząbkowice Śląskie
F	58	Frankfurt (Oder)-Dammvorstadt	Słubice
F	59	Franzen	Wrząca (Kobylnica)
F	60	Franzfelde	Przypolsko
F	61	Franzthal	Głęboczek
F	62	Frauenburg	Frombork
F	63	Frauengarten	Panigrodz
F	64	Frauenhain	Chwalibożyce
F	65	Freetz	Wrześnica (Sławno)

F	66	Freiburg in Schlesien	Świebodzice
F	67	Freienau (1942-43)	Luzino
F	68	Freienfelde	Kol. Mirowo
F	69	Freienwalde	Chociwel
F	70	Freihaus	Zduńska Wola
F	71	Freiheide	Godowo
F	72	Freiheitsfelde	Brzostowo
F	73	Freist, Kreis Lauenburg/Pommern	Wrzeście (Wicko)
F	74	Freist, Kreis Stolp/Pommern	Wrzeście (Słupsk)
F	75	Freistadt (1939-1942)	Kowal
F	76	Freiwaldau	Gozdnica
F	77	Freiwalde, Kreis Habelschwerdt/Schlesien	Lesica
F	78	Freudenberg, Kreis Arnswalde/Pommern	Pluskocin
F	79	Freudenberg, Kreis Ortelsburg/Ostpreußen	Radosna Góra
F	80	Freudenberg, Kreis Rastenburg/Ostpreußen	Radosze
F	81	Freudenberg, Kreis Rössel/Ostpreußen	Radostowo
F	82	Freudenburg, Kreis Waldenburg/Schlesien	Radosno
F	83	Freyhan	Cieszków
F	84	Friedberg, Kreis Soldin/Brandenburg	Sokolniki
F	85	Friedberg, Kreis Treuburg/Ostpreußen	Glubie Wężewskie
F	86	Friedeberg (Neumark)/Brandenburg	Strzelce Krajenskie
F	87	Friedeberg, Kreis Labes/Pommern	Wisław
F	88	Friedeberg, Kreis Löwenberg/Schlesien	Mirsk
F	89	Friedebergschbruch	Żółwin

F	90	Friedenau, Kreis Arnswalde/Pommern	Konotop
F	91	Friedenau, Kreis Cosel/Schlesien	Cisek
F	92	Friedenau, Kreis Namslau/Schlesien	Wygoda
F	93	Friedenau, Kreis Rastenburg/Ostpreußen	Gościradowo
F	94	Friedensfelde	Ugory
F	95	Friderikenfelde	Stawin
F	96	Friderikenhof	Dobrosławice
F	97	Friderikenhof	Szwadzim
F	98	Friedensdorf, Kreis Treuburg/Ostpreußen	Kilianki (Kowale Oleckie)
F	99	Friedensdorf, Kreis Schlawe/Pommern	Powidz (Polanów)
F	100	Friedersdorf	Łężyce (Szczytna)
F	101	Friedland (Niederschlesien)	Mieroszów
F	102	Friedland (Oberschlesien)	Korfantów
F	103	Friedrichsberg	Błotno
F	104	Friedrichsberg, Kreis Glatz/Schlesien	Łężno
F	105	Friedrichsdorf, Kreis Cosel/Schlesien	Mierzęcin
F	106	Friedrichsdorf, Kreis Dramburg/Pommern	Darskowo (Złocieniec)
F	107	Friedrichsdorf, Kreis Friedeberg/Neumark	Przeborowo
F	108	Friedrichsdorf, Kreis Glogau/Schlesien	Proszówek
F	109	Friedrichsdorf, Kreis Naugard/Pommern	Łękinia
F	110	Friedrichsfeld	Wierzchucice
F	111	Friedrichsgnade	Troszczyno
F	112	Friedrichsgrund, Kreis Habelschwerdt/Schlesien	Piaskowice (Bystrzyca Kłodzka)

F	113	Friedrichsgrund, Kreis Glatz/Schlesien	Batorów
F	114	Friedrichshof, Kreis Ortelsburg/Ostpreußen	Rozogi
F	115	Friedrichshof, Kreis Pyritz/Pommern	Skrzany
F	116	Friedrichshof, Kreis Schlawe/Pommern	Barnimek
F	117	Friedrichshorst	Pełcza
F	118	Friedrichslust	Kępa Zagajna
F	119	Friedrichsthal, Kreis Bunzlau/Schlesien	Wrotkowice
F	120	Friedrichsthal, Kreis Oppeln/Schlesien	Zagwiździe
F	121	Friedrichsthal, Kreis Ortelsburg/Ostpreußen	Cis
F	122	Friedrichsthal, Kreis Pyritz/Pommern	Okunica
F	123	Friedrichsthal, Kreis Rastenburg/Ostpreußen	Podgórzyn
F	124	Friedrichsthal, Kreis Swinemünde/Pommern	Wydrzany (Świnoujście)
F	125	Friedrichswalde	Podlesie
F	126	Friedrichswill	Zaleszczyce
F	127	Fritzow	Wrzosowo
F	128	Fröhlichsdorf	Cieszów (Stare Bogaczowice)
F	129	Funken	Grądzkie
F	130	Funkenhagen	Gąski
F	131	Fürstenau	Barnimie
F	132	Fürstenfelde	Boleszkowice
F	133	Fürstenflagge	Bolesławice
F	134	Fürstensee	Przywodzie
		G	

G	1	Gaablau	Jabłów
G	2	Gabbert	Jaworze
G	3	Gabersdorf	Wojbórz
G	4	Gaffel	Oparów
G	5	Gandelin	Kędrzyno
G	6	Ganserin	Gasierzyno
G	7	Ganzkow, Kreis Kolberg-Körlin/Pommern	Gąskowo
G	8	Ganzkow, Kreis Belgard/Pommern	Gąsków
G	9	Garchen	Garnki
G	10	Garden	Gardno
G	11	Gardin	Gardzin
G	12	Garrin	Charzyno
G	13	Gartz	Gardziec
G	14	Gatz	Gać (Słupsk)
G	15	Gauerkow	Gaworkowo
G	16	Gaulitz	Gogolice
G	17	Gdingen	Gdynia
G	18	Gebersdorf	Sosnowo
G	19	Gedde	Gościmierz
G	20	Gedwangen	Jedwabno
G	21	Gehlenburg (1939–1945)	Biała Piska
G	22	Geiblershof	Iglice
G	23	Geilenfelde	Gilow
G	24	Gellen	Jelenin
G	25	Gellenau	Jeleniów
G	26	Gennin	Jenin
G	27	Georgenberg (Oberschlesien)	Miasteczko Śląskie
G	28	Georgendorf	Jurczyce

G	29	Geppersdorf	Lenarcice
G	30	Gerbin	Garbno (Polanów)
G	31	Gerdshagen	Gardno
G	32	Gersdorf	Gawroniec (Połczyn Zdrój)
G	33	Gervin	Gorawino
G	34	Gerzlow	Jarosławsko
G	35	Gesorke	Jeziorka (Damnica)
G	36	Gestüt	Stadn
G	37	Gienow	Gawina
G	38	Giesen	Giżyno
G	39	Giesen	Jeze
G	40	Giesenbrügge	Giżyn
G	41	Giesenthal	Gizyn
G	42	Gieskow	Giżkowo
G	43	Giesmannsdorf	Gostków
G	44	Gießmannsdorf	Gosciszów
G	45	Gilgenburg	Dąbrówno
G	46	Glambeck	Głębokie
G	47	Gläsendorf, Landkreis Habelschwerdt	Szklarnia (Międzylesie)
G	48	Gläsendorf bei Rückers	Szklarnia (Szczytna)
G	49	Glansee	Gołancz (Pom.)
G	50	Glasenapp	Godzisław
G	51	Glasegrund, Landkreis Habelschwerdt	Szklary (Bystrzyca Kłodzka)
G	52	Glasendorf, Landkreis Habelschwerdt	Szklarka (Bystrzyca Kłodzka)
G	53	Glasow	Głazów
G	54	Glatz	Kłodzko
G	55	Glatzer Neiße	Nysa Kłodzka

G	56	Gleiwitz	Gliwice
G	57	Glewitz	Glewice
G	58	Glien	Glinna
G	59	Gliesnitz	Gliśnica (Czarna Dąbrówka)
G	60	Glietzig	Glicko
G	61	Glietzig	Klepnica
G	62	Glisno (Kreis Bütow)	Gliśno
G	63	Glötzin	Głodzino
G	64	Glogau	Głogów
G	65	Glowitz	Główczyce (Powiat Słupski)
G	66	Glowtschütz	Główczyce
G	67	Gnesen	Gniezno
G	68	Gnewin	Gniewino
G	69	Gnewinke	Gniewinko
G	70	Gnojau	Gnojewo
G	71	Godetz	Chodecz
G	72	Gohrbandshof	Gorzebądz
G	73	Goldbach	Złotno
G	74	Goldbeck	Sulino
G	75	Glisno	Glisno
G	76	Gollantsch (1939-45 Schwertburg)	Golancz
G	77	Gollenberg, Kreis Schlawe/Pommern	Chełmno Słowieńskie
G	78	Gollin	Golina
G	79	Gollnow	Goleniów
G	80	Gollnowshagen	Białun
G	81	Golz	Woliczno
G	82	Golzenruh	Golcza
G	83	Gompersdorf	Goszów

G	84	Görchen	Miejska Górka
G	85	Göritz, Kreis Schlawe/Pommern	Gorzyca (Malechowo)
G	86	Göritz, Kreis Weststernberg/Brandenburg	Górzyca
G	87	Görshagen	Górsko (Postomino)
G	88	Görtelsdorf	Gorzeszów (Kamienna Góra)
G	89	Gornow	Gtórnowo
G	90	Goslawitz	Gosławice
G	91	Gossow	Goszków
G	92	Goten (1938-45)	Choczewko
G	93	Gotendorf (1938-1945)	Choczewo
G	94	Gotenhafen (1939–1945)	Gdynia
G	95	Gottberg	Boguszyny
G	96	Gottesberg, Landkreis Waldenburg	Boguszów
G	97	Gottschimm	Gościm
G	98	Gottschimmerbruch	Góścimiec
G	99	Grabow	Grabowo
G	100	Grabow (Fluss)	Grabowa
G	101	Gräbnitzfelde	Grabnica
G	102	Gräden, Neumark Ort zw. Matschdorf und Reichenwalde	(existiert nicht mehr)
G	103	Gräfenbrück	Zatocze
G	104	Grafenort	Gorzanów
G	105	Gräflich Wiese	Łąka Prudnicka
G	106	Gräwenhagen	Grabin
G	107	Gralow	Gralewo
G	108	Grambow	Grębowo
G	109	Gramenz, Kreis Bütow/Pommern	Grzmiąca (Bytów)
G	110	Gramenz, Kreis Neustettin/Pommern	Grzmiąca (Powiat Szczecinecki)

G	111	Gramhof	Luboradz
G	112	Gramhusen	Brodniki
G	113	Gramsfelde	Grąsy
G	114	Gramtschen (Kreis Thorn)	Grębocin
G	115	Grandhof	PGR Grąd
G	116	Grandshagen	Grądy
G	117	Granow	Granowo
G	118	Granzin, Kreis Belgard	Gręzino
G	119	Granzin, Kreis Stolp	Grąsino
G	120	Granzow	Chrząstowo
G	121	Grapitz	Grapice
G	122	Grapow	Chrapów
G	123	Graseberg	Zielonczyn
G	124	Grassee	Studnica
G	125	Graudenz	Grudziądz
G	126	Greifenberg	Gryfice
G	127	Greifenhagen	Gryfino
G	128	Grenzhof	PGR Graniczna
G	129	Grenzeck	Czermna
G	130	Gribow	Grzybowo
G	131	Griesenfelde	Grzyżyno
G	132	Gristow	Chrząszczewo
G	133	Grössin	Krosino
G	134	Groß Benz	Bienice
G	135	Groß Borckenhagen	Borkowo
G	136	Groß Brüskow	Bruskowo Wielkie
G	137	Großburg	Borek Strzeliński
G	138	Groß Chelm	Chełm Śląski
G	139	Groß Dubberow	Dobrowo

G	140	Groß Dübsow	Dobieszewo (Dębnica Kaszubska)
G	141	Groß Ehrenberg	Przekolono
G	142	Großendorf	Władysławowo
G	143	Großenhagen	Tarnowo
G	144	Großer Papenzin-See	Jezioro Bobięcińskie Wielkie
G	145	Großer See	Jezioro Wielke
G	146	Groß Dubberow	Dobrowo
G	147	Groß Garde	Gardna Wielka
G	148	Groß Gardienen	Gardyny
G	149	Großgeorgsdorf	Jerzykowice Wielkie
G	150	Groß Gluschen	Głuszyno
G	151	Groß Grünow	Gronowo
G	152	Großgut	Chomętowo
G	153	Groß Jestin	Gościno
G	154	Groß Justin	Gostyń (Świerzno)
G	155	Groß Koschlau	Koszelewy
G	156	Groß Koslau	Kozłowo
G	157	Groß Kunzendorf	Sławniowice
G	158	Groß Küssow	Koszewo
G	159	Groß Latzkow	Laskowo
G	160	Groß Leistikow	Lestkowo
G	161	Groß Lensk	Wielki Łęck
G	162	Groß Linichen	Świerczyna (Wierzchowo)
G	163	Groß Mandelkow	Będargowo
G	164	Groß Moitzow	Mojszewo
G	165	Groß Mokratz	Mokrzyca Wielka
G	166	Groß Möllen	Mielno
G	167	Groß Montau	Mątowy Wlk.
G	168	Groß Morin	Murzynno

G	169	Groß Mützelburg	Mysliborz Wlk.
G	170	Groß Panknin	Pękanino
G	171	Groß Pobloth	Pobłocie Wielkie
G	172	Groß Poplow	Popielewo
G	173	Großporitsch	Porajów
G	174	Groß Quäsdow	Gwiazdowo (Sławno)
G	175	Groß Raddow	Radowo Wielkie
G	176	Groß Rakitt	Rokity (Czarna Dąbrówka)
G	177	Groß Rambin	Rąbino
G	178	Groß Reetz (ab 1928 Reetz)	Rzeczyca Wielka
G	179	Groß Reichow	Rychowo
G	180	Groß Rischow	Ryszewo
G	181	Groß Rosen	Rogoźnica
G	182	Groß Runow	Runowo (Potęgowo)
G	183	Groß Sabow	Żabowo
G	184	Groß Satspe	Zaspy Wielkie
G	185	Groß Schläfken	Sławka Wielka
G	186	Groß Schlatikow	Słodkowo
G	187	Groß Schlönwitz	Słonowice (Kobylnica)
G	188	Groß Schönfeld	Żrczyn
G	189	Groß Schönfeld	Obryta
G	190	Groß Schwirsen	Świerzno (Miastko)
G	191	Groß Silber	Sulibórz
G	192	Groß Soltikow	Sulechowo
G	193	Groß Sophienthal	Warcisławiec
G	194	Groß Spiegel	Pożrzadło
G	195	Groß Stein	Kamień Śląski
G	196	Groß Strehlitz	Strzelce Opolskie
G	197	Groß Tinz	Tyniec nad Ślężą

G	198	Groß Tychow	Tychowo (Powiat Białogardzki)
G	199	Groß Voldekow	Wełdkowo
G	200	Groß Volz	Wołcza Wielka
G	201	Groß Wachlin	Warchlino
G	202	Groß Wardin	Wardyń Dolny
G	203	Groß Weckow	Wiejkowo
G	204	Groß Wubiser	Nowe Objezierze
G	205	Groß Zapplin	Czaplin Wielki
G	206	Groß Zarnow	Czarnowo
G	207	Grunau	Krzewina Zgorzelecka
G	208	Grunau, Kreis Heiligenbeil/Ostpreußen	Gronowo (Braniewo)
G	209	Grünberg, Kreis Dramburg/Pommern	Rześnica
G	210	Grünberg, Kreis Grünberg/Schlesien	Zielona Góra
G	211	Grüneberg	Golice
G	212	Grüneberg	Skrzynka
G	213	Grünheide, Kreis Schlawe/Pommern	Łany
G	214	Grünhof	Borowiec
G	215	Grünhof, Kreis Köslin/Pommern	Zieleniewo
G	216	Grünhof	Święciechowo
G	217	Grünhof, Kreis Schlawe/Pommern	Wykroty (Postomino)
G	218	Grünhorst	Modrzewie
G	219	Grünrade	Grzymiradz
G	220	Grünwalde, Kreis Preußisch Eylau/Ostpreußen	Zielenica (Górowo Iławieckie)
G	221	Grüssow	Gruszewo
G	222	Grumbkow	Grąbkowo (Potęgowo)
G	223	Grupenhagen	Krupy (Darłowo)

G	224	Guben	Gubin
G	225	Gubinchen	Gubinek
G	226	Guckelwitz	Kuklice
G	227	Guhden	Gądno
G	228	Gummin	Gąbin
G	229	Gumminshof	Mirosławice
G	230	Gumtow, Kreis Belgard-Schivelbein	Chomętowo
G	231	Gumtow, Kreis Greifenberg	Chomętowo
G	232	Gurkow	Górki Noteckie
G	233	Guscht	Goszczanów
G	234	Guschwitz	Goszczowice
G	235	Gustava	PGR Połczyno
G	236	Güstebiese	Gozdowice
G	237	Gut Babin	PGR Babin
G	238	Gut E	Rokicie
G	239	Gutfelde	Dobrosławice (früher Dobrtowitz)
G	240	Gutscherholländer	Goszczanowiec
G	241	Gutscherbruch	Goszczanówka
G	242	Gutsdorf	Cybowo
G	243	Gut Liebenow	PGR Lubanowo
G	244	Gut Mohrin	Moryn Dwór
G	245	Gut Neuendorf	PGR Piaskowo
G	246	Gut Schöneu	Sienno Górne
G	247	Gut Werblitz	PGR Wierzbówek
G	248	Guteherberge	Lipce
G	249	Gutendorf	PGR Wrześno
G	250	Guttentag	Dobrodzień
G	251	Gutenwirt (1942-1945)	Gutowiec
G	252	Gutzmin	Chocimino

G	253	Göhren	Górzno
G	254	Görke a. d. R.	Górzyca (Gryfice)
G	255	Görke	Górki
G	256	Görlitzer Neiße	Nysa Łużycka
G	257	Görlsdorf	Góralice
G	258	Gülzow	Golczewo
G	259	Güntersberg	Nosowo
G	260	Güntershagen	Lubieszewo
G	261	Gürgenaue	Niwica
G	262	Güstow	Ustowo
G	263	Gützlaffshagen	Gosław
		H	
H	1	Haasel, Landkreis Goldberg/Niederschlesien	Leszczyna
H	2	Habendorf	Owiesno
H	3	Hackelspring	Krzynka
H	4	Hackenwalde	Krępsko
H	5	Hagelfelde	Przeczno
H	6	Hagen, Kreis Cammin	Recław
H	7	Hagen, Kreis Randow	Tatynia
H	8	Hagenhorst (bis 1862 Glashütte)	Kocury
H	9	Hagenow	Bieczyno
H	10	Haidau	Międzyrzecze
H	11	Haideschäferei	Niwy
H	12	Hain, Landkreis Habelschwerdt	Gajnik
H	13	Halbau	Iłowa
H	14	Hallatsch, Landkreis Glatz	Gołaczów (Lewin Kłodzki)
H	15	Hallgrund (1937–1945)	Gołaczów (Lewin Kłodzki)

H	16	Hammelstall	Owczarki
H	17	Hammer, Kreis Cammin/Pommern	Babigoszcz
H	18	Hammer, Kreis Flatow/Pommern	Żeleźnica (Krajenka)
H	19	Hammer, Kreis Friedeberg (Neumark)/Brandenburg	Karwin (Drezdenko)
H	20	Hammer, Kreis Glogau/Schlesien	Kuźnica Głogowska
H	21	Hammer, Kreis Grätz/Posen	Kuźnica Zbąska
H	22	Hammer, Kreis Grünberg/Schlesien	Tarnawa (Zabór)
H	23	Hammer, Kreis Habelschwerdt/Schlesien	Młoty (Bystrzyca Kłodzka)
H	24	Hammer, Netzekreis/Pommern	Kuźnica Czarnkowska
H	25	Hammer, Kreis Neustettin/Pommern	Kuźnica Drawska
H	26	Hammer, Kreis Oststernberg/Brandenburg	Rudnica (Krzeszyce)
H	27	Hammer, Kreis Posen-Ost	Bogucin (Swarzędz)
H	28	Hammer (Langestück), Kreis Soldin/Brandenburg	Buszów (Lubiszyn)
H	29	Hammer, Kreis Ueckermünde/Pommern	Drogoradz
H	30	Hammer, Kreis Züllichau-Schwiebus/Brandenburg	Przetocznica
H	31	Hammergut	Bożejewko
H	32	Hammermühle, Kreis Arnswalde/Pommern	Wężnik
H	33	Hammermühle, Kreis Schlawe/Pommern	Tłuki
H	34	Hammermühle, Kreis Rummelsburg/Pommern	Kępice
H	35	Hanseberg	Krzymów
H	36	Hansfelde, Kreis Belgard	Kościanka
H	37	Hansfelde, Kreis Deutsch Krone	Kłosowo

H	38	Hansfelde, Netzekreis	Gieczynek
H	39	Hansfelde, Kreis Schlochau	Nadziejewo
H	40	Hansfelde, Kreis Stargard in Pommern	Tychowo
H	41	Hanshagen	Domachowo (Polanów)
H	42	Harmsdorf	Niewiadowo
H	43	Hartau, Landkreis Glatz	Bystra
H	44	Hartenau	Twardawa
H	45	Harthau	Borowica
H	46	Haseleu	Orle
H	47	Haselgrund (1936-1945)	Żernica
H	48	Hasselbusch	Niesporowice
H	49	Hassendorf	Zólwino
H	50	Hausdorf	Jugowice
H	51	Hauswerder	Prądnik
H	52	Haus Hohenwalde	Czuchla
H	53	Hebrondamnitz	Damnica
H	54	Heerwegen (1937–1945)	Polkowice
H	55	Heidchen	Nieznań
H	56	Heidebrink	Międzywodzie
H	57	Heidekavel	Radachowo
H	58	Heidekrug, Kreis Belgard/Pommern	Przegonia
H	59	Heidekrug, Kreis Guben/Brandenburg	Dzikowo (Gubin)
H	60	Heidelberg, Kreis Halbelschwert	Wrzosówka (Lądek-Zdrój)
H	61	Heidemühle	Prostki
H	62	Heidenstein	Skierbieszów
H	63	Heiderode (1942-1945)	Czersk
H	64	Heidersdorf	Łagiewniki
H	65	Heinersdorf, Kr. Landsberg	Chwalecice

H	66	Heinersdorf	Jędrzychów (Zielona Góra)
H	67	Heinersdorf, Kr. Neisse	Dziewiętlice
H	68	Heinrichsdorf, Kr. Neidenburg	Płośnica
H	69	Heinrichsdorf	Babinek
H	70	Heinrichsfelde	Ustok
H	71	Heinrichshof, Kr. Kolberg	Kądzielno
H	72	Heinrichshof, Kr. Cammin	Sosnowice
H	73	Heinrichshorst, Kr. Pyritz	Zadeklino
H	74	Heinrichsthal	Przewłoki
H	75	Heinrichswalde	Kaszewo
H	76	Heinrichswalde, Kr. Reichenstein	Laski
H	77	Heinzendorf, Landkreis Habelschwerdt	Skrzynka (Lądek-Zdrój)
H	78	Heisternest	Jastarnia
H	79	Helenenhof	Kostroga
H	80	Heller	Łowin
H	81	Helmersruh	Oraczewice
H	82	Helpe	Chelpa
H	83	Henkenhagen	Ustronie Morskie
H	84	Henkenheide	Krężel
H	85	Hennigsdorf, Kr. Trebnitz	Pęgów
H	86	Henningswalde	Łęczna
H	87	Herdhausen (1937–45)	Wilczków
H	88	Herrmannsthal	Racimierz
H	89	Hermannsthal O.S. (1936–45)	Murów
H	90	Hermelsdorf	Nastazin
H	91	Hermsdorf	Dolina (Szczytna)
H	92	Hermsdorf	Sobięcin (Wałbrzych)
H	93	Hermsdorf	Chomętowo

H	94	Herrendorf	Chłopowo
H	95	Herrmannsdorf	Męcinka
H	96	Herrnpetersdorf, Landkreis Habelschwerdt	Piotrowice (Bystrzyca Kłodzka)
H	97	Hertelsaue	Jaźwiny
H	98	Heudorf, Landkreis Habelschwerdt	Sienna (Stronie Śląskie)
H	99	Herzogswalde, Landkreis Habelschwerdt	Nagodzice
H	100	Heyde	Modrzewiec
H	101	Heydebreck	Potuliniec
H	102	Heydebreck O.S. (1934-1945)	Kędzierzyn
H	103	Himmelstädt	Mironice
H	104	Himmelwitz	Jemielnica
H	105	Hindenburg O.S. (1915–1945)	Zabrze
H	106	Hindenburg	Kościuszki
H	107	Hinzendorf	Sowno
H	108	Hirschberg	Jelenia Góra
H	109	Hirschberg	Baszki
H	110	Hitzdorf	Obiezierze
H	111	Hochzeit	Stare Osieczno
H	112	Hofdamm	Dębina (Stare Czarnowo)
H	113	Hoff	Trzęsacz
H	114	Hoffelde	Dargomyśl
H	115	Hoffnungstal	1945–1958 Zieleniec, ab 1958 Teil von Kořenov
H	116	Höftbruch (1942-1945)	Błoto
H	117	Hohenbenz	Bieńczyce
H	118	Hohenbrück	Widziensko
H	119	Hohen Drosedow	Drozdowo
H	120	Hohenfelde	Miłogoszcz

H	121	Hohenfier	Kamień Rymański
H	122	Hohenfürst	Wyszkowo
H	123	Hohengrape	Chrapowo
H	124	Hohenheide	Zbrojewo
H	125	Hohenkarzig	Gardzko
H	126	Hohenkränig	Grn.Krajnik
H	127	Hohenleese	Leśno
H	128	Hohenlinde (1938-1945)	Bochówko
H	129	Hohenlübbichow	Lubiechow Gorny
H	130	Hohensalza (ab 1904)	Inowrocław
H	131	Hohenstein	Olsztynek
H	132	Hohenwalde	Wysoka
H	133	Hohenwardin	Wardyń Górny
H	134	Hohenwartenberg	PGR Chełm Grn.
H	135	Hohenzahden	Siadło Grn.
H	136	Hohenziethen	Sitno
H	137	Hohenzollerndorf	Brzeście (Sławno)
H	138	Hohen Lübbichow	Grn. Lubiechów
H	139	Hohen Schönau	Jenikowo
H	140	Hohndorf, Landkreis Habelschwerdt	Wyszki (Bystrzyca Kłodzka)
H	141	Holm	Chełm Gryficki
H	142	Holzhagen	Leszczno
H	143	Hopfenberg	Chmielno
H	144	Hopfengarten	Brzoza
H	145	Horst, Kr. Regenwalde	Chwarstno
H	146	Horst, Kr. Greifenberg	Niechorze
H	147	Horst, Kr. Pyritz	Turze
H	148	Hospitalvorwerk	Zapłocie

H	149	Hubachs Teerofen	Czarny Las
H	150	Hufenbruch	Szable
H	151	Hägerfelde	Gozdno
H	152	Höckenberg	Maliniec
H	153	Hummelstadt (1939–45)	Lewin Kłodzki
H	154	Hummelwitz, Landkreis Glatz	Zielone (Lewin Kłodzki)
H	155	Hundertwiesen	Stolezyn
H	156	Hünenberg	Zagórki
H	157	Hütte	Płoszkowo
H	158	Hüttenguth, Landkreis Habelschwerdt	Huta (Bystrzyca Kłodzka)
		I	
I	1	Ibsdorf	Iwno
I	2	Ihna	Ina
I	3	Ilkenau	Olkusz
I	4	Ingramsdorf	Imbramowice
I	5	Immenhof	Imno (Wojwodschaft Westpommern)
I	6	Immenthal	Imno (Wojwodschaft Westpommern)
I	7	Ischerey	Miłosna
I	8	Isergebirge	Góry Izerskie
I	9	Inowrazlaw (bis 1904)	Inowrocław
I	10	Isinger	Nieborowo (Wojwodschaft Westpommern)
		J	
J	1	Jaasde	Jazy (Dygowo)
J	2	Jaasder Katen	Jażdże
J	3	Jackschönau	Jaksonów
J	4	Jacobshagen	Dobrzany

J	5	Jädersdorf	Strzelczyn
J	6	Jädickendorf	Godków
J	7	Jägersburg	Lipinka
J	8	Jägersfelde	Polesiny
J	9	Jägerthal	Wymykowo
J	10	Järker, Landkreis Glatz	Jarków
J	11	Jagertow	Ogartowo
J	12	Jagow	Jagów
J	13	Jahnsfelde	Janczewo
J	14	Jakobsdorf	Błotno
J	15	Jakobsdorf	Cianowo
J	16	Jakobsdorf	Danowo
J	17	Jakobsdorf	Sienica
J	18	Jakobsthal	Jakuszyce
J	19	Jakobswalde	Kotlarnia
J	20	Jamund	Jamno
J	21	Jamunder See	Jezioro Jamno
J	22	Janikow	Jankowo
J	23	Jannewitz	Janiewice
J	24	Jarchlin	Jarchlino
J	25	Jarchow	Jarkowo
J	26	Jarmbow	Jarzębowo
J	27	Jasenitz	Jasienica
J	28	Jassow	Jarszewko
J	29	Jassow	Jarszewo
J	30	Jastrzemb	Jastrzębie Zdrój
J	31	Jatzel	Jasiel
J	32	Jatzingen	Jacinki
J	33	Jauer	Jawor

J	34	Jauernig, Landkreis Glatz	Jawornica (Lewin Kłodzki)
J	35	Jauschwitz	Juszowice
J	36	Jeltsch	Jelcz
J	37	Jershöft	Jarosławiec (Postomino)
J	38	Jeserich (1942-1945)	Jeziórko
J	39	Jeseritz, Kreis Belgard/Pommern	Jezierzyce (Rąbino)
J	40	Jeseritz, Kreis Stolp/Pommern	Jezierzyce (Słupsk)
J	41	Johanneshöhe	Janowo
J	42	Johannesthal	Gorzeszew
J	43	Johannesthal, Landkreis Glatz	Łężyce Górne
J	44	Johanneswunsch	Rolewice
J	45	Johannesberg, Landkreis Habelschwerdt	Janowa Góra
J	46	Johannisberg	Grebice
J	47	Johannisberg	Lubkowice
J	48	Johannisberg	Osetna
J	49	Johannisburg	Pisz
J	50	Johannisthal	Janowo
J	51	Jonasberg	Zagórze
J	52	Jordan	Jordanowo.
J	53	Julianenhof	Jaszysław
J	54	Julienhof	Ślizno
J	55	Justemin	Gostomin
J	56	Justin	Gostyń Łobeski
J	57	Justinenhof	PGR Tarnowo
		K	
K	1	Kaffzig	Kawcze (Miastko)
K	2	Kaiserswalde, Kreis Habelschwerdt	Lasówka

K	3	Kalet	Kalety
K	4	Kalisch, Kreis Kalisch/Posen	Kalisz
K	5	Kalisch, Kreis Berent/Westpreußen	Kalisz (Dziemiany)
K	6	Kallinowen	Kalinowo
K	7	Kaltenbrunn	Studzienna
K	8	Kalthaus	Zimnik
K	9	Kaltwasser	Zimne Wody
K	10	Kamin-See	Jezioro Kamienne (Polanów)
K	11	Kämitz	Kamica
K	12	Kamillenthal	Myje (Kobyla Góra)
K	13	Kamissow	Kamosowo
K	14	Kammerswaldau	Komarno
K	15	Kamnitz, Kreis Glatz/Schlesien	Kamieniec (Kłodzko)
K	16	Kamnitz, Kreis Habelschwerdt/Schlesien	Kamienica (Stronie Śląskie)
K	17	Kamp (-Wustrow), Kreis Greifenberg/Pommern	Kępa (Trzebiatów)
K	18	Kandien	Kanigowo
K	19	Kandrzin	Kędzierzyn
K	20	Kannin	Kanin
K	21	Kappe, Kreis Belgard	Kapice (Połczyn Zdrój)
K	22	Kappe, Kreis Deutsch Krone	Kępa (Trzcianka)
K	23	Kappe, Kreis Flatow	Trudna
K	24	Kardemin, Landkreis Regenwalde	Gardomino, Stadt Płoty
K	25	Karlsberg	Karłów
K	26	Karlshöhe, kreis Königsberg (Neumark)/Brandenburg	Ranowo
K	27	Karlshöhe, Kreis Neustettin/Pommern	Boleszkowice (Grzmiąca)
K	28	Karlshöhe, Kreis Stolp/Pommern	Chlewnica

K	29	Karlshof	Jarogniew
K	30	Karnitz, Kreis Greifenberg/Pommern	Karnice (Powiat Gryficki)
K	31	Karnitz, Kreis Regenwalde/Pommern	Karnice (Radowo Male)
K	32	Karnkewitz	Karnieszewice
K	33	Karpenstein	Karpno (Lądek-Zdrój)
K	34	Karsbaum	Karsibór
K	35	Kartlow, Kreis Belgard/Pommern	Kartlewo (Świdwin)
K	36	Kartlow, Kreis Cammin/Pommern	Kartlewo
K	37	Karwen, Kreis Putzig/Westpreußen	Karwia (Władysławowo)
K	38	Karwen, Kreis Sensburg/Ostpreußen	Karwie (Mrągowo)
K	39	Karwen, Kreis Stolp/Pommern	Karwno
K	40	Karwitz, Kreis Dramburg/Pommern	Karwice (Drawsko Pomorskie)
K	41	Karwitz, Kreis Schlawe/Pommern	Karwice (Malechowo)
K	42	Karzin, Kreis Belgard/Pommern	Karsin (Połczyn Zdrój)
K	43	Karzin, Kreis Köslin/Pommern	Karsina
K	44	Karzin (Vorwerk), Kreis Köslin/Pommern	Karsinka
K	45	Karzin, Kreis Schlawe/Pommern	Karsino
K	46	Karzin, Kreis Stolp/Pommern	Karżcino
K	47	Kaseburg	Karsibór
K	48	Kattowitz	Katowice
K	49	Kaunow	Kawno (Malechowo)
K	50	Kavelsberg	Ogrodno
K	51	Kawantz	Kowańcz
K	52	Kawelberg	Kowale
K	53	Keilendorf, Landkreis Glatz	Kulin Kłodzki
K	54	Kempen, Kreis Kempen/Posen	Kępno
K	55	Kempen, Kreis	Kępno (Szczecinek)

		Neustettin/Pommern	
K	56	Kempen, Kreis Stolp/Pommern	Kępno (Słupsk)
K	57	Kempendorf, Kreis Saatzig/Pommern	Kępno (Dobrzany)
K	58	Keßburg	Karsibór (Wałcz)
K	59	Kessel	Kociołek
K	60	Kieckow	Kikowo
K	61	Kiefheide	Podborsko
K	62	Kindelsdorf	Dobromyśl (Kamienna Góra)
K	63	Klanzig	Kłącko
K	64	Klarenwerder	Chomiec
K	65	Kleiner Papenzin-See	Jezioro Bobięcińskie Małe
K	66	Kleingeorgsdorf	Jerzykowice Małe
K	67	Klein Brüskow	Bruskowo Małe
K	68	Klein Dievenow	Dziwnówek
K	69	Klein Dubberow	Dobrowo
K	70	Klein Franzen	Wrzącekie
K	71	Klein Glisno (Kreis Bütow)	Małe Gliśno
K	72	Klein Grabau	Grabówko (Kwidzyn)
K	73	Klein Heinersdorf	Zagórze (Lubrza)
K	74	Klein Krössin	Krosinko (Tychowo)
K	75	Klein Leistikow	Lestkówko
K	76	Klein Montau	Mątowy Małe
K	77	Klein Panknin	Pękanino (Białogard)
K	78	Klein Pennekow	Pieńkówko
K	79	Klein Pobloth	Pobłocie Małe
K	80	Klein Poplow	Popielewko
K	81	Klein Quäsdow	Gwiazdówko
K	82	Klein Raddow, Kreis Regenwalde	Radowo Małe

K	83	Klein Rakitt	Rokitki (Czarna Dąbrówka)
K	84	Klein Rambin	Rąbinko
K	85	Klein Reetz	Rzeczyca Mała
K	86	Klein Reichow	Rychówko
K	87	Klein Ristow	Rzyszczewko (Polanów)
K	88	Klein Rowe	Rówek
K	89	Klein Runow	Runowo Sławieńskie
K	90	Klein Satspe	Zaspy Małe
K	91	Klein Schlönwitz	Słonowiczki
K	92	Kleinschönau	Sieniawka
K	93	Klein Soltikow	Sulechówko
K	94	Klein Strehlitz	Strzeleczki
K	95	Klein Voldekow	Wełdkówko
K	96	Kleinwasser (1938-45)	Jeziorka (Damnica)
K	97	Klein Wubiser	Stare Objezierze
K	98	Klempin	Klępino Białogardzkie
K	99	Klemzow, Kreis Belgard	Klępczewo
K	100	Klemzow, Kreis Königsberg (Neumark)	Klępicz
K	101	Klessengrund	Kletno
K	102	Klettendorf	Klecina
K	103	Klingenberg, Kreis Bartenstein	Ostre Bardo (Sępopol)
K	104	Klingenberg, Kreis Braunsberg	Łozy
K	105	Klockow	Kłokowo
K	106	Klötzin, Kreis Belgard/Pommern	Kłodzino (Rąbino)
K	107	Klötzin, Kreis Cammin/Pommern	Kłodzino (Golczewo)
K	108	Kloppitz	Kłopot
K	109	Kloppsee	Chłob
K	110	Kloster Buckow	Kloster Bukowo

K	111	Klostermühlchen	Młyny (Kobyla Góra)
K	112	Klotzen	Kłodzino (Barwice)
K	113	Kloxin	Kłodzino (Przelewice)
K	114	Klütz	Klucz
K	115	Klützkow	Kluczkowo
K	116	Koberwitz	Kobierzyce
K	117	Kodram	Kodrąb (Wollin)
K	118	Kohlfurt	Węgliniec
K	119	Kolbatz	Kołbacz
K	120	Kolberg	Kołobrzeg
K	121	Kolberger Deep	Dźwirzyno
K	122	Kolbitzow	Kołbaskowo
K	123	Kollatz	Kołacz (Połczyn Zdrój)
K	124	Kolmar (1878-1920)	Chodziez
K	125	Kolonnowska	Colonnowska/Kolonowskie
K	126	Kolzig	Kolsko
K	127	Königsdorff-Jastrzemb	Jastrzębie Zdrój
K	128	Königshain, Kreis Glatz/Schlesien	Wojciechowice
K	129	Königshain, Kreis Görlitz/Schlesien	Działoszyn (Bogatynia)
K	130	Königshütte	Królewska Huta, seit 1937 Chorzów
K	131	Königsberg (Neumark)	Chojna
K	132	Königszelt	Jaworzyna Śląska
K	133	Königswalde, Kreis Oststernberg/Brandenburg	Lubniewice
K	134	Königswalde, Kreis Glatz/Schlesien	Świerki
K	135	Konradsthal	Konradów (Wałbrzych)
K	136	Konradswalde	Konradów (Lądek Zdrój)
K	137	Konradswaldau	Grzędy
K	138	Kontopp	Konotop (Polen)

K	139	Kopahn	Kopań (Darłowo)
K	140	Köpnitz	Kopnica
K	141	Kordeshagen	Dobrzyca (Będzino)
K	142	Koritau	Korytów
K	143	Körlin (Persante)	Karlino
K	144	Körlin, Kreis Schlawe/Pommern	Korlino
K	145	Korngut (1939-45)	Konary
K	146	Körnitz, Kreis Militsch/Schlesien	Karnice (Żmigród)
K	147	Körnitz, Kreis Neumarkt/Schlesien	Karnice (Udanin)
K	148	Korschen	Korsze
K	149	Koschentin	Koszęcin
K	150	Koschwitz	Koszwice
K	151	Kose	Kozy (Czarna Dąbrówka)
K	152	Köselitz, Kreis Cammin/Pommern	Kozielice (Golczewo)
K	153	Köselitz, Kreis Pyritz/Pommern	Kozielice (Powiat Pyrzycki)
K	154	Kosemitz	Kozmice
K	155	Kosemühl	Kozin
K	156	Koslau	Kozłowo
K	157	Köslin	Koszalin
K	158	Kosten	Kościan
K	159	Kösternitz, Kreis Belgard/Pommern	Kościernica (Białogard)
K	160	Kösternitz, Kreis Schlawe/Pommern	Kościernica (Polanów)
K	161	Kosztow	Kosztowy
K	162	Kowalk	Kowalki
K	163	Kowall (1943–1945)	Kowal
K	164	Krainsdorf	Krajanów
K	165	Krakau	Kraków
K	166	Krampe, Kreis Belgard(Pommern	Krępa (Białogard)

K	167	Krampe, Kreis Stolp/Pommern	Krępa Słupska
K	168	Krangen	Krąg (Polanów)
K	169	Kranstädt (1936–1945)	Kranowitz / Krzanowice
K	170	Krappitz	Krapkowice
K	171	Kraschnitz	Krośnice
K	172	Kratzig	Kraśnik Koszaliński
K	173	Kreika	Krajków
K	174	Kreisau	Krzyżowa
K	175	Kreitzig	Krzecko
K	176	Kremmin	Krzemień (Dobrzany)
K	177	Krenau	Chrzanów
K	178	Kreuz (Ostbahn)	Krzyż Wielkopolski
K	179	Kreuzburg O. S.	Kluczbork
K	180	Kreuzdorf (1929–1945), Landkreis Glatz	Krzyżanów (Lewin Kłodzki)
K	181	Kreuzenort	Krzyżanowice
K	182	Krieblowitz	Krobielowice
K	183	Kriescht	Krzeszyce
K	184	Krolow	Królewo (Postomino)
K	185	Krolowstrand	Królewice (Postomino)
K	186	Krone an der Brahe	Koronowo
K	187	Krotenpfuhl	Zabłocie (Bystrzyca Kłodzka)
K	188	Krotoschin	Krotoszyn
K	189	Kruckenbeck	Krukowo
K	190	Krummhübel	Karpacz
K	191	Kruppamühle	Krupski Młyn
K	192	Krzischney (auch Krischney), Kreis Glatz/Schlesien	Krzyżanów (Lewin Kłodzki)
K	193	Kublitz	Kobylnica
K	194	Kucklow	Kukułowo

K	195	Kuhtz	Kusice
K	196	Kulmsee	Chełmża
K	197	Kulsow	Kuleszewo
K	198	Kummerow, Kreis Regenwalde/Pommern	Komorowo (Resko)
K	199	Kummerow, Kreis Schlawe/Pommern	Komorowo (Polanów)
K	200	Kummerzin	Komorczyn
K	201	Kunsow	Kończewo
K	202	Kunzendorf an der Biele, Kreis Habelschwerdt/Schlesien	Trzebieszowice
K	203	Kunzendorf bei Neurode	Drogosław (Nowa Ruda)
K	204	Kunzendorf	Niedamirów
K	205	Kussenow	Koszanowo
K	206	Kusserow	Kosierzewo
K	207	Küstrin	Kostrzyn nad Odrą
K	208	Kuttel	Kępiny (Bytnica)
K	209	Kuttel, Kreis Glatz/Schlesien	Kocioł (Lewin Kłodzki)
K	210	Kutzdorfer Eisenhammer	Reczyce
K	211	Kynau, Landkreis Waldenburg	Zagórze Śląskie
		L	
L	1	Labehn, Kreis Lauenburg/Pommern	Łebień (Nowa Wieś Lęborska)
L	2	Labehn, Kreis Stolp/Pommern	Łebień (Damnica)
L	3	Labes	Łobez
L	4	Labunn, Kreis Lauenburg/Pommern	Łebunia
L	5	Labuhn, Kreis Regenwalde/Pommern	Łabuń Wielki
L	6	Labuhn, Kreis Stolp/Pommern	Lubuń

L	7	Ladekopp	Lubieszewo
L	8	Lahna	Łyna
L	9	Lampersdorf	Grodziszcze
L	10	Landeck, Bad, Kreis Habelschwerdt	Lądek Zdrój
L	11	Landeck, Kreis Schlochau (Westpreußen)	Lędyczek
L	12	Landeckermühle, Kreis Schlochau	Prądy (Czarne)
L	13	Landeshut	Kamienna Góra
L	14	Landsberg an der Warthe	Gorzów Wielkopolski
L	15	Landsberg (Oberschlesien)	Gorzów Śląski
L	16	Landsberg (Ostpreußen)	Górowo Iławeckie
L	17	Langeböse	Pogorzelice
L	18	Langenbrück, Kreis Habelschwerdt	Mostowice
L	19	Langen	Łęgi (Połczyn Zdrój)
L	20	Langenbielau	Bielawa
L	21	Langenbrück (Landkreis Neustadt, Oberschlesien)	Moszczanka
L	22	Langenhaken	Grądzkie (Brzeżno)
L	23	Langer See	Jezioro Długie
L	24	Langhermsdorf	Urzuty
L	25	Langwaltersdorf	Unisław Śląski
L	26	Lankow b. Bad Polzin, Kreis Belgard	Łąkówko
L	27	Lankow b. Schivelbein, Kreis Belgard	Łąkowo
L	28	Lantow, Kreis Launeburg/Pommern	Łętowo (Choczewo)
L	29	Lantow, Kreis Schlawe/Pommern	Łętowo (Sławno)
L	30	Lanz	Łęczyce (Powiat Wejherowski)
L	31	Lanzig	Łącko (Postomino)
L	32	Lasbeck, Kreis Belgard	Łośnica

L	33	Lasbeck, Kreis Regenwalde	Łosośnica
L	34	Lask	Łask
L	35	Laskowitz	Laskowice Oławskie
L	36	Laßwitz, Kreis Lissa	Lasocice
L	37	Latzig, Kreis Belgard/Pommern	Laski (Białogard)
L	38	Latzig, Kreis Deutsch Krone/Pommern	Laski Wałeckie
L	39	Latzig, Kreis Köslin/Pommern	Laski Koszalińskie
L	40	Latzig, Gm. Lubben, Kreis Rummelsburg/Pommern	Laski (Kołczygłowy)
L	41	Latzig, Kreis Schlawe/Pommern	Laski (Malechowo)
L	42	Lauban	Lubań
L	43	Laubegast	Lubogoszcz
L	44	Lauenbrunn (1936–1945)	Ciepłowody
L	45	Lauenburg	Lębork
L	46	Laurahütte	Siemianowice
L	47	Lausitzer Neiße	Nysa Łużycka
L	48	Lautenburg	Lidzbark
L	49	Lauterbach, Landkreis Habelschwerdt	Goworów
L	50	Lazy	Łazy
L	51	Lebbin	Lubin
L	52	Lehde	Trzciniec Dolny
L	53	Leitznitz	Leśnica (Fluss)
L	54	Lenkau	Łąki Kozielskie
L	55	Lentschütz	Łęczyca
L	56	Lenzen	Łęczno (Białogard)
L	57	Leobschütz	Głubczyce
L	58	Lerchenhain	Włodisław (Malechowo)
L	59	Leschczin	Czerwionka-Leszczyny

L	60	Leslau	Włocławek
L	61	Leuber	Lubrza (Oppeln)
L	62	Leuthen, Landkreis Habelschwerdt	Lutynia (Lądek-Zdrój)
L	63	Lewin	Lewin Kłodzki
L	64	Lichtenberg	Jasna Góra (Bogatynia)
L	65	Lichtenwalde	Poręba (Bystrzyca Kłodzka)
L	66	Liebemühl	Miłomłyn
L	67	Liebersdorf	Lubomin (Stare Bogaczowice)
L	68	Liebethal	Brzeście (Żórawina)
L	69	Liebsee	Liwiec
L	70	Liebstadt	Miłakowo
L	71	Liegnitz	Legnica
L	72	Liepen	Lipno (Główczyce)
L	73	Liepz	Lipce
L	74	Limbrechtshof	Darskowo (Malechowo)
L	75	Linde, Kreis Flatow/Pommern	Lipka (Powiat Złotowski)
L	76	Linde, Kreis Greifenhagen/Pommern	Dłusko Gryfiński
L	77	Linde, Kreis Neustadt/Westpreußen	Linia (Powiat Wejherowski)
L	78	Linde, Kreis Neustettin/Pommern	Borne Sulinowo
L	79	Lindenbusch	Lipce
L	80	Lintzau (1943-45)	Luzino
L	81	Lippehne	Lipiany
L	82	Lissa (Deutsch Lissa, Breslau-Lissa)	Wrocław-Leśnica
L	83	Lissa (Polnisch Lissa)	Leszno
L	84	Lissa (Kr. Görlitz)	Lasow
L	85	Litzmannstadt (1940–1945)	Łódź
L	86	Löbau (Westpreussen)	Lubawa
L	87	Löschney, Landkreis Glatz	Leśna (Lewin Kłodzki)

L	88	Löwenberg	Lwówek Śląski
L	89	Löwenstein	Koziniec (Ząbkowice Śląskie)
L	90	Lötzen (Masuren, Ostpreußen)	Giżycko
L	91	Löwitz (Kr. Leobschütz, Schlesien)	Lewice
L	92	Lodsch	Łódź
L	93	Lojow	Łojewo (Damnica)
L	94	Lossin	Łosino
L	95	Lottin	Lotyń
L	96	Louisenhof, Kreis Belgard	Radzewo
L	97	Louisenhof, Kreis Neustettin	Myślęcin
L	98	Louisenhof bei Kuhtz, Kreis Schlawe	Krzekoszewo
L	99	Louisenhof bei Latzig, Kreis Schlawe	Miłobądz
L	100	Louisenhof bei Peest, Kreis Schlawe	Niesiedlin
L	101	Lüben	Lubin
L	102	Lübzow	Lubuczewo
L	103	Lülfitz	Lulewice
L	104	Luban	Luboń
L	105	Lublinitz	Lubliniec
L	106	Lubowitz	Łubowice
L	107	Ludwigshorst	Taczaly
L	108	Lüdtkenkamp	Kępiec
L	109	Ludwigslust, Kreis Arnswalde/Pommern	Ostrożyce
L	110	Ludwigslust, Kreis Löbau/Westpreußen	Bagno (Nowa Miasto Lubawskie)
L	111	Ludwigslust, Kreis Stolp/Pommern	Sąborze
L	112	Lugknitz	Łęknica
L	113	Luisenhof, Kreis Schlawe/Pommern	Małomierz

L	114	Lunau (Schalmey)	Lunowo
L	115	Lupinenhof	Łupiny
L	116	Lupow (Ort)	Łupawa (Potęgowo)
L	117	Lupow (Fluss)	Łupawa
L	118	Lusin (1942-43 Freienau, 1943-45 Lintzau)	Luzino
L	119	Lutzig	Stare Ludzicko
L	120	Lyck	Ełk
		M	
M	1	Mahnwitz	Mianowice
M	2	Maifritzdorf	Mąkolno
M	3	Malapane	Ozimek
M	4	Malchow	Malechowo
M	5	Mallmitz	Małomice
M	6	Malzmühle	Przytok
M	7	Manchengut	Manki
M	8	Mandelatz	Modrolas
M	9	Mangschütz	Makoszyce (Kobyla Góra)
M	10	Manow	Manowo
M	11	Mantel	Mętno
M	12	Marggrabowa (bis 1926)	Olecko
M	13	Maria Alojs	Potażnia (Kobyla Góra)
M	14	Marienburg	Malbork
M	15	Mariendorf	Marianówka (Bystrzyca Kłodzka)
M	16	Marienfelde, Kreis Braunsberg/Ostpreußen	Prątnik
M	17	Marienfelde, Kreis Osterode/Ostpreußen	Glaznoty

M	18	Marienfelde, Kreis Preußisch Holland/Ostpreußen	Marianka (Pasłęk)
M	19	Marienfelde, Kreis Schlochau/Pommern	Myśligoszcz
M	20	Marienfelde, Gemeinde Lojow, Kreis Stolp/Pommern	Świtały
M	21	Marienfelde, Gemeinde Neu Damerow, Kreis Stolp/Pommern	Sławęcino (besteht nicht mehr)
M	22	Marienfließ	Marianowo
M	23	Marienquell (Quilitz)	Kwielice
M	24	Marienthal, Kreis Breslau/Schlesien	Marzęcice (Żórawina)
M	25	Marienthal, Kreis Friedeberg (Neumark)/Brandenburg	Marzenin (Drezdenko)
M	26	Marienthal, Kreis Greifenhagen/Pommern	Baniewice
M	27	Marienthal, Kreis Habelschwerdt/Schlesien	Niemojów
M	28	Marienthal, Kreis Rastenburg/Ostpreußen	Kosakowo (Srokowo)
M	29	Marienthal, Kreis Rummelsburg/Pommern	Radzikowo
M	30	Marienthal, Kreis Schildberg/Posen	Marydół
M	31	Marienthal, Kreis Schlawe/Pommern	Pomiłowo
M	32	Marienthal, Kreis Stettin/Pommern	Redlica
M	33	Marienwalde	Bierzwnik
M	34	Marienwerder	Kwidzyn
M	35	Markersdorf	Markocice
M	36	Marklissa	Leśna
M	37	Markrode (1937–1945)	Witów (Lewin Kłodzki)
M	38	Markstädt	Laskowice Oławskie
M	39	Markt Bohrau	Borów

M	40	Marschwitz	Marszowice
M	41	Marsdorf	Marszewo (Goleniów)
M	42	Marsow	Marszewo (Postomino)
M	43	Martinshagen	Grabowo
M	44	Märzdorf	Marcinów (Kobyla Góra)
M	45	Masselwitz	Masłowice (Woiwodschaft Westpommern)
M	46	Matthiasmühle	Olszyńska Papiernia (Kobyla Góra)
M	47	Matzkirch	Maciowakrze
M	48	Masuren	Mazury
M	49	Mauskow	Muszkowo
M	50	Medenick	Miednik
M	51	Mehlsack	Pieniężno
M	52	Meitzow	Mazów
M	53	Merzdorf	Marciszów
M	54	Meseritz, Kreis Meseritz/Brandenburg	Międzyrzecz
M	55	Meseritz, Kreis Belgard/Pommern	Międzyrzecze
M	56	Michaelsthal	Michałowice (Międzylesie)
M	57	Michelsdorf, Landkreis Landeshut	Miszkowice
M	58	Mickrow	Mikorowo
M	59	Mielenz	Miłoradz
M	60	Mietzel	Myśla
M	61	Militsch	Milicz
M	62	Milken	Miłki
M	63	Misdow	Mzdowo
M	64	Misdroy	Międzyzdroje
M	65	Mittelkonradswaldau	Grzędy
M	66	Mittelsteine	Ścinawka Średnia
M	67	Mittelwalde	Międzylesie

M	68	Mixstadt	Mikstat
M	69	Möhlten	Gorzuchów
M	70	Mohrin	Moryń
M	71	Mohrungen	Morąg
M	72	Moltow	Mołtowo
M	73	Morrn	Murzynowo
M	74	Moschin	Mosina
M	75	Moys	Zgorzelec-Ujazd
M	76	Mühlbach	Młynowiec
M	77	Mühldorf	Młynów
M	78	Mühlental (Pommern) (1938-45)	Otnoga
M	79	Mühlhausen (Ostpreußen)	Młynary
M	80	Münsterberg	Ziębice
M	81	Muglitz	Mogilica
M	82	Muhlendorf	Poradz
M	83	Murow	Murów
M	84	Muschaken	Muszaki
M	85	Muttrin, Kreis Belgard/Pommern	Motarzyn
M	86	Muttrin, Kreis Stolp/Pommern	Motarzyno
M	87	Muttriner Mühle	Zastawa
M	88	Mützenow	Mozdzanowo
		N	
N	1	Nabern	Oborzany
N	2	Nadebahr	Nadbór
N	3	Naffin	Nawino
N	4	Nagelschmieden	Gwoździany
N	5	Nassau (1939-45)	Noskowo (Września)
N	6	Nassiedel	Nasiedle

N	7	Natzlaff	Nacław (Polanów)
N	8	Natzmersdorf	Naćmierz (Resko)
N	9	Natzmershagen	Naćmierz (Postomino)
N	10	Natztow	Nasutowo
N	11	Naugard	Nowogard
N	12	Naumburg am Queis	Nowogrodziec
N	13	Naumburg am Bober	Nowogrod Bobrzański
N	14	Nauseney	Ostra Góra
N	15	Neidenburg	Nidzica
N	16	Neiderei	Niedary
N	17	Neißbach, Kreis Habelschwerdt/Schlesien	Potoczek (Międzylesie)
N	18	Neisse	Nysa
N	19	Nelep	Nielep
N	20	Nemischhof	Niemieńsko
N	21	Nemitz, Kreis Cammin/Pommern	Niemica (Golczewo)
N	22	Nemitz, Kreis Schlawe/Pommern	Niemica (Malechowo)
N	23	Nemitz, Stadtteil von Stettin	Niemierzyn (Szczecin)
N	24	Nemmin	Niemierzyno (Świdwin
N	25	Nemrin	Niemierzyno (Połczyn Zdrój)
N	26	Nerbotin	Witów (Lewin Kłodzki)
N	27	Nesselwitz	Pokrzywnica
N	28	Nettkow	Nietków, siehe Czerwieńsk
N	29	Netze (Fluss)	Noteć
N	30	Neubatzdorf, Landkreis Habelschwerdt/Schlesien	Starkówek
N	31	Neu Bewersdorf	Bobrowiczki
N	32	Neubrunn	Szczawina
N	33	Neu Buckow	Bukówko
N	34	Neudamen	Nowe Dębno

N	35	Neu Damerow, Kreis Saatzig/Pommern	Nowa Dąbrowa (Stara Dąbrowa)
N	36	Neu Damerow, Kreis Stolp/Pommern	Nowa Dąbrowa (Potęgowo)
N	37	Neudamm	Dębno
N	38	Neu Darsin	Darżynko
N	39	Neudorf	Nowa Wieś Kłodzka
N	40	Neudorf	Nowe Siodło
N	41	Neue Mühle	Nowy Żytnik
N	42	Neuen, Kreis Landeshut	Krzeszówek
N	43	Neuendorf, kreis Bütow/Pommern	Nowa Wieś (Parchowo)
N	44	Neuendorf, Kreis Crossen a.d. Oder/Brandenburg	Czarnowo (Krosno Odrzańskie)
N	45	Neuendorf, Kreis Greifenhagen/Pommern	Piaseczno (Banie)
N	46	Neuendorf, Kreis Landsberg a.d. Warthe/Brandenburg	Chróścik (Gorzów Wielkopolski
N	47	Neuendorf, Kreis Lauenburg/Pommern	Nowa Wieś Lęborska
N	48	Neuendorf, Kreis Lyck/Ostpreußen	Nowa Wieś Ełcka
N	49	Neuendorf, Kreis Naugard/Pommern	Ogorzele
N	50	Neuendorf, Gemeinde Massow, Kreis Naugard/Pommern	Jarosławiec (Maszewo)
N	51	Neuendorf, Kreis Rastenburg/Ostpreußen	Nowa Wieś Kętrzyńska
N	52	Neuendorf, Kreis Usedom-Wollin/Pommern	Wisełka (Wolin)
N	53	Neuendorf, Kreis Weststernberg/Brandenburg	Gajec
N	54	Neuenhagen, Kreis Köslin/Pommern	Dobiesławiec (Będzino)

N	55	Neuenhagen (1939-1945), Kreis Namslau/Schlesien	Niwki (Namysłow)
N	56	Neuenhagen, Kreis Regenwalde/Pommern	Czarne (Płoty)
N	57	Neuenhagen, Abtei, Kreis Schlawe/Pommern	Jeżyczki
N	58	Neuenhagen, Amt, Kreis Schlawe/Pommern	Jezierzany (Postomino)
N	59	Neugersdorf, Kreis Habelschwerdt	Nowy Gierałtów
N	60	Neu Grapitz	Grapiczki
N	61	Neuhannsdorf, Kreis Glatz/Schlesien	Jaszkówka
N	62	Neuheide, Kreis Glatz	Polanica Górna
N	63	Neuhof, bei Karwen, Kreis Stolp/Pommern	Drążkowo
N	64	Neuhof, bei Neurakitt, Kreis Stolp/Pommern	Rokicki Dwór
N	65	Neuhof, bei Podewils, Kreis Belgard/Pommern	Trzebiec (Białogard)
N	66	Neuhof, bei Vietzow, Kreis Belgard	Trzebiec (Tychowo)
N	67	Neuhof, Kreis Dramburg/Pommern	Będlino
N	68	Neuhof, Kreis Neidenburg	Nowy Dwór (Jedwabno)
N	69	Neuhütte, Kreis Bütow/Pommern	Rudka (Czarna Dąbówka)
N	70	Neuhütten	Nowe Łozice
N	71	Neu Järshagen	Nowy Jarosław
N	72	Neu Karwen	Nowe Karwno
N	73	Neu Kollatz	Kołaczek
N	74	Neu Krakow	Nowy Kraków (Darłowo)
N	75	Neu Krolow	Królewko
N	76	Neu Kuddezow	Chudaczewko
N	77	Neu Liepenfier	Lipno (Połczyn Zdrój)
N	78	Neu Lülfitz	Lulewiczki

N	79	Neu Lutzig	Nowe Ludzicko
N	80	Neu Malchow	Malechówko
N	81	Neumark	Stare Czarnowo
N	82	Neumarkt	Środa Śląska
N	83	Neumarkt	Nowe Miasto Lubawskie
N	84	Neu Martinshagen	Grabówko (Sianów)
N	85	Neu Mohrau	Nowa Morawa
N	86	Neumühl	Namyślin
N	87	Neumühl	Zamęt
N	88	Neumühlenkamp	Kępiny (Polanów)
N	89	Neundorf	Nowa Wieś (Międzylesie)
N	90	Neulomnitz	Nowa Łomnica
N	91	Neu Paalow	Pałówko
N	92	Neu Parpart	Paprotki (Malechowo)
N	93	Neurakitt	Rokiciny (Czarna Dąbrówka)
N	94	Neu Reblin	Reblinko
N	95	Neu Ristow	Rzyszczewko (Sławno)
N	96	Neu Ritzerow	Rycerzewko (Świdwin)
N	97	Neurode	Nowa Ruda
N	98	Neusalz an der Oder	Nowa Sól
N	99	Neusandez	Nowy Sącz
N	100	Neu Sanskow	Zajączkówko
N	101	Neu Schlage	Sławka
N	102	Neu Schlawin	Słowinko
N	103	Neu Schurow	Nowe Skórowo
N	104	Neu Sochow	Żochówko
N	105	Neu Sorge	Raciszów
N	106	Neustadt in Oberschlesien	Prudnik
N	107	Neustadt in Westpreußen	Wejherowo

N	108	Neu Steglin	Szczeglino Nowe
N	109	Neustettin	Szczecinek
N	110	Neuteich	Nowy Staw
N	111	Neu Vargow	Wargówko
N	112	Neuwaltersdorf	Nowy Waliszów
N	113	Neuwarp	Nowe Warpno
N	114	Neu Warschow	Warszkówko
N	115	Neuwasser	Dąbki (Darłowo)
N	116	Neuwedell	Drawno
N	117	Neuweistritz	Nowa Bystrzyca
N	118	Neuwelt	Kukułczyn
N	119	Neuwilmsdorf	Nowy Wielisław
N	120	Neu Zezenow	Cecenówko
N	121	Neu Zowen	Sowinko
N	122	Nieder Jastrzemb	Jastrzębie Zdrój
N	123	Niederkränig	Krajnik Dolny
N	124	Nieder Lübbichow	Lubiechów Dolny
N	125	Niederhannsdorf	Jaszkowa Dolna
N	126	Niederlangenau	Długopole Dolne
N	127	Niederrathen	Ratno Dolne
N	128	Nieder Saathen	Zaton Dolna
N	129	Niedersalzbrunn	Szczawienko
N	130	Niederschlesien	Dolnośląsk
N	131	Niedersteine	Ścinawka Dolna
N	132	Niederwutzen	Osinów Dolny
N	133	Nieder Zahden	Siadło Dolne
N	134	Niefe (bis 1939), Kreis Namslau/Schlesien	Niwki (Namysłow)
N	135	Nikolai	Mikołów

N	136	Nikolaiken	Mikołajki
N	137	Nikolstadt	Mikołajowice
N	138	Nimptsch	Niemcza
N	139	Nipter	Nietoperek
N	140	Nörenberg	Ińsko
N	141	Nossin	Nieżyn
N	142	Notzkow	Noskowo (Sławno)
		O	
O	1	Ober Hohendorf	Gorzanowice
O	2	Oberglogau	Głogówek
O	3	Ober Lazisk	Łaziska Górne
O	4	Obernigk	Oborniki Śląskie
O	5	Oberhannsdorf	Jaszkowa Górna
O	6	Oberrathen	Ratno Górne
O	7	Oberschlesien	Górny Śląsk
O	8	Oberschwedeldorf	Szalejów Górny
O	9	Obersee (1939–1945)	Wilczkowo
O	10	Obersteine	Ścinawka Górna
O	11	Oberullersdorf	Kopaczów
O	12	Oberwaldenburg	Podgórze (Wałbrzych)
O	13	Oberwüstegiersdorf	Głuszyca Górna
O	14	Oberwende	Uniedrożyn
O	15	Obischau	Objazda (Namysłów)
O	16	Oder (Fluss)	Odra
O	17	Odereck, Tschicherzig	Cigacice
O	18	Oels	Oleśnica
O	19	Ohlau	Oława
O	20	Oletzko (bis 1926)	Olecko

O	21	Olbersdorf	Stójków
O	22	Olkusch	Olkusz
O	23	Ollschin	Olszyna (Ostrzeszów)
O	24	Oppau, Landkreis Landeshut	Opawa (Lubawka)
O	25	Oppeln	Opole
O	26	Ortelsburg	Szczytno
O	27	Orzesche	Orzesze
O	28	Osorkau	Ozorków
O	29	Ostenburg (1941-1945)	Pułtusk
O	30	Ostenhagen	Charnowo (Płoty)
O	31	Osterode	Ostróda
O	32	Ostrolenka	Ostrołęka
O	33	Ostrowo	Ostrów Wielkopolski
O	34	Ottmuth	Otmęt
O	35	Ottosberg	Korpysy (Kobyla Góra)
		P	
P	1	Palzwitz	Palczewice
P	2	Pamplin	Duninowo
P	3	Panknin	Pękanino
P	4	Panzerin	Pęczerzyno
P	5	Papenzin	Bobięcino
P	6	Papritzfelde	Paprzyce
P	7	Paradies	Gościkowo
P	8	Parpart, Kreis Greifenberg/Pommern	Paprotno (Karnice)
P	9	Parpart, Kreis Köslin/Pommern	Paprotno (Mielno)
P	10	Parpart, Kreis Schlawe/Pommern	Paproty
P	11	Passendorf	Pasterka

P	12	Passenheim	Pasym
P	13	Passentin	Paszęcin
P	14	Pastern (1937–45)	Pasterzyce
P	15	Pasterwitz	Pasterzyce
P	16	Parchau	Parchowo
P	17	Pathendorf	Bukowiec
P	18	Pawonkau	Pawonków
P	19	Peest	Pieszcz
P	20	Pennekow	Pieńkowo
P	21	Penzig	Pieńsk
P	22	Persante	Parsęta
P	23	Petersdorf, Kreis Belgard/Pommern	Żukówek
P	24	Petersdorf, Kreis Oststernberg/Brandenburg	Jemiołów
P	25	Petersgrätz	Piotrówka
P	26	Petershagen, Kreis Danzig/Westpreußen	Żelichowo
P	27	Petershagen, Kreis Kolberg/Pommern	Powalice
P	28	Petershagen, Kreis Preußisch Eylau/Ostpreußen	Pieszkowo
P	29	Petershagen, Kreis Schlawe/Pommern	Pęciszewko
P	30	Peterwitz	Stoszowice
P	31	Peterwitz	Piotrowice Świdnickie
P	32	Petrikau	Piotrków Trybunalski
P	33	Peucker	Poniatów (Bystrzyca Kłodzka)
P	34	Pfaffendorf	Szarocin
P	35	Piepenburg, Kreis Regenwalde/Pommern	Wyszogóra
P	36	Piltsch	Pilszcz

P	37	Piltsch	Pilcz
P	38	Pinnow, Kreis Neustettin/Pommern	Pniewo (Płoty)
P	39	Pinnow (bei Soldin), Kreis Soldin/Brandenburg	Pniów (Myślibórz)
P	40	Pinnow (Neumark), Kreis Weststernberg/Brandenburg	Pniów (Torzym)
P	41	Pirbstow	Przystawy
P	42	Pischkowitz	Piszkowice
P	43	Pitschen	Byczyna
P	44	Planitz	Płonica
P	45	Plathe	Płoty
P	46	Pleß	Pszczyna
P	47	Plock	Płock
P	48	Plöne	Płonia
P	49	Plomnitz, Kreis Habelschwerdt/Schlesien	Pławnica
P	50	Plozk	Płock
P	51	Poberow	Pobierowo
P	52	Podewils, Kreis Belgard/Pommern	Podwilcze
P	53	Podewils, Kreis Oppeln/Oberschlesien	Kały
P	54	Poganitz	Poganice
P	55	Pogosch	Pogórze
P	56	Pohldorf, Kreis Habelschwerdt/Schlesien	Paszków
P	57	Polchlep	Półchleb
P	58	Polkwitz	Polkowice
P	59	Polnisch Krone	Koronowo
P	60	Polnisch Lissa	Leszno
P	61	Polnisch Wartenberg	Syców

P	62	Poplow	Popielewo (Połczyn Zdrój)
P	63	Poppelau	Popielów
P	64	Pöppelhof	Popielewo (Trzebielino)
P	65	Groß Posemuckel	Podmokle Wielkie
P	66	Klein Posemuckel	Podmokle Małe
P	67	Posen	Poznań
P	68	Pottangow	Potęgowo (Powiat Słupski)
P	69	Powitzko	Powidzko
P	70	Praschnitz	Przasnysz
P	71	Prausnitz	Prusice
P	72	Prechlau	Przechlewo
P	73	Preetz	Porzecze (Darłowo)
P	74	Prellwitz	Przelewice (Człopa)
P	75	Preußisch Holland	Pasłęk
P	76	Pribbernow	Przybiernów
P	77	Pribslaff	Stary Przybysław
P	78	Prillwitz	Przelewice (Powiat Pyrzycki)
P	79	Priment	Przemęt
P	80	Prisselbach (1937–45)	Przecławice
P	81	Prisselwitz	Przecławice
P	82	Prittag	Przytok
P	83	Pritten	Przytoń
P	84	Pritzig	Przytocko
P	85	Prömsel	Przemyśl
P	86	Prossekel, Kreis Filehne/Posen (1904-1945 Wiesental)	Przsiecki
P	87	Protzan	Zwrócona
P	88	Prütznow	Prusinowo
P	89	Puddiger, Deutsch~	Podgórki (Malechowo)

P	90	Puddiger, Wendisch~	Podgóry (Kępice)
P	91	Pumlow	Pomianowo
P	92	Puschkau	Puszczykówko, Bahnhof in Puszcykowo
P	93	Pustamin	Postomino
P	94	Pustar	Pustary
P	95	Pustchow	Pustkowo
P	96	Putzig	Puck
P	97	Pyritz	Pyrzyce
		Q	
Q	1	Quackenburg	Kwakowo (Kobylnica)
Q	2	Quäsdow	Gwiazdowo (Sławno)
Q	3	Quartschen	Chwarszczany
Q	4	Quatzow	Kwasowo
Q	5	Queis (Fluss)	Kwisa
Q	6	Querbach	Przecznica
Q	7	Quilitz (auch Marienquell)	Kwielice
Q	8	Quisbernow	Biernów
Q	9	Quolsdorf	Chwaliszów
		R	
R	1	Rabbun	Robuń
R	2	Rackitt	Rokity (Kozielice)
R	3	Radmeritz	Radomierzyce
R	4	Radüe	Radew
R	5	Raduhn	Raduń
R	6	Radzionkau	Radzionków
R	7	Rahmel	Rumia

R	8	Rambow	Rębowo (Potęgowo)
R	9	Ramnitz (1938-45)	Karznica
R	10	Rampitz	Rapice
R	11	Randsdorf (1935–45)	Wieszowa
R	12	Rarfin	Rarwino
R	13	Rarvin	Rarwino
R	14	Raspenau	Łączna (Mieroszów)
R	15	Rastenburg	Kętrzyn
R	16	Rathmannsdorf	Ratnowice
R	17	Rathsdamnitz	Dębnica Kaszubska
R	18	Ratibor	Racibórz
R	19	Ratteick	Ratajki
R	20	Ratzebuhr	Okonek
R	21	Rauden, Kreis Belgard	Rudno (Tychowo)
R	22	Rauden, Kreis Freystadt	Rudno (Nowa Sól)
R	23	Rauden, Kreis Osterode/Ostpreußen	Rudno (Ostróda)
R	24	Raunau	Runowo (Lidzbark Warmiński)
R	25	Rauschwitz	Ruszowice
R	26	Rauske	Rusko (Strzegom)
R	27	Rauße	Rusko (Malczyce)
R	28	Ravenstein	Wapnica
R	29	Rawitsch	Rawicz
R	30	Reblin	Reblino
R	31	Reddentin	Redęcin
R	32	Redel	Redło
R	33	Redlin	Redlino
R	34	Reetz, Kreis Arnswalde/Pommern	Recz
R	35	Reetz, Kreis Rummelsburg/Pommern	Rzeczyca Wielka

R	36	Rehfeld, Kreis Heiligenbeil/Ostpreußen	Grzechotki
R	37	Rehfeld, Kreis Soldin/Brandenburg	Sarnik
R	38	Rehfeld, Kreis Treuburg/Ostpreußen	Godziejewo
R	39	Rehnitz	Renice
R	40	Reibersdorf	Rybarzowice (Bogatynia)
R	41	Reichenau (Sachsen)	Bogatynia
R	42	Reichenau	Niwa
R	43	Reichenbach	Dzierżoniów
R	44	Reichenforst	Gajów
R	45	Reichenstein	Złoty Stok
R	46	Reichshof (1942–1945)	Rzeszów
R	47	Reimen	Rzymiany
R	48	Reinerz	Duszniki Zdrój
R	49	Reinerzkrone	Ludowe
R	50	Reinfeld, Kreis Belgard/Pommern	Bierzwnica
R	51	Reinfeld, Kreis Lötzen/Ostpreußen	Bogacko
R	52	Reinfeld (Reinfeld B), Kreis Rummelsburg/Pommern	Barnowiec (Kołczygłowy)
R	53	Reinfeld (Reinfeld R), auch Reinfeld-Hammer, Kreis Rummelsburg/Pommern	Słosinko
R	54	Reinholdsfelde	Zbyszewo|
R	55	Reitz	Redzikowo
R	56	Rengersdorf	Krosnowice
R	57	Rensin, Kreis Greifenberg	Rzęsin
R	58	Reppen (Neumark)	Rzepin
R	59	Repzin	Rzepczyno
R	60	Retzin	Rzecino
R	61	Reussenau	Rusinowo (Sadlinki)

R	62	Reußendorf	Rusinowa
R	63	Reyersdorf	Radochów
R	64	Rheda	Reda
R	65	Rhein	Ryn
R	66	Riesengebirge	Karkonosze
R	67	Ringenwalde	Dyszno
R	68	Ristow, Kreis Belgard	Rzyszczewo (Białogard)
R	69	Ristow, Kreis Schlawe	Rzyszczewo (Sławno)
R	70	Ristowkathen	Rzyszczewko (Biały Bór)
R	71	Ritschenwalde	Ryczywół
R	72	Ritzerow	Rycerzewko
R	73	Ritzig	Nowe Resko
R	74	Ritzow	Ryczewo
R	75	Rochow	Rochowo
R	76	Röglin	Rogalino
R	77	Roggow, Kreis Belgard	Rogowo (Białogard)
R	78	Roggow, Kreis Regenwalde	Rogowo
R	79	Roggow, Kreis Saatzig	Rogowo
R	80	Röhlshof	Role (Rąbino)
R	81	Rohnau	Trzciniec (Bogatynia)
R	82	Rohrbeck	Rosnowo
R	83	Rohrquell (1935–45)	Krajków
R	84	Roman	Rymań
R	85	Roms	Słoszów
R	86	Rönneberg	Ronino
R	87	Rörchen	Rurka
R	88	Rötzenhagen	Boleszewo (Sławno)
R	89	Rosenau	Różana (Mieroszów)
R	90	Rosenthal	Różanka

R	91	Rosenthal	Różańsko
R	92	Rößlingen (1937–1945)	Kobierzyce
R	93	Rostin	Rościno
R	94	Rothbach (1937–47)	Żórawina
R	95	Rothenbach, Kreis Waldenburg/Schlesien	Gorce
R	96	Rothenburg an der Oder	Czerwieńsk
R	97	Rothflössel	Czerwony Strumień
R	98	Rothsürben	Żórawina
R	99	Rothwaltersdorf	Czerwieńczyce
R	100	Rottow	Retowo
R	101	Rotzog	Rosocha (Polanów)
R	102	Rowe	Rowy (Ustka)
R	103	Rowen	Równo (Główczyce)
R	104	Rowener Vorwerk	Rówienko (Główczyce)
R	105	Rübenau (1937–45)	Szukalice
R	106	Rückers	Szczytna
R	107	Ruda (Oberschlesien)	Ruda Śląska
R	108	Rufen	Rów
R	109	Rügenwalde	Darłowo
R	110	Rügenwaldermünde	Darłowko
R	111	Ruhnow (Dorf)	Runowo (Węgorzyno)
R	112	Ruhnow (Bahnhof)	Runowo Pomorskie
R	113	Rumbske	Rumsko
R	114	Rummelsburg	Miastko
R	115	Runau	Runowo (Trzcianka)
R	116	Ruschendorf	Rusinowo (Tuczno)
R	117	Rusdorf	Posada (Bogatynia)
R	118	Russenau	Rusinowo (Sadlinki)

R	119	Rußhagen	Rusko (Darłowo)
R	120	Rußkuhlen	Rozkolno
R	121	Rützenhagen, Kreis Belgard-Schivelbein/Pommern	Rusinowo (Świdwin)
R	122	Rützenhagen, Kreis Schlawe/Pommern	Rusinowo (Postomino)
R	123	Rützow	Rydzewo
R	124	Ruwen	Równo (Barlinek)
		S	
S	1	Saalfeld	Zalewo
S	2	Saarau	Żarów
S	3	Saberau	Zaborowo
S	4	Sackisch	Zakrze
S	5	Sackshöhe	Zakrzewo (Darłowo)
S	6	Sagan	Zagan
S	7	Sager, Kreis Belgard/Pommern	Zagórze (Białogard)
S	8	Sager, Kreis Cammin/Pommern	Zagórze (Wolin)
S	9	Sageritz	Zagórzyca
S	10	Sageritzheide	Zagórzyczki
S	11	Sagerke (1938-1945 Brackenberg)	Zagórki (Kobylnica)
S	12	Saleske	Zaleskie (Ustka)
S	13	Sallmow	Żelmowo
S	14	Salzberg	Bochnia
S	15	Salzhof	Wapno
S	16	Sandberg	Piaski
S	17	Sandhof	Białkowo
S	18	Sanskow	Zajączkowo (Kobylnica)
S	19	Sassenburg, Kreis Neustettin/Pommern	Stare Wierzchowo

S	20	Sassenburg, Kreis Saatzig/Pommern	Chlebowo (Stare Dąbrowa)
S	21	Saviat	Zawiaty
S	22	Saybusch	Żywiec
S	23	Schabernackskathen	Chudoba
S	24	Schalmey	Szalmia
S	25	Scharfenberg (1937–1945)	Ostra Góra
S	26	Scharfenwiese (1941–45)	Ostrołęka
S	27	Scharnau	Sarnowo
S	28	Scharnikau (1940-45, vorher Czarnikau)	Czarnków
S	29	Scharre	Turoszów
S	30	Scheddin	Wszedzień (Postomino)
S	31	Scheibsdorf	Prostynia
S	32	Schenkendorf	Sekowice
S	33	Schetzingen	Wszedzień (Mogilno)
S	34	Schiedlo	Szydłów
S	35	Schieratz	Sieradz
S	36	Schildberg	Golenice
S	37	Schildberg, Landkreis Schildberg	Ostrzeszów
S	38	Schilln	Silna
S	39	Schimischow	Szymiszów
S	40	Schinz	Sińce
S	41	Schippenbeil	Sępopol
S	42	Schlackow	Złakowo
S	43	Schlaney	Słone
S	44	Schlause	Służejów
S	45	Schlawa	Sława
S	46	Schlawe	Sławno
S	47	Schlawin	Słowino

S	48	Schlegel	Słupiec
S	49	Schlennin	Słonino
S	50	Schlenzig	Słowieńsko (Sławoborze)
S	51	Schlesien	Śląsk
S	52	Schlibbe	Słubia
S	53	Schlichtingsheim	Szlichtyngowa
S	54	Schlochau	Człuchów
S	55	Schlönwitz	Słonowice (Brzeżno)
S	56	Schloppe	Człopa
S	57	Schloßhübel (1937–1945)	Piszkowice
S	58	Schmarse, Kreis Oels/Schlesien	Smardzów (Olesnica)
S	59	Schmarse, Kreis Schwiebus/Brandenburg	Smardzewo (Szczaniec)
S	60	Schmarsow	Smardzewo (Sławno)
S	61	Schmelzdorf, Kreis Regenwalde	Siwkowice
S	62	Schmenzin	Smęcino
S	63	Schmiedehof (1939–1945)	Kowalki (Rypin)
S	64	Schmidtsdorf	Kowalowa (Mieroszów)
S	65	Schmograu	Smogorzów
S	66	Schmolsin	Smołdzino
S	67	Schneekoppe	Śnieżka
S	68	Schneidemühl	Piła
S	69	Schnellau(1937–1945)	Słone
S	70	Schokken	Skoki
S	71	Schömberg	Chełmsko Śląskie
S	72	Schönau an der Katzbach	Świerzawa
S	73	Schönau bei Landeck	Orłowiec
S	74	Schönau bei Mittelwalde	Smreczyna
S	75	Schönbankwitz	Szczepankowice

S	76	Schönberg	Sulików
S	77	Schöneck	Skarszewy
S	78	Schönenberg	Bylica (Postomino)
S	79	Schönfeld	Roztoki (Międzylesie)
S	80	Schöningswalde	Sińczyca
S	81	Schönlehn (1937–45)	Szczepankowice
S	82	Schönlanke	Trzcianka
S	83	Schönsee	Kowalewo Pomorskie
S	84	Schönsee	Jeziorki Kosztowskie, Gmina Wysoka
S	85	Schönsee	Kowale, Gmina Pieniężno
S	86	Schönthal	Dolnik (Międzylesie)
S	87	Schönwalde, Kreis Allenstein/Ostpreußen	Szczęsne (Purda)
S	88	Schönwalde, Kreis Deutsch Krone/Pommern	Byszki
S	89	Schönwalde, Kreis Elbing/Ostpreußen	Krasny Las (heute Stadtteil von Elbing (Elbląg)
S	90	Schönwalde, Kreis Frankenstein/Schlesien	Budzów (Stoszowice)
S	91	Schönwalde, Kreis Heiligenbeil/Ostpreußen	Grabowiec (Lelkowo)
S	92	Schönwalde, Kreis Heilsberg/Ostpreußen	Warmiany
S	93	Schönwalde, Kreis Lauenburg/Pommern	Borówko (Łęczyce)
S	94	Schönwalde, Kreis Naugard/Pommern	Mokre (Maszewo)
S	95	Schönwalde, Kreis Neustadt/Westpreußen	Szemud
S	96	Schönwalde, Kreis Neiße/Schlesien	Podlesie (Głuchołazy
S	97	Schönwalde, Kreis Oststernberg/Brandenburg	Prześlice (Torzym)
S	98	Schönwalde, Kreis Regenwalde/Pommern	Zajezierze (Łobez)

S	99	Schönwalde, Kreis Sorau/Brandenburg	Sieniawa Żarska
S	100	Schönwalde, Kreis Stolp/Pommern	Dębina (Ustka)
S	101	Schönwalde, Kreis Thorn/Westpreußen	Wrzosy (Toruń)
S	102	Schräbsdorf	Bobolice (Ząbkowice Śląskie)
S	103	Schreckendorf	Strachocin (Stronie Śląskie)
S	104	Schreibendorf	Pisary (Międzylesie)
S	105	Schrimm	Śrem
S	106	Schröttersburg	Płock
S	107	Schurow	Skórowo
S	108	Schwarzin	Świerczyna (Polanów)
S	109	Schwarzstein	Czerniki
S	110	Schwarzwaldau, Landkreis Waldenburg	Czarny Bór
S	111	Schweidnitz	Świdnica
S	112	Schwenz	Święcko
S	113	Schwerinshöhe (bis 1938 Wendisch Silkow)	Żelkowo
S	114	Schwersenz	Swarzędz
S	115	Schwertern (1937–45)	Jaksonów
S	116	Schwessin, Kreis Köslin/Pommern	Świeszyno (Powiat Koszaliński)
S	117	Schwessin, Kreis Rummelsburg/Pommern	Świeszyno (Miastko)
S	118	Schwetzkau	Święciechowa
S	119	Schwetzkow	Świecichowo
S	120	Schwiebus	Świebodzin
S	121	Schwingen / Schwientochlowitz	Świętochłowice
S	122	Schwirsen, Kreis Cammin/Pommern	Świerzno (Powiat Kamieński)
S	123	Schwirsen, Kreis Thorn/Westpreußen	Dźwierzno (Chełmża)

S	124	Schwolow	Swołowo
S	125	Schwornigatz	Swornegacie
S	126	Sczuplienen	Szczupliny
S	127	Sdunken	Zdunki
S	128	Seeblick (1938-45)	Zawiaty
S	129	See Buckow	Bukowo Morskie
S	130	Seeburg	Jeziorany
S	131	Seefeld	Ołużna
S	132	Seeligsfelde	Szeligowo
S	133	See Suckow	Żukowo Morskie
S	134	Segenthin	Żegocino
S	135	Seidenberg	Zawidów
S	136	Seifersdorf	Raszków (Radków)
S	137	Seitenberg	Stronie Śląskie
S	138	Seitendorf	Gniewoszów (Międzylesie)
S	139	Seitendorf	Poniatów (Wałbrzych)
S	140	Selbongen	Zełwągi
S	141	Selberg B	Nowy Żelibórz
S	142	Selesen	Żelazo (Smołdzino)
S	143	Sellberg	Stary Żelibórz
S	144	Sellen	Zielnowo
S	145	Sellin	Zielin
S	146	Semerow, Kreis Belgard-Schivelbein/Pommern	Ząbrowo
S	147	Semmerow, Kreis Kolberg/Pommern	Ząbrowo
S	148	Sensburg	Mrągowo
S	149	Sibyllenort	Szczodre
S	150	Siebenbeuthen	Bytomiec
S	151	Siedkow	Żytelkowo

S	152	Silesen	Żeleźno
S	153	Simmatzig	Smardzko
S	154	Simötzel	Siemyśl
S	155	Simonsdorf	Szymankowo
S	156	Skottau	Szkotowo
S	157	Sochow	Żochowo (Potęgowo)
S	158	Sohrau	Żory
S	159	Soldau	Działdowo
S	160	Soldin	Myślibórz
S	161	Soldiner See	Jezioro Myśliborskie
S	162	Söllnitz	Zielenica (Malechowo)
S	163	Soltikow	Sulechowo
S	164	Sommerau, Kreis Görlitz/Schlesien	Białopole
S	165	Sommerau, Kreis Marienburg/Ostpreußen	Ząbrowo
S	166	Sommerau, Kreis Rosenberg/Ostpreußen	Ząbrowo
S	167	Sommerfeld, Kreis Crossen/Brandenburg	Lubsko
S	168	Sommerfeld, Kreis Heilsberg/Ostpreußen	Zagony
S	169	Sommerfeld, Kreis Preußisch Holland/Ostpreußen	Ząbrowiec
S	170	Sonnenburg	Słońsk
S	171	Sorau	Żary
S	172	Sorchow	Żoruchowo
S	173	Sosnowitz	Sosnowiec
S	174	Späning	Więcław
S	175	Spätenwalde	Zalesie (Bystrzyca Kłodzka)
S	176	Speck, Kreis Lauenburg/Pommern	Gać (Główczyce)
S	177	Speck, Kreis Naugard/Pommern	Mosty (Goleniów)

S	178	Springkrug	Moczyłki
S	179	Stablack	Stabławki
S	180	Stahlhammer	Kalety
S	181	Standemin	Stanomino
S	182	Stargard in Pommern	Stargard Szczeciński
S	183	Starkow	Starkowo
S	184	Stegers	Rzeczenica
S	185	Steglin, Kreis Köslin/Pommern	Szczeglino
S	186	Steglin, Kreis Schlawe/Pommern	Szczeglino
S	187	Steinau, Kreis Flatow/Pommern	Głubczyn
S	188	Steinau, Kreis Neidenburg/Ostpreußen	Kamionka (Nidzica)
S	189	Steinau, Kreis Neustadt/Schlesien	Ścinawa Mała
S	190	Steinau, Kreis Rummelsburg/Pommern	Turowo (Miastko)
S	191	Steinau an der Oder, Kreis Wohlau/Schlesien	Ścinawa
S	192	Steinfurt (1938-45), Kreis Stolp/Pommern	Wiatrowo (Damnica)
S	193	Steingrund	Kamienna (Bystrzyca Kłodzka)
S	194	Steinkendorf	Grądzkie Ełckie
S	195	Steinort, Kreis Angerburg/Ostpreußen	Sztynort
S	196	Steinort (1943-45 Steinorthauland), Kreis Gostyn/Posen	Strumiany
S	197	Steinort, Kreis Schlawe/Pommern	Gleźnowo
S	198	Steinort, Kreis Ueckermünde/Pommern	Miroszewo
S	199	Steinbach	Kamieńczyk
S	200	Steinbusch	Głusko, Gemeinde Dobiegniew
S	201	Steinwitz	Ścinawica

S	202	Stemnitz	Staniewice
S	203	Sternberg	Torzym
S	204	Stettin	Szczecin
S	205	Stolp	Słupsk
S	206	Stolpe (Fluss)	Słupia
S	207	Stolpmünde	Ustka
S	208	Stolz	Stolec (Ząbkowice Śląskie)
S	209	Stolzenau	Chocieszów
S	210	Stolzenberg	Sławoborze
S	211	Strasburg	Brodnica
S	212	Straußdörfel 1937–1945	Pstrążna
S	213	Straußeney	Pstrążna
S	214	Strehlen	Strzelin
S	215	Stresow, Kreis Cammin/Pommern	Strzeżewo (Kamień Pomorski)
S	216	Stresow, Kreis Greifenhagen/Pommern	Strzeszów (Trczińsko Zdrój)
S	217	Stresow, Kreis Stolp/Pommern	Strzyżyno
S	218	Stuhm	Sztum
S	219	Suckow an der Ihna, Kreis Stargard/Pommern	Żukowo (Suchań)
S	220	Suckow an der Plöne, Kreis Pyritz/Pommern	Żuków (Przelewice)
S	221	Suckow, Kreis Schlawe/Pommern	Żukowo (Sławno)
S	222	Sudeten	Sudety
S	223	Sudauen (1939–1945)	Suwałki
S	224	Swinemünde	Świnoujście
S	225	Symbow	Zębowo
S	226	Szittkehmen	Żytkiejmy
		T	

T	1	Tadden	Tadzino
T	2	Talheim (1937–1945), Landkreis Glatz	Leśna (Lewin Kłodzki)
T	3	Tamsel	Dąbroszyn
T	4	Tankow	Danków
T	5	Tannengrund (1935–1945)	Błażejów
T	6	Tanz, Landkreis Glatz	Dańczów
T	7	Tarnowitz	Tarnowskie Góry
T	8	Tarnowke	Tarnówka (Powiat Złotowski)
T	9	Taschenberg	Brukalice
T	10	Tassau, Landkreis Glatz	Taszów
T	11	Techlipp	Ciecholub
T	12	Technow	Ciechnowo
T	13	Tempelburg	Czaplinek
T	14	Tempelhof	Niwki
T	15	Tepliwoda	Ciepłowody
T	16	Teschen	Cieszyn
T	17	Teschenbusch	Cieszyno
T	18	Teschendorf, Kreis Dramburg	Cieszyno
T	19	Teschendorf, Kreis Regenwalde	Cieszyno
T	20	Thalheim	Dziurdziewo
T	21	Thanndorf, Landkreis Habelschwerdt	Jodłów (Międzylesie))
T	22	Tharau	Wladimirowo
T	23	Thorn	Toruń
T	24	Thurau	Turowo (Kozłowo)
T	25	Thurow	Turowo (Szczecinek)
T	26	Thurowen (1938-45 Auersberg)	Turowo
T	27	Thyn	Tyń
T	28	Tichau	Tychy

T	29	Tiegenhof	Nowy Dwór Gdański
T	30	Tietzow	Tyczewo
T	31	Tobelhof	Moczkowo
T	32	Tonningen	Klodawa
T	33	Tost	Toszek
T	34	Trebnitz	Trzebnica
T	35	Trebow	Trzebów
T	36	Treuburg (1926-1945)	Olecko
T	37	Treptow an der Rega	Trzebiatów
T	38	Treptower Deep	Mrzeżyno
T	39	Triebel	Trzebiel
T	40	Trieglaff	Trzygłów
T	41	Trockenhütte	Sucha Huta
T	42	Troplowitz	Opawica
T	43	Tschauchelwitz	Szukalice
T	44	Tschechowitz	Czechowice-Dziedzice
T	45	Tscheidt	Szczyty
T	46	Tschemsal	Trzemżal
T	47	Tschenstochau	Częstochowa
T	48	Tscherbeney	Czermna
T	49	Tschicherzig, Odereck	Cigacice
T	50	Tschischney, Landkreis Glatz	Żyznów
T	51	Tschönbankwitz	Szczepankowice
T	52	Tschöpsdorf	Szczepanów (Lubawka)
T	53	Tuchel	Tuchola
T	54	Turau	Turowo (Pisz)
T	55	Türchau	Turoszów
T	56	Tuntschendorf	Tłumaczów
T	57	Tworkau	Tworków

T	58	Tychow	Tychowo
		U	
U	1	Überlauf	Gałęzinowo
U	2	Ujest	Ujazd
U	3	Ujatzthal	Ugacie
U	4	Ulbersdorf	Oleśnica Górna
U	5	Ullersdorf an der Biele	Ołdrzychowice Kłodzkie
U	6	Ulrichsfelde, Kreis Deutsch Krone/Pommern	Pluty (Szydłowo)
U	7	Ulrichsfelde, Kreis Lyck/Ostpreußen	Zdunki
U	8	Ulrichsfelde, Kreis Stolp/Pommern	Bolesławice (Kobylnica)
U	9	Unruhstadt	Kargowa
U	10	Unterberg	Ortsteil von Puszczykowo
U	11	Urdorf (1937–45)	Powidzko
U	12	Urnitz, Landkreis Habelschwerdt	Jaworek (Międzylesie)
U	13	Usch Hauland	Ługi Ujskie
U	14	Usdau	Uzdowo
U	15	Usedom	Uznam
U	16	Ustron	Ustroń
U	17	Utschendorf, Landkreis Glatz	Ocieszów
		V	
V	1	Vangerske (1938-45 Wiesenberg)	Węgierskie (Potęgowo)
V	2	Varbelow	Warblewo (Polanów)
V	3	Vargow	Wargowo (Czarna Dąbrówka)
V	4	Varzin	Warcino
V	5	Veddin	Widzino
V	6	Vellin	Wielin

V	7	Velsow	Wieliszewo
V	8	Venzlaffshagen	Więcław (Brzeżno)
V	9	Verlorenwasser	Ponikwa (Bystrzyca Kłodzka)
V	10	Vessin	Wieszyno
V	11	Vettrin	Wietrzno (Polanów)
V	12	Viatrow	Wiatrowo (Damnica)
V	13	Vieschen	Wiszno
V	14	Vietnitz	Witnica (Moryn)
V	15	Vietz	Witnica
V	16	Vietzig, Kreis Lauenburg/Pommern	Wicko (Powiat Lęborski)
V	17	Vietzig, Kreis Usedom-Wollin	Wicko (Międzyzdroje)
V	18	Vietzke	Wicko (Postomino)
V	19	Vietzker See	Jezioro Wicko
V	20	Vietzkerstrand	Wicko Morskie
V	21	Vietzow	Wicewo
V	22	Vilgelow	Wielogłowy (Damnica)
V	23	Virchow	Wierzchowo (Powiat Drawski)
V	24	Virchowsee	Jezioro Wierzchowo
V	25	Vitte	Wicie (Darłowo)
V	26	Vitter See	Jezioro Kopań
V	27	Vogelsang, Kreis Schlawe/Pommern	Zalesie (Malechowo)
V	28	Voigtsdorf b. Habelschwerdt	Wójtowice
V	29	Voigtsdorf b. Landeck	Wójtówka (Lądek-Zdrój)
V	30	Volkersdorf	Wolimierz
V	31	Volpersdorf	Wolibórz
V	32	Völschenhagen	Wilczkowo (Gryfice)
V	33	Völzkow	Wilczkowo (Brzeżno)
V	34	Völzkowsee, Kreis Dramburg	Jezioro Wilczkowo

V	35	Vorbruch	Rzęsna
V	36	Vorwerk (Ostbrandenburg)	Przybytnik
V	37	Vorwerk (Ostpreußen)	Folwark
V	38	Vorwerk (Pommern)	Kisielice (Białogard)
V	39	Vorwerk (Schlesien)	Folwark
V	40	Vossowska	Fosowskie
		W	
W	1	Wadowitz	Wadowice
W	2	Wahlstatt	Legnickie Pole
W	3	Wald	Opolno Zdrój
W	4	Wald Dievenow	Dziwnówek
W	5	Walddorf, Landkreis Glatz	Borek (Szczytna)
W	6	Waldenburg	Wałbrzych
W	7	Waldhof	Miłostowo
W	8	Wandhagen	Wierciszewo
W	9	Wangerin, Kreis Briesen/Westpreußen	Węgorzyn (Wąbrzeźno)
W	10	Wangerin, Kreis Greifenberg/Pommern	Węgorzyn (Karnice)
W	11	Wangerin, Kreis Regenwalde/Pommern	Węgorzyno
W	12	Wangern	Węgry
W	13	Warnin, Kreis Belgard/Pommern	Warnino
W	14	Warnin, Kreis Köslin/Pommern	Warnino
W	15	Warnitz, Kreis Königsberg/Neumark	Warnice (Dębno)
W	16	Warnitz, Kreis Pyritz/Pommern	Warnice (Powiat Pyrzycki)
W	17	Warschau	Warszawa
W	18	Warschkau	Warszkowo (Wejherowo)
W	19	(Alt) Warschow	Warszkowo (Sławno)

W	20	Wartekow	Wartkowo
W	21	Wartenstein	Przyrzecze
W	22	Wartha	Bardo Śląskie
W	23	Warthbrücken	Koło
W	24	Warthe	Warta
W	25	Wehen (1939–1945)	Wiechowice
W	26	Wehowitz	Wiechowice
W	27	Wehrau	Osiecznica
W	28	Wehrkirchen	Żytkiejmy
W	29	Weichsel	Wisła
W	30	Weichsel (Fluss)	Wisła
W	31	Weigelsdorf	Ostroszowice
W	32	Weigelsdorf, Kreis Frankenstein	Wigancice
W	33	Weigsdorf	Wigancice Żytawskie
W	34	Weißbrod, Landkreis Habelschwerdt	Niedźwiedna
W	35	Weißeck	Wysoka
W	36	Weißenberg	Biała Góra (Sztum)
W	37	Weißstein	Biały Kamień (Wałbrzych)
W	38	Weißwasser, Landkreis Habelschwerdt	Biała Woda (Bystrzyca Kłodzka)
W	39	Weitenhagen, Kreis Naugard/Pommern	Grzęzno
W	40	Weitenhagen, Kreis Stolp/Pommern	Wytowno
W	41	Weizengrund	Wilkowice (Żórawina)
W	42	Welle (Fluss)	Wel
W	43	Wendelsee	Wadów
W	44	Wendisch Buckow, Kreis Schlawe (1937–1945 Buckow (Pom.))	Bukowo

W	45	Wendisch Buckow, Kreis Stolp (1937–1945 Buchenstein)	Bukowa
W	46	Wendisch Karstnitz (1937–1945 Ramnitz)	Karznica
W	47	Wendisch Musta (1937-1945 Birkfähre)	Mosty
W	48	Wendisch Ossig (1937–1945 Warnsdorf, Niederschlesien)	Osiek Łużycki
W	49	Wendisch Plassow (1937–1945 Plassenberg)	Płaszewo
W	50	Wendisch Pribbernow	Przybiernowo
W	51	Wendisch Puddiger (1937–1945 Puddiger)	Podgóry
W	52	Wendisch Sagar (1937–1945 Bobertal)	Stary Zagór
W	53	Wendisch Silkow (1937–1945 Schwerinshöhe)	Żelkowo
W	54	Wendisch Tychow (1937–1945 Tychow)	Tychowo
W	55	Werdeck Ostrowite gehört zu Głusko, Gem.	Rogówek
W	56	Werder, Kolonie	Dobiegniew
W	57	Wernersdorf	Pogorzała Wieś
W	58	Wieck	Wiekowice
W	59	Wieschowa	Wieszowa
W	60	Wiesau	Łączna
W	61	Wiesenberg, Kreis Jauer/Schlesien	Lakoszow
W	62	Wiesenberg, Kreis Schlochau/Pommern	Dalkowo (Biały Bór)
W	63	Wiesenberg (1938-45), Kreis Stolp/Pommern	Węgierskie (Potęgowo)
W	64	Wiesental (bis 1904 Prossekel), Kreis Filehne	Przsiecki
W	65	Wiesenthal, Kreis	Wadochowice

		Frankenstein/Schlesien	
W	66	Wiesenthal, Kreis Löwenberg/Schlesien	Bystrzyca (Wleń)
W	67	Wiesenthal, Kreis Militsch/Schlesien	Ostrowący (Milicz)
W	68	Wiesenthal, Kreis Schlawe/Pommern	Święcianowo
W	69	Wiesenthal, Kreis Sorau/Brandenburg	Chlebice
W	70	Wiesenthla, Kreis Wirsitz/Posen	Skoraczewo (Śmigiel)
W	71	Wignitz bei Meseritz > Winnietze	
W	72	Wildenbruch	Swobnica
W	73	Wilhelmine	Wilkowice (Postomino)
W	74	Wilhelmshöhe (Kreis Belgard)	Ujazd
W	75	Wilhelmsthal	Bolesławów
W	76	Willenberg bei Braunsberg	Garbina
W	77	Willenberg bei Marienburg	Wielbarka
W	78	Willenberg bei Ortelsburg	Wielbark
W	79	Wiltsch	Wilcza
W	80	Wiltschau	Wilczków
W	81	Windheim (1939-45), Kreis Wongrowitz /Posen	Wiatrowo (Wągrowice)
W	82	Winkeldorf, Landkreis Habelschwerdt	Kąty Bystrzyckie
W	83	Winnietze	(besteht nicht mehr, eingemeindet nach Meseritz)
W	84	Winzig	Wińsko
W	85	Wipper (Fluss)	Wieprza
W	86	Wischnitz	Nowy Wiśnicz
W	87	Wissek	Wysoka
W	88	Wittenfelde, Kreis Greifenberg/Pommern	Witno

W	89	Wittenfelde, Kreis Naugard/Pommern	Bielice (Maszewo)
W	90	Wittgendorf	Witków (Czarny Bór)
W	91	Wobesde	Objazda (Ustka)
W	92	Wobeser	Objezierze (Trzebielino)
W	93	Woldenberg	Dobiegniew
W	94	Woldisch Tychow	Tychówko
W	95	Wölfelsdorf	Wilkanów
W	96	Wölfelsgrund	Międzygórze
W	97	Wolfskirch	Wilkowice (Lipno)
W	98	Wolfstal	Wilkowice (Zbrosławice)
W	99	Wollin	Wolin
W	100	Wollstein	Wolsztyn
W	101	Wolmsdorf	Rogóżka
W	102	Wongrowitz	Wągrowiec
W	103	Wopersnow	Oparzno
W	104	Wormditt	Orneta
W	105	Wottnogge	Otnoga
W	106	Woynowo	Wojnowo
W	107	Wreschen	Września
W	108	Wünschelburg	Radków
W	109	Wurchow	Wierzchowo (Szczecinek)
W	110	Wurow	Worowo
W	111	Wusseken, Kreis Bütow/Pommern	Osieki (Borzytuchom)
W	112	Wusseken, Kreis Köslin/Pommern	Osieki (Sianów)
W	113	Wusseken, Kreis Schlawe/Pommern	Osieki (Kępice)
W	114	Wusseken, Kreis Stolp/Pommern	Osieki Słupskie
W	115	Wussow, Kreis Rummelsburg/Pommern	Osowo

W	116	Wussow, Kreis Belgard-Schivelbein / Pommern	Osowo
W	117	Wusterbarth	Ostre Bardo
W	118	Wusterwitz, Kreis Dramburg/Pommern	Ostrowice
W	119	Wusterwitz, Kreis Schlawe/Pommern	Ostrowiec (Malechowo)
W	120	Wusterwitz, Kreis Soldin/Brandenburg	Ostrowiec (Dębno)
W	121	Wüstewaltersdorf	Walim
W	122	Wustrowsee	Ostrów
W	123	Wutzkow	Oskowo
W	124	Wutzow	Osówko
		X	
X	1	Xions	Książ Wielkopolski
		Y	
		Z	
Z	1	Zachasberg	Zacharzyn
Z	2	Zadtkow	Sadkowo (Tychowo)
Z	3	Zäckerick	Siekierki
Z	4	Zampelhagen	Sąpolnica
Z	5	Zantoch	Santok
Z	6	Zarnefanz	Czarnowęsy
Z	7	Zarnekow	Czarnkowo (Tychowo)
Z	8	Zarnikow	Czarnkowo (Marianowo)
Z	9	Zedlitzheide	Siedlików (Walim)
Z	10	Zawadzki	Zawadzkie

Z	11	Zehden an der Oder	Cedynia
Z	12	Zellin (Neumark)	Czelin
Z	13	Zellin (Oberschlesien)	Zielina
Z	14	Zempelburg	Sępólno Krajeńskie
Z	15	Zernickow	Czarników
Z	16	Zernin	Czernin
Z	17	Zernitz (1936-1945 Haselgrund)	Żernica
Z	18	Zewitz	Cewice
Z	19	Zeyerniederkampen	Kępiny Wielkie
Z	20	Zeyervorderkampen	Kępiny Małe
Z	21	Zezenow	Cecenowo
Z	22	Zibelle	Niwica
Z	23	Zicher	Cychry
Z	24	Ziebingen	Cybinka
Z	25	Ziegnitz	Ściegnica
Z	26	Zielenzig	Sulęcin
Z	27	Zietlow	Sidłowo
Z	28	Ziezeneff	Cieszeniewo
Z	29	Zillmitz	Sulimice
Z	30	Zimmerhausen	Mechowo Łobeskie
Z	31	Zirchow, Kreis Schlawe/Pommern	Sierakowo Sławieńskie
Z	32	Zirchow B, Kreis Schlawe/Pommern	Sierakówko (Sianów)
Z	33	Zirchow, Kreis Stolp/Pommern	Sierakowo Słupskie
Z	34	Zittel	Pasternik
Z	35	Zitzewitz	Sycewice
Z	36	Zitzmin	Sieciemin
Z	37	Zizow	Cisowo
Z	38	Zollbrück	Korzybie (Kępice)

Z	39	Zoppot	Sopot
Z	40	Zorndorf	Sarbinowo
Z	41	Zowen, Kreis Regenwalde	Sowno (Płoty)
Z	42	Zuchen, Kreis Belgard/Pommern	Sucha (Połczyn Zdrój)
Z	43	Zuchen, Kreis Köslin/Pommern	Sucha Koszalińska
Z	44	Zuckers	Suchorze
Z	45	Züllichau	Sulechów
Z	46	Zülz	Biała
Z	47	Zülzhoff	Sulisław
Z	48	Zürkow	Syrkowice
Z	49	Zwilipp	Świelubie
Z	50	Zwirnitz	Świerznica (Rąbino)
Z	51	Zwölfhufen, Kreis Schlawe/Pommern	Przytok (Sianów)
Z	52	Zwölfhufen, Kreis Wongrowitz/Posen	Glogowiniec
Z	53	Zwoos	Zwóz

5. Polnisch- Deutsches Ortschaftswörterbuch

5.1. Nicht mehr bestehende Ortschaften

	Nicht mehr bestehende Ortschaften	
	Polnische Bezeichnung - polska nazwa	Deutsche Bezeichnung - niemiecka nazwa
1	(besteht nicht mehr)	Dambee (1938-45 Eichweide), Gemeinde Schmolsin/Kreis Stolp
2	(besteht nicht mehr)	Gräden, Neumark Ort zw. Matschdorf und Reichenwalde
3	(besteht nicht mehr, eingemeindet nach Meseritz)	Wignitz bei Meseritz > Winnietze
4	(besteht nicht mehr, eingemeindet nach Meseritz)	Winnietze

5.2. Polnisches- Deutsch Ortschaftswörterbuch

Polnisch-deutsches Ortschaftswörterbuch			
		Polnische Bezeichnung - polska nazwa	**Deutsche Bezeichnung - niemiecka nazwa**
		A	
A	1	Anielino	Dorotheenhof
A	2	Aniołka (Kobyla Góra)	Engelsmühle
A	3	Augustówka	Augustwalde (Kreis Rössel)
A	4	Augustynów	Augustenhof (Kreis Beuthen)
		B	
B	1	Babigoszcz	Hammer, Kreis Cammin/Pommern
B	2	Babimost	Bomst
B	3	Babin	Babbin
B	4	Babinek	Heinrichsdorf
B	5	Baborów	Bauerwitz
B	6	Baczyna	Beyersdorf
B	7	Baczysław	Batzlaff
B	8	Bądkowo	Bandekow
B	9	Bagicz	Bodenhagen
B	10	Bagno (Nowa Miasto Lubawskie)	Ludwigslust, Kreis Löbau/Westpreußen
B	11	Bakowice	Bankwitz
B	12	Bałamątek	Alte Mühle, Kreis Stolp/Pommern
B	13	Banie	Bahn
B	14	Baniewice	Marienthal, Kreis Greifenhagen/Pommern
B	15	Baniewo	Banow
B	16	Bara	Bahrfelde
B	17	Baranowice	Annenaue

B	18	Barciany	Barten
B	19	Barcino	Bartin, Kreis Rummelsburg/Pommern
B	20	Bardo Śląskie	Wartha
B	21	Bardy	Bartin, Kreis Kolberg/Pommern
B	22	Barkowo	Barckow
B	23	Barlinek	Berlinchen
B	24	Barnim	Barnimskunow
B	25	Barnimek	Friedrichshof, Kreis Schlawe/Pommern
B	26	Barnimie	Fürstenau
B	27	Barnimowo	Eichfeuer
B	28	Barnisław	Barnimslow
B	29	Barnowiec (Kołczygłowy)	Reinfeld (Reinfeld B), Kreis Rummelsburg/Pommern
B	30	Barnówko	Berneuchen
B	31	Bartkowo	Bartikow
B	32	Bartolino	Bartlin
B	33	Bartoszewo	Barm
B	34	Bartoszyce	Bartenstein
B	35	Barwice	Bärwalde (Pommern)
B	36	Barzkowice	Barskewitz
B	37	Barzowice	Barzwitz
B	38	Baszewice	Batzwitz
B	39	Baszki	Hirschberg
B	40	Batorów	Friedrichsgrund, Kreis Glatz/Schlesien
B	41	Batowo	Batow
B	42	Batyń	Battin
B	43	Baworowa	Beerberg
B	44	Będargowo	Groß Mandelkow
B	45	Będlino	Neuhof, Kreis Dramburg/Pommern

B	46	Będzieszewo	Brandesow
B	47	Będzin	Bendzin (1939–45 Bendsburg)
B	48	Będzino	Alt Banzin
B	49	Bełk	Belk
B	50	Bełtno	Boltenhagen
B	51	Benice	Benz
B	52	Berkanowo	Berkenow
B	53	Betlejem (Krzeszów)	Bethlehem, Landkreis Landeshut
B	54	Bezrzecze	Brunn
B	55	Biała	Ball
B	56	Biała	Zülz
B	57	Biała Góra	Ballenberg
B	58	Biała Góra (Sztum)	Weißenberg
B	59	Biała Piska	Bialla
B	60	Biała Piska	Gehlenburg (1939–1945)
B	61	Biała Woda (Bystrzyca Kłodzka)	Weißwasser, Landkreis Habelschwerdt
B	62	Białęciniec	Balenthin (Pachthof)
B	63	Białęcinko	Balenthin Vorwerk
B	64	Białęcino	Balenthin
B	65	Białęgi	Belgen
B	66	Białkowo	Sandhof
B	67	Białobudz	Baldebuß
B	68	Białogard	Belgard a.d. Persante
B	69	Białogarda	Belgard a.d. Leba
B	70	Białogórzyno	Bulgrin
B	71	Białokury	Baldekow
B	72	Białopole	Sommerau, Kreis Görlitz/Schlesien
B	73	Białun	Gollnowshagen
B	74	Białuty	Bialutten

B	75	Biały Bór	Baldenburg
B	76	Biały Kamień (Wałbrzych)	Weißstein
B	77	Biały Zdrój	Balsdrey
B	78	Biały Zdrój	Balster
B	79	Białystok	Belostok
B	80	Białystok	Bielostok
B	81	Bięcino	Benzin
B	82	Bieczyno	Hagenow
B	83	Bielawa	Langenbielau
B	84	Bielawy	Blankenbruch (1942-1945)
B	85	Bielice (Maszewo)	Wittenfelde, Kreis Naugard/Pommern
B	86	Bielice (Powiat Pyrzycki)	Beelitz, Kreis Pyritz/Pommern
B	87	Bielice (Stronie Śląskie)	Bielendorf, Landkreis Habelschwerdt
B	88	Bielice (Torzym)	Beelitz, Kreis Weststernberg/Brandenburg
B	89	Bielikowo	Behlkow
B	90	Bielin	Bellin
B	91	Bielinek	Bellinchen
B	92	Bielkowo	Beelkow
B	93	Bielkowo	Belkow
B	94	Bielkowo	Bölkau
B	95	Bielsko-Biała	Bielitz-Biala
B	96	Bieńczyce	Hohenbenz
B	97	Bienice	Groß Benz
B	98	Bierkowice	Birgwitz
B	99	Bierkowo	Birkow
B	100	Biernów	Quisbernow
B	101	Bieruń	Alt Berun
B	102	Bierzwnica	Reinfeld, Kreis Belgard/Pommern

B	103	Bierzwnik	Marienwalde
B	104	Binowo	Binow
B	105	Biskupiec	Bischofsburg
B	106	Bisztynek	Bischofstein
B	107	Błażejów	Blasdorf b. Schömberg
B	108	Błażejów	Tannengrund (1935–1945)
B	109	Błotnica	Blotnitz
B	110	Błotnica	Brenkenhofswalde
B	111	Błotno	Brenkenhofsbruch
B	112	Błotno	Friedrichsberg
B	113	Błotno	Jakobsdorf
B	114	Błoto	Höftbruch (1942-1945)
B	115	Bobięcino	Papenzin
B	116	Bobolice (Ząbkowice Śląskie)	Schräbsdorf
B	117	Bobolin	Boblin
B	118	Boboszów	Bobischau
B	119	Bobrowice (Sławno)	Alt Bewersdorf
B	120	Bobrowice (Sławno)	Bewersdorf (Alt Bewersdorf), Kreis Schlawe/Pommern
B	121	Bobrowiczki	Neu Bewersdorf
B	122	Bobrówko	Breitenstein
B	123	Bobrowniki	Biebersdorf, Landkreis Glatz
B	124	Bobrowniki (Chociwel)	Beweringen
B	125	Bobrowniki (Damnica)	Bewersdorf, Kreis Stolp/Pommern
B	126	Bochnia	Salzberg
B	127	Bochówko	Bochowke
B	128	Bochówko	Hohenlinde (1938-1945)
B	129	Bodzęcin	Basenthin
B	130	Bogacko	Reinfeld, Kreis Lötzen/Ostpreußen

B	131	Bogatynia	Reichenau (Sachsen)
B	132	Bogdaniec	Düringsdorf (auch Dühringshof)
B	133	Bogucin (Swarzędz)	Hammer, Kreis Posen-Ost
B	134	Bogusław	Birkenwalke
B	135	Bogusławiec	Charlottenhof, Kreis Kolberg/Pommern
B	136	Boguszów	Gottesberg, Landkreis Waldenburg
B	137	Boguszyny	Gottberg
B	138	Bojadła	Boyadel
B	139	Bolechowo	Diedrichsdorf
B	140	Bolesławice	Fürstenflagge
B	141	Bolesławice (Jaworzyna Śląska)	Bunzelwitz
B	142	Bolesławice (Kobylnica)	Ulrichsfelde, Kreis Stolp/Pommern
B	143	Bolesławiec	Bunzlau
B	144	Bolesławów	Wilhelmsthal
B	145	Boleszewo (Sławno)	Rötzenhagen
B	146	Boleszkowice	Fürstenfelde
B	147	Boleszkowice (Grzmiąca)	Karlshöhe, Kreis Neustettin/Pommern
B	148	Bolkowo	Bolkow
B	149	Bonin (Choszczno)	Bonin, Kreis Arnswalde
B	150	Bonin (Łobez)	Bonin, Kreis Regenwalde
B	151	Bonin (Manowo)	Bonin, Kreis Köslin
B	152	Bonin (Wierzchowo)	Bonin, Kreis Dramburg
B	153	Borek (Deszczno)	Borkow, Kreis Landsberg/Warthe
B	154	Borek (Szczytna)	Walddorf, Landkreis Glatz
B	155	Borek Strzeliński	Großburg
B	156	Borkowice	Borkenhagen
B	157	Borkowo	Groß Borckenhagen
B	158	Borkowo (Malechowo)	Borkow, Kreis Schlawe in Pommern
B	159	Borkowo Lęborskie	Borkow, Kreis Lauenburg in Pommern

B	160	Borne	Born
B	161	Borne Sulinowo	Linde, Kreis Neustettin/Pommern
B	162	Borów	Bohrau (Markt Bohrau)
B	163	Borów	Markt Bohrau
B	164	Borowa	Alt Springe
B	165	Borowica	Harthau
B	166	Borowiec	Grünhof
B	167	Borówko (Łęczyce)	Schönwalde, Kreis Lauenburg/Pommern
B	168	Boryszewo	Büssow, Kreis Schlawe in Pommern
B	169	Borzecin	Borntin
B	170	Borzym	Borin
B	171	Borzysław	Emilienhof
B	172	Borzysław (Kępice)	Burzlaff, Kreis Rummelsburg
B	173	Borzysław (Tychowo)	Burzlaff, Kreis Belgard
B	174	Bożejewko	Hammergut
B	175	Bożenice	Bosens
B	176	Bożków	Eckersdorf
B	177	Bralęcin	Brallentin
B	178	Braniewo	Braunsberg
B	179	Brąswałd	Braunswalde, Kreis Allenstein/Ostpreußen
B	180	Braszowice	Baumgarten
B	181	Breń	Bernsee
B	182	Brochow	Brockau
B	183	Bród	Braunsforth
B	184	Brodnica	Strasburg
B	185	Brodniki	Gramhusen
B	186	Brojce	Broitz
B	187	Bronowice	Braunsfelde

B	188	Bronowo (Połczyn Zdrój)	Brunow
B	189	Brudzewice	Brüsewitz
B	190	Brukalice	Taschenberg
B	191	Bruskowo Małe	Klein Brüskow
B	192	Bruskowo Wielkie	Groß Brüskow
B	193	Brusno	Brutzen
B	194	Brwice	Blankenfelde
B	195	Brzeg	Brega
B	196	Brzeg	Brieg
B	197	Brzeg Dolny	Dürenfurth
B	198	Brzeście (Sławno)	Hohenzollerndorf
B	199	Brzeście (Żórawina)	Liebethal
B	200	Brzesko	Brietzig
B	201	Brzezin	Briesen (Kreis Pyritz)
B	202	Brzezina	Briesen (Kreis Brieg)
B	203	Brzezina	Falkenberg, Kreis Pyritz
B	204	Brzezinka	Birkbruch
B	205	Brzezinka	Briese (Kreis Oels/Schlesien)
B	206	Brzeziny	Berkenbrügge
B	207	Brzeziny (Osie)	Bresin (Kreis Schwetz (Weichsel))
B	208	Brzeżnica	Bernsdorf
B	209	Brzeżno	Briesen (Kreis Belgard)
B	210	Brzeźno (Czarnków)	Briesen (Kreis Czarnikau)
B	211	Brzeźno (Lubiszyn)	Briesenhorst
B	212	Brzeźno (Pszczew)	Briese (Kreis Schwerin/Warthe)
B	213	Brzeźno (Sulęcin)	Breesen
B	214	Brzeźno (Świątki)	Bergling (Kreis Mohrungen)
B	215	Brzeźno (Szczecinek)	Briesen (Kreis Neustettin)
B	216	Brzeźno Lęborskie	Bresin (Kreis Lauenburg/Pommern)

B	217	Brzeźno Mazurskie	Bergling (Kreis Osterode/Ostpreußen)
B	218	Brzosowo	Birkenwalde
B	219	Brzostowo	Freiheitsfelde
B	220	Brzowo	Bresow
B	221	Brzoza	Birkholz
B	222	Brzoza	Hopfengarten
B	223	Brzózki	Althagen
B	224	Brzozowie	Birkhagen
B	225	Buczek (Białogard)	Butzke
B	226	Budki (Główczyce)	Bottke
B	227	Budki (Kowale Oleckie)	Buttken
B	228	Budno	Buddendorf
B	229	Budzistowo	Altstadt
B	230	Budziszów	Buchen (1937–45)
B	231	Budziszów	Buchwitz
B	232	Budzów (Stoszowice)	Schönwalde, Kreis Frankenstein/Schlesien
B	233	Bugocino	Bogenthin
B	234	Bukowa	Wendisch Buckow, Kreis Stolp (1937–1945 Buchenstein)
B	235	Bukowa Góra	Buchenberg (1942-1945)
B	236	Bukowiec	Pathendorf
B	237	Bukowina	Buckowin (Fluss)
B	238	Bukowina (Cewice)	Buckowin, Kreis Lauenburg/Pommern
B	239	Bukówka (Lubawka)	Buchwald
B	240	Bukówko	Neu Buckow
B	241	Bukowo	Alt Buckow
B	242	Bukowo	Wendisch Buckow, Kreis Schlawe (1937–1945 Buckow (Pom.))
B	243	Bukowo (Polanów)	Buckow

B	244	Bukowo Morskie	See Buckow
B	245	Bukwica	Buchholz
B	246	Burkat	Borchersdorf
B	247	Buślary	Buslar
B	248	Buszów (Lubiszyn)	Hammer (Langestück), Kreis Soldin/Brandenburg
B	249	Buszów (Strzelce Krajeński	Büssow, Kreis Friedeberg/Neumark
B	250	Buszyno	Bussin
B	251	Byczyna	Pitschen
B	252	Bydgoszcz	Bromberg
B	253	Bydlino	Bedlin
B	254	Bylica (Postomino)	Schönenberg
B	255	Bystra	Hartau, Landkreis Glatz
B	256	Bystra Śląska	Bistrau
B	257	Bystrzyca (Wleń)	Wiesenthal, Kreis Löwenberg/Schlesien
B	258	Bystrzyna	Beustrin
B	259	Byszewo (Łobez)	Büssow, Kreis Regenwalde
B	260	Byszewo (Siemyśl)	Büssow, Kreis Kolberg-Körlin
B	261	Byszki	Schönwalde, Kreis Deutsch Krone/Pommern
B	262	Byszyno	Boissin
B	263	Bytom	Beuthen (Oberschlesien)
B	264	Bytom Odrzański	Beuthen an der Oder
B	265	Bytomiec	Siebenbeuthen
B	266	Bytów	Bütow
B	267	Bzowo (Kobylnica)	Besow
		C	
C	1	Cecenówko	Neu Zezenow
C	2	Cecenowo	Zezenow

C	3	Cedynia	Zehden an der Oder
C	4	Cewice	Zewitz
C	5	Chabowo	Alt Falkenberg
C	6	Charnowo (Płoty)	Ostenhagen
C	7	Charnowo (Ustka)	Arnshagen
C	8	Charzyno	Garrin
C	9	Chelm	Bartsch-Kulm (Landkreis Wohlau)
C	10	Chełm	Cholm
C	11	Chełm Gryficki	Holm
C	12	Chełm Śląski	Groß Chelm
C	13	Chełmno	Culm
C	14	Chełmno Słowieńskie	Gollenberg, Kreis Schlawe/Pommern
C	15	Chełmsko Śląskie	Schömberg
C	16	Chełmża	Kulmsee
C	17	Chelpa	Helpe
C	18	Chlebice	Wiesenthal, Kreis Sorau/Brandenburg
C	19	Chlebowo (Stare Dąbrowa)	Sassenburg, Kreis Saatzig/Pommern
C	20	Chlewnica	Karlshöhe, Kreis Stolp/Pommern
C	21	Chłob	Kloppsee
C	22	Chłopowo	Herrendorf
C	23	Chłopy	Bauerhufen
C	24	Chmielno	Hopfenberg
C	25	Chocieszów	Stolzenau
C	26	Chocimino	Gutzmin
C	27	Chociwel	Freienwalde
C	28	Choczewko	Chottschewko (1938-45 Goten)
C	29	Choczewko	Goten (1938-45)
C	30	Choczewo	Chottschow (1938-45 Gotendorf)
C	31	Choczewo	Gotendorf (1938-1945)

C	32	Chodecz	Godetz
C	33	Chodziez	Kolmar (1878-1920)
C	34	Chojna	Königsberg (Neumark)
C	35	Chometowko	Barenwinkel
C	36	Chomętowo	Großgut
C	37	Chomętowo	Gumtow, Kreis Belgard-Schivelbein
C	38	Chomętowo	Gumtow, Kreis Greifenberg
C	39	Chomętowo	Hermsdorf
C	40	Chomiec	Klarenwerder
C	41	Chorzów	Chorzow
C	42	Choszczno	Arnswalde
C	43	Chrapów	Grapow
C	44	Chrapowo	Hohengrape
C	45	Chróścik (Gorzów Wielkopolski	Neuendorf, Kreis Landsberg a.d. Warthe/Brandenburg
C	46	Chrzanów	Krenau
C	47	Chrząstowo	Granzow
C	48	Chrząszczewo	Gristow
C	49	Chudaczewko	Neu Kuddezow
C	50	Chudaczewo	Alt Kuddezow
C	51	Chudoba	Schabernackskathen
C	52	Chwalecice	Heinersdorf, Kr. Landsberg
C	53	Chwalibożyce	Frauenhain
C	54	Chwalisław	Follmersdorf
C	55	Chwaliszów	Quolsdorf
C	56	Chwarstno	Horst, Kr. Regenwalde
C	57	Chwarszczany	Quartschen
C	58	Chynowo	Chinnow
C	59	Cianowo	Jakobsdorf

C	60	Ciasna	Cziasnau, Teichwalde (ab 1936)
C	61	Cichowice	Ciochowitz, Stillenort (ab 1936)
C	62	Ciechnowo	Technow
C	63	Ciecholub	Techlipp
C	64	Ciencisko	Deutschrode, Kreis Strelno/Posen
C	65	Ciepłowody	Lauenbrunn (1936–1945)
C	66	Ciepłowody	Tepliwoda
C	67	Cieszeniewo	Ziezeneff
C	68	Cieszków	Freyhan
C	69	Cieszów (Stare Bogaczowice)	Fröhlichsdorf
C	70	Cieszyn	Teschen
C	71	Cieszyno	Teschenbusch
C	72	Cieszyno	Teschendorf, Kreis Dramburg
C	73	Cieszyno	Teschendorf, Kreis Regenwalde
C	74	Cigacice	Odereck, Tschicherzig
C	75	Cigacice	Tschicherzig, Odereck
C	76	Cis	Friedrichsthal, Kreis Ortelsburg/Ostpreußen
C	77	Cisek	Friedenau, Kreis Cosel/Schlesien
C	78	Cisowa	Dünenfeld
C	79	Cisowo	Zizow
C	80	Colonnowska/Kolonowskie	Kolonnowska
C	81	Cybinka	Ziebingen
C	82	Cybowo	Gutsdorf
C	83	Cychry	Zicher
C	84	Czaplin	Augustenhof (Kreis Dramburg)
C	85	Czaplin Wielki	Groß Zapplin
C	86	Czaplinek	Tempelburg
C	87	Czarna	Bergland

C	88	Czarne (Płoty)	Neuenhagen, Kreis Regenwalde/Pommern
C	89	Czarników	Zernickow
C	90	Czarnków	Czarnikau (1940-45 Scharnikau)
C	91	Czarnków	Scharnikau (1940-45, vorher Czarnikau)
C	92	Czarnkowo (Marianowo)	Zarnikow
C	93	Czarnkowo (Tychowo)	Zarnekow
C	94	Czarnowęsy	Zarnefanz
C	95	Czarnowo	Groß Zarnow
C	96	Czarnowo (Krosno Odrzańskie)	Neuendorf, Kreis Crossen a.d. Oder/Brandenburg
C	97	Czarny Bór	Schwarzwaldau, Landkreis Waldenburg
C	98	Czarny Las	Hubachs Teerofen
C	99	Czechowice	Czechowitz
C	100	Czechowice-Dziedzice	Czechowitz-Dzieditz
C	101	Czechowice-Dziedzice	Dzieditz
C	102	Czechowice-Dziedzice	Tschechowitz
C	103	Czelin	Zellin (Neumark)
C	104	Czeluścin (Pępowo)	Deutschrode (1939-1945), Kreis Gostyn (1941-45 Gostingen)/Posen
C	105	Czermna	Grenzeck
C	106	Czermna	Tscherbeney
C	107	Czerniki	Schwarzstein
C	108	Czernin	Zernin
C	109	Czersk	Heiderode (1942-1945)
C	110	Czerwięcino	Emmasthal
C	111	Czerwieńczyce	Rothwaltersdorf
C	112	Czerwieńsk	Rothenburg an der Oder
C	113	Czerwionka-Leszczyny	Leschczin
C	114	Czerwony Strumień	Rothflössel

C	115	Częstochowa	Tschenstochau
C	116	Czissek/Cisek	Ciossek
C	117	Człopa	Schloppe
C	118	Człuchów	Schlochau
C	119	Czuchla	Haus Hohenwalde
C	120	Czyżykowo	Augustenhof (Kreis Soldin)
		D	
D	1	Dąbie	Eichstädt (1940–45)
D	2	Dąbie (Czarna Dąbrówka)	Dambee (1938-45 Eichen), Gemeinde Wottnogge/Kreis Stolp
D	3	Dąbie (Czarna Dąbrówka)	Eichen (1938-1945)
D	4	Dąbki (Darłowo)	Neuwasser
D	5	Dąbkowice	Damkerort
D	6	Dąbroszyn	Tamsel
D	7	Dąbrowa	Eichwerder
D	8	Dąbrowa (Sianów)	Damerow, Kreis Schlawe/Pommern
D	9	Dąbrowa (Świerzno)	Damerow, Kreis Cammin/Pommern
D	10	Dąbrowa Białogardzka	Damerow, Kreis Belgard/Pommern
D	11	Dąbrowa Nowogardzka	Damerow, Kreis Naugard/Pommern
D	12	Dąbrowica	Damerfitz
D	13	Dąbrowiec	Bornemannshof
D	14	Dąbrówka (Borzytuchom)	Damerkow, Kreis Bütow/Pommern
D	15	Dąbrówka (Damnica)	Damerkow, Kreis Stolp/Pommern
D	16	Dąbrówka Górna	Eichtal
D	17	Dąbrówno	Gilgenburg
D	18	Dadzewo	Datzow
D	19	Daleszewo	Ferdinandstein
D	20	Dalewo	Dahlow

D	21	Dalkowo (Biały Bór)	Wiesenberg, Kreis Schlochau/Pommern
D	22	Damionowo	Damsdorf
D	23	Damnica	Hebrondamnitz
D	24	Damno (Damnica)	Dammen
D	25	Dańczów	Tanz, Landkreis Glatz
D	26	Danków	Tankow
D	27	Danowo	Jakobsdorf
D	28	Dargikowo	Darkow
D	29	Dargobądź	Dargebanz
D	30	Dargocice	Eickstedtswalde
D	31	Dargomyśl	Darrmietzel
D	32	Dargomyśl	Hoffelde
D	33	Dargosław	Dargislaff
D	34	Dargoszewo	Alt Dargsow
D	35	Darłowko	Rügenwaldermünde
D	36	Darłowo	Rügenwalde
D	37	Darnków	Dörnikau
D	38	Dars	Daarz
D	39	Darskowo (Malechowo)	Limbrechtshof
D	40	Darskowo (Złocieniec)	Friedrichsdorf, Kreis Dramburg/Pommern
D	41	Darszyce	Buchwald
D	42	Darżewo	Darsow
D	43	Darzowice	Darsewitz
D	44	Darżynko	Neu Darsin
D	45	Darżyno	Darsin
D	46	Daszewo	Dassow
D	47	Dębczyno	Denzin
D	48	Dębica	Damitz, Kreis Kolberg/Pommern

D	49	Dębice	Eichenwalde
D	50	Dębiec	Eichhorst
D	51	Dębina (Stare Czarnowo)	Hofdamm
D	52	Dębina (Ustka)	Schönwalde, Kreis Stolp/Pommern
D	53	Dębnica	Damitz (Fluss)
D	54	Dębnica Kaszubska	Rathsdamnitz
D	55	Dębnik	Damnig
D	56	Dębno	Neudamm
D	57	Dębogard	Darmgardt
D	58	Dębogóra	Brusenfelde
D	59	Dębogóra	Eichberg
D	60	Dębostrów	Damuster
D	61	Dębsko	Denzig
D	62	Derczewo	Dertow
D	63	Długopole Dolne	Niederlangenau
D	64	Długopole Zdrój	Bad Langenau
D	65	Dłusko Gryfiński	Linde, Kreis Greifenhagen/Pommern
D	66	Dłusko (gmina Wegorzyno)	Blankenhagen
D	67	Dobiegniew	Kolonie Werder
D	68	Dobiegniew	Woldenberg
D	69	Dobiesław (Darłowo)	Abtshagen
D	70	Dobiesław (Płoty)	Altenhagen, Kreis Regenwalde/Pommern
D	71	Dobiesławiec (Będzino)	Neuenhagen, Kreis Köslin/Pommern
D	72	Dobieszewo (Dębnica Kaszubska)	Groß Dübsow
D	73	Dobieszewo Leśne	Döbsow
D	74	Dobieszyn	Entepöl
D	75	Dobino	Alt Hütten (Kreis Belgard)
D	76	Dobino	Breitenstein Kreis Deutsch Krone

D	77	Doble	Döbel
D	78	Dobleszewo	Dübzow
D	79	Dobra (Dębnica Kaszubska)	Daber, Kreis Stolp/Pommern
D	80	Dobra (Police) (Dobra Szczecińska)	Daber, Kreis Ueckermünde/Pommern
D	81	Dobra (Powiat Łobeski) (Dobra Nowogarzdka)	Daber, Kreis Naugard/Pommern
D	82	Dobrkowo	Daberkow
D	83	Dobrodzień	Guttentag
D	84	Dobromyśl (Kamienna Góra)	Kindelsdorf
D	85	Dobropole	Breitenfelde, Kreis Naugard/Pommern:
D	86	Dobropole	Dobberphul
D	87	Dobrosławice	Friderikenhof
D	88	Dobrosławice (früher Dobrtowitz)	Gutfelde
D	89	Dobrowo	Dubberow (auch
D	90	Dobrowo	Groß Dubberow
D	91	Dobrowo	Groß Dubberow
D	92	Dobrowo	Klein Dubberow
D	93	Dobrzany	Jacobshagen
D	94	Dobrzęcino	Dubberzin
D	95	Dobrzyca	Dobberschütz (1939-45)
D	96	Dobrzyca (Będzino)	Kordeshagen
D	97	Dobrzyca (Szydłowo)	Borkendorf
D	98	Dobrzyca (Wałcz)	Döberitzfelde
D	99	Dobrzyn	Annashof
D	100	Dołganów	Dolgenow
D	101	Dołgie	Dolgen
D	102	Dolica	Dölitz
D	103	Dolina (Szczytna)	Hermsdorf
D	104	Dolnik (Międzylesie)	Schönthal

D	105	Dolnośląsk	Niederschlesien
D	106	Dolsko	Dölzig
D	107	Domachowo (Polanów)	Hanshagen
D	108	Domacyno	Dumzin
D	109	Domanice	Charlottenhof, Kreis Rummelsburg/Pommern
D	110	Domaradz (Damnica)	Dumröse
D	111	Domasławice (Darłowo)	Damshagen
D	112	Domaszków	Ebersdorf bei Mittelwalde
D	113	Domysłow	Dannenberg
D	114	Donatowo (Ostrowice)	Dohnafelde
D	115	Dorowo	Dorow
D	116	Dramino	Drammin
D	117	Drawa	Drage
D	118	Drawiny	Dragebruch
D	119	Drawno	Neuwedell
D	120	Drawsko	Dratzigsee
D	121	Drawsko (Powiat Czarnkowsko-Trzcianecki)	Dratzig
D	122	Drawsko Pomorskie	Dramburg
D	123	Drążkowo	Neuhof, bei Karwen, Kreis Stolp/Pommern
D	124	Drewica	Drewitz
D	125	Drezdenko	Driesen
D	126	Dreżewo	Dresow, Kreis Greifenberg/Pommen
D	127	Drogoradz	Hammer, Kreis Ueckermünde/Pommern
D	128	Drogosław (Nowa Ruda)	Kunzendorf bei Neurode
D	129	Droszków	Droschkau
D	130	Drozdowo	Hohen Drosedow
D	131	Drozdowo (Chojna)	Finkenstein

D	132	Drozdowo (Darłowo)	Drosedow, Kreis Schlawe/Pommern
D	133	Drozdowo (Rymań)	Drosedow, Kreis Kolberg/Pommern
D	134	Drzeńsko (Malechowo)	Drenzig, Kreis Schlawe
D	135	Drzesz	Falkenthal
D	136	Drzewice	Alt Drewitz
D	137	Drzeżewo	Dresow, Kreis Stolp/Pommern
D	138	Drzonów	(Schlesisch-)Drenow
D	139	Drzonowo (Kołobrzeg)	Drenow, Kreis Kolberg-Körlin
D	140	Drzonowo Białogardzkie	Drenow, Kreis Belgard
D	141	Ducino	Deuthin
D	142	Duniewo	Dünow
D	143	Duninowo	Dünnow
D	144	Duninowo	Pamplin
D	145	Dusin	Dürren
D	146	Duszniki Zdrój	Reinerz
D	147	Duszniki-Zdrój	Bad Reinerz
D	148	Duża Klonia	Ahornfeld (1942-1945)
D	149	Dworek	Amalienhof
D	150	Dybowo	Dybow
D	151	Dygowo	Degow
D	152	Dyszno	Ringenwalde
D	153	Dziadowo	Dadow
D	154	Działdowo	Soldau
D	155	Działoszyn (Bogatynia)	Königshain, Kreis Görlitz/Schlesien
D	156	Dzięciołowo (Tychowo)	Dimkuhlen
D	157	Dzięcióły	Fichtkaten bei Reddentin, Kreis Schlawe/Pommern
D	158	Dziećmorowice	Dittmannsdorf
D	159	Dziedzice	Deetz

D	160	Dziergów	Ernestinenhof
D	161	Dzierżęcin	Dörsenthin, Kreis Schlawe/Pommern
D	162	Dzierżęcino (Stadtteil von Koszalin)	Dörsenthin, Kreis Köslin/Pommern
D	163	Dzierżoniów	Reichenbach
D	164	Dzierżysław	Dirschel
D	165	Dziewiętlice	Heinersdorf, Kr. Neisse
D	166	Dzikowiec	Ebersdorf bei Neurode
D	167	Dzikowo	Dicking
D	168	Dzikowo (Gubin)	Heidekrug, Kreis Guben/Brandenburg
D	169	Dzisna	Dischenhagen
D	170	Dziurdziewo	Dziurdziau
D	171	Dziurdziewo	Thalheim
D	172	Dziwnów	Berg Dievenow
D	173	Dziwnówek	Klein Dievenow
D	174	Dziwnówek	Wald Dievenow
D	175	Dźwierzno (Chełmża)	Schwirsen, Kreis Thorn/Westpreußen
D	176	Dźwirzyno	Kolberger Deep
		E	
E	1	Elbląg	Elbing
E	2	Ełk	Lyck
		F	
F	1	Florczaki	Eckersdorf Krs. Mohrungen
F	2	Folwark	Vorwerk (Ostpreußen)
F	3	Folwark	Vorwerk (Schlesien)
F	4	Fosowskie	Vossowska
F	5	Frombork	Frauenburg

		G	
G	1	G. Młynow	Forsthaus Möllenberg
G	2	G. Rózanki	Forsthaus Stolzenberg
G	3	Gąbin	Gummin
G	4	Gać (Główczyce)	Speck, Kreis Lauenburg/Pommern
G	5	Gać (Słupsk)	Gatz
G	6	Gać Leśna	Büchenhof
G	7	Gądno	Guhden
G	8	Gajec	Neuendorf, Kreis Weststernberg/Brandenburg
G	9	Gajewko	Eichforst
G	10	Gajnik	Hain, Landkreis Habelschwerdt
G	11	Gajów	Reichenforst
G	12	Gałęzinowo	Überlauf
G	13	Garbina	Willenberg bei Braunsberg
G	14	Garbno (Polanów)	Gerbin
G	15	Gardna Wielka	Groß Garde
G	16	Gardno	Garden
G	17	Gardno	Gerdshagen
G	18	Gardomino, Stadt Płoty	Kardemin, Landkreis Regenwalde
G	19	Gardyny	Groß Gardienen
G	20	Gardziec	Gartz
G	21	Gardzin	Gardin
G	22	Gardzko	Hohenkarzig
G	23	Garnki	Garchen
G	24	Gasierzyno	Ganserin
G	25	Gąski	Funkenhagen
G	26	Gąsków	Ganzkow, Kreis Belgard/Pommern

G	27	Gąskowo	Ganzkow, Kreis Kolberg-Körlin/Pommern
G	28	Gawina	Gienow
G	29	Gaworkowo	Gauerkow
G	30	Gawroniec (Połczyn Zdrój)	Gersdorf
G	31	Gdańsk	Danzig
G	32	Gdynia	Gdingen
G	33	Gdynia	Gotenhafen (1939–1945)
G	34	Gieczynek	Hansfelde, Netzekreis
G	35	Gilow	Geilenfelde
G	36	Giślinek	Charlottenhof, Kreis Dramburg/Pommern
G	37	Giżkowo	Gieskow
G	38	Giżycko	Lötzen (Masuren, Ostpreußen)
G	39	Gizyn	Giesenthal
G	40	Giżyn	Giesenbrügge
G	41	Giżyno	Giesen
G	42	Glaznoty	Marienfelde, Kreis Osterode/Ostpreußen
G	43	Głazów	Glasow
G	44	Głęboczek	Franzthal
G	45	Głębokie	Glambeck
G	46	Glewice	Glewitz
G	47	Gleźnowo	Steinort, Kreis Schlawe/Pommern
G	48	Glicko	Glietzig
G	49	Glinik	Bestiensee
G	50	Glinna	Glien
G	51	Gliśnica (Czarna Dąbrówka)	Gliesnitz
G	52	Glisno	Glisno
G	53	Gliśno	Glisno (Kreis Bütow)

G	54	Gliwice	Gleiwitz
G	55	Głodzino	Glötzin
G	56	Głogów	Glogau
G	57	Głogówek	Oberglogau
G	58	Glogowiniec	Zwölfhufen, Kreis Wongrowitz/Posen
G	59	Główczyce	Glowtschütz
G	60	Główczyce (Powiat Słupski)	Glowitz
G	61	Głubczyce	Leobschütz
G	62	Głubczyn	Steinau, Kreis Flatow/Pommern
G	63	Glubie Wężewskie	Friedberg, Kreis Treuburg/Ostpreußen
G	64	Głuchołazy	Bad Ziegenhals
G	65	Głusko, Gemeinde Dobiegniew	Steinbusch
G	66	Głuszyca Górna	Oberwüstegiersdorf
G	67	Głuszyno	Groß Gluschen
G	68	Gniewinko	Gnewinke
G	69	Gniewino	Gnewin
G	70	Gniewkowo	Argenau
G	71	Gniewoszów (Międzylesie)	Seitendorf
G	72	Gniezno	Gnesen
G	73	Gnojewo	Gnojau
G	74	Godków	Jädickendorf
G	75	Godowo	Freiheide
G	76	Godziejewo	Rehfeld, Kreis Treuburg/Ostpreußen
G	77	Godzisław	Glasenapp
G	78	Gogolice	Gaulitz
G	79	Gołaczów (Lewin Kłodzki)	Hallatsch, Landkreis Glatz
G	80	Gołaczów (Lewin Kłodzki)	Hallgrund (1937–1945)
G	81	Golancz	Gollantsch (1939-45 Schwertburg)
G	82	Gołancz (Pom.)	Glansee

G	83	Golcza	Golzenruh
G	84	Golczewo	Gülzow
G	85	Golenice	Schildberg
G	86	Goleniów	Gollnow
G	87	Golice	Grüneberg
G	88	Golina	Gollin
G	89	Gołogóra (Polanów)	Breitenberg
G	90	Gołogóra (Świątki)	Blankenberg
G	91	Góralice	Görlsdorf
G	92	Gorawino	Gervin
G	93	Gorce	Rothenbach, Kreis Waldenburg/Schlesien
G	94	Górecko	Alt Gurkowschbruch
G	95	Górki	Berg Kolonie
G	96	Górki	Görke
G	97	Górki Noteckie	Gurkow
G	98	Górne Ławy	Brügger Berge
G	99	Górny Śląsk	Oberschlesien
G	100	Górowo Iławeckie	Landsberg (Ostpreußen)
G	101	Górsko (Postomino)	Görshagen
G	102	Góry	Bergen
G	103	Góry Izerskie	Isergebirge
G	104	Gorzanów	Grafenort
G	105	Gorzanowice	Ober Hohendorf
G	106	Gorzebądz	Gohrbandshof
G	107	Gorzeszew	Johannesthal
G	108	Gorzeszów (Kamienna Góra)	Görtelsdorf
G	109	Górzno	Göhren
G	110	Gorzów Śląski	Landsberg (Oberschlesien)

G	111	Gorzów Wielkopolski	Landsberg an der Warthe
G	112	Gorzuchów	Möhlten
G	113	Górzyca	Göritz, Kreis Weststernberg/Brandenburg
G	114	Górzyca (Gryfice)	Görke a. d. R.
G	115	Gorzyca (Malechowo)	Göritz, Kreis Schlawe/Pommern
G	116	Górzynska	Bergdorf
G	117	Gorzysław	Arnsberg
G	118	Gościkowo	Paradies
G	119	Gościm	Gottschimm
G	120	Góścimiec	Gottschimmerbruch
G	121	Gościmierz	Gedde
G	122	Gościno	Groß Jestin
G	123	Gościradowo	Friedenau, Kreis Rastenburg/Ostpreußen
G	124	Gościszewo	Braunswalde, Kreis Stuhm/Ostpreußen
G	125	Gosciszów	Gießmannsdorf
G	126	Gosław	Gützlaffshagen
G	127	Gosławice	Goslawitz
G	128	Gostków	Giesmannsdorf
G	129	Gostomin	Justemin
G	130	Gostyń (Świerzno)	Groß Justin
G	131	Gostyń Łobeski	Justin
G	132	Goszczanów	Guscht
G	133	Goszczanowiec	Gutscherholländer
G	134	Goszczanówka	Gutscherbruch
G	135	Goszczowice	Buchengrund
G	136	Goszczowice	Guschwitz
G	137	Goszków	Gossow
G	138	Goszów	Gompersdorf

G	139	Goworów	Lauterbach, Landkreis Habelschwerdt
G	140	Gozdnica	Freiwaldau
G	141	Gozdno	Hägerfelde
G	142	Gozdowice	Güstebiese
G	143	Grabin	Gräwenhagen
G	144	Grąbkowo (Potęgowo)	Grumbkow
G	145	Grabnica	Gräbnitzfelde
G	146	Grabowa	Grabow (Fluss)
G	147	Grabowiec	Buchholz
G	148	Grabowiec (Lelkowo)	Schönwalde, Kreis Heiligenbeil/Ostpreußen
G	149	Grabówko (Kwidzyn)	Klein Grabau
G	150	Grabówko (Sianów)	Neu Martinshagen
G	151	Grabownica	Charlottenthal
G	152	Grabowo	Buchholz
G	153	Grabowo	Grabow
G	154	Grabowo	Martinshagen
G	155	Grądy	Grandshagen
G	156	Grądzkie	Funken
G	157	Grądzkie (Brzeżno)	Langenhaken
G	158	Grądzkie Ełckie	Steinkendorf
G	159	Gralewo	Gralow
G	160	Granowo	Granow
G	161	Grapice	Grapitz
G	162	Grapiczki	Neu Grapitz
G	163	Grąsino	Granzin, Kreis Stolp
G	164	Grąsy	Gramsfelde
G	165	Grebice	Johannisberg
G	166	Grębocin	Adolfshof

G	167	Grębocin	Gramtschen (Kreis Thorn)
G	168	Grębowo	Grambow
G	169	Gręzino	Granzin, Kreis Belgard
G	170	Grn. Lubiechów	Hohen Lübbichow
G	171	Grn.Krajnik	Hohenkränig
G	172	Grodziszcze	Lampersdorf
G	173	Gronowo	Groß Grünow
G	174	Gronowo (Braniewo)	Grunau, Kreis Heiligenbeil/Ostpreußen
G	175	Grudziądz	Graudenz
G	176	Gruszewo	Grüssow
G	177	Gryfice	Greifenberg
G	178	Gryfino	Greifenhagen
G	179	Grzechotki	Rehfeld, Kreis Heiligenbeil/Ostpreußen
G	180	Grzędy	Konradswaldau
G	181	Grzędy	Mittelkonradswaldau
G	182	Grzepnica	Armenheide
G	183	Grzęzno	Weitenhagen, Kreis Naugard/Pommern
G	184	Grzmiąca (Bytów)	Gramenz, Kreis Bütow/Pommern
G	185	Grzmiąca (Głuszyca)	Donnerau, Landkreis Waldenburg
G	186	Grzmiąca (Powiat Szczecinecki)	Gramenz, Kreis Neustettin/Pommern
G	187	Grzybno	Charlottenhof
G	188	Grzybowo	Gribow
G	189	Grzymiradz	Grünrade
G	190	Grzyżyno	Griesenfelde
G	191	Gtórnowo	Gornow
G	192	Gubin	Guben
G	193	Gubinek	Gubinchen
G	194	Gutowiec	Gutenwirt (1942-1945)
G	195	Gwiazdówko	Klein Quäsdow

G	196	Gwiazdowo (Sławno)	Groß Quäsdow
G	197	Gwiazdowo (Sławno)	Quäsdow
G	198	Gwoździany	Nagelschmieden
		H	
H	1	Huta (Bystrzyca Kłodzka)	Hüttenguth, Landkreis Habelschwerdt
		I	
I	1	Iglice	Geiblershof
I	2	Iława	Deutsch Eylau
I	3	Iłowa	Halbau
I	4	Imbramowice	Ingramsdorf
I	5	Imno (Wojwodschaft Westpommern)	Immenhaof
I	6	Imno (Wojwodschaft Westpommern)	Immenthal
I	7	Ina	Ihna
I	8	Inowrocław	Hohensalza (ab 1904)
I	9	Inowrocław	Inowrazlaw (bis 1904)
I	10	Ińsko	Nörenberg
I	11	Iwięcino	Eventin
I	12	Iwno	Ibsdorf
		J	
J	1	Jabłów	Gaablau
J	2	Jacinki	Jatzingen
J	3	Jadwiżyn	Charlottenhof, Kreis Neustettin/Pommern
J	4	Jagielno	Deutsch-Jägel
J	5	Jaglisko	Diebelsbruch

J	6	Jagów	Jagow
J	7	Jaksonów	Jackschönau
J	8	Jaksonów	Schwertern (1937–45)
J	9	Jakuszyce	Jakobsthal
J	10	Jamno	Jamund
J	11	Janczewo	Jahnsfelde
J	12	Janiewice	Jannewitz
J	13	Jankowo	Janikow
J	14	Janowa Góra	Johannesberg, Landkreis Habelschwerdt
J	15	Janowo	Johanneshöhe
J	16	Janowo	Johannisthal
J	17	Jarchlino	Jarchlin
J	18	Jarków	Järker, Landkreis Glatz
J	19	Jarkowo	Jarchow
J	20	Jarnołtów	Dürr Arnsdorf, Kreis Neiße, Schlesien
J	21	Jarogniew	Karlshof
J	22	Jaromierzyce	Bocksberg
J	23	Jarosławiec (Maszewo)	Neuendorf, Gemeinde Massow, Kreis Naugard/Pommern
J	24	Jarosławiec (Postomino)	Jershöft
J	25	Jarosławsko	Gerzlow
J	26	Jarszewko	Jassow
J	27	Jarszewo	Jassow
J	28	Jarzębowo	Jarmbow
J	29	Jasiel	Jatzel
J	30	Jasienica	Jasenitz
J	31	Jasna Góra (Bogatynia)	Lichtenberg
J	32	Jastarnia	Heisternest
J	33	Jastrzębie Zdrój	Bad Königsdorff-Jastrzemb

J	34	Jastrzębie Zdrój	Jastrzemb
J	35	Jastrzębie Zdrój	Königsdorff-Jastrzemb
J	36	Jastrzębie Zdrój	Nieder Jastrzemb
J	37	Jastrzębnik	Christophswalde
J	38	Jastrzębniki (Sławoborze)	Falkenberg, Kreis Belgard
J	39	Jaszkowa Dolna	Niederhannsdorf
J	40	Jaszkowa Górna	Oberhannsdorf
J	41	Jaszkówka	Neuhannsdorf, Kreis Glatz/Schlesien
J	42	Jaszysław	Julianenhof
J	43	Jatki	Brendemühl
J	44	Jawor	Jauer
J	45	Jaworek (Międzylesie)	Urnitz, Landkreis Habelschwerdt
J	46	Jawornica (Lewin Kłodzki)	Jauernig, Landkreis Glatz
J	47	Jaworze	Gabbert
J	48	Jaworzyna Śląska	Königszelt
J	49	Jażdże	Jaasder Katen
J	50	Jaźwiny	Hertelsaue
J	51	Jazy (Dygowo)	Jaasde
J	52	Jeczydól	Brenkenhofswalde
J	53	Jedlice	Augusthof
J	54	Jędrzychów (Zielona Góra)	Heinersdorf
J	55	Jedwabno	Gedwangen
J	56	Jelcz	Jeltsch
J	57	Jelenia Góra	Hirschberg
J	58	Jelenin	Gellen
J	59	Jelenino	Annaberg
J	60	Jeleniów	Gellenau
J	61	Jemielnica	Himmelwitz
J	62	Jemiołów	Petersdorf, Kreis

			Oststernberg/Brandenburg
J	63	Jenikowo	Hohen Schönau
J	64	Jenin	Gennin
J	65	Jerzykowice Małe	Kleingeorgsdorf
J	66	Jerzykowice Wielkie	Großgeorgsdorf
J	67	Jeze	Giesen
J	68	Jezierzany (Postomino)	Neuenhagen, Amt, Kreis Schlawe/Pommern
J	69	Jezierzyce (Rąbino)	Jeseritz, Kreis Belgard/Pommern
J	70	Jezierzyce (Słupsk)	Jeseritz, Kreis Stolp/Pommern
J	71	Jeziorany	Seeburg
J	72	Jeziorka (Damnica)	Gesorke
J	73	Jeziorka (Damnica)	Kleinwasser (1938-45)
J	74	Jeziorki Kosztowskie, Gmina Wysoka	Schönsee
J	75	Jeziórko	Jeserich (1942-1945)
J	76	Jezioro Bobięcińskie Małe	Kleiner Papenzin-See
J	77	Jezioro Bobięcińskie Wielkie	Großer Papenzin-See
J	78	Jezioro Bukowo	Buckower See
J	79	Jezioro Długie	Langer See
J	80	Jezioro Jamno	Jamunder See
J	81	Jezioro Kamienicki	Buckowiner See
J	82	Jezioro Kamienne (Polanów)	Kamin-See
J	83	Jezioro Kopań	Vitter See
J	84	Jezioro Myśliborskie	Soldiner See
J	85	Jezioro Wicko	Vietzker See
J	86	Jezioro Wielke	Großer See
J	87	Jezioro Wierzchowo	Virchowsee
J	88	Jezioro Wilczkowo	Völzkowsee, Kreis Dramburg
J	89	Jeżyce (Darłowo)	Altenhagen, Kreis Schlawe/Pommern

J	90	Jeżyczki	Neuenhagen, Abtei, Kreis Schlawe/Pommern
J	91	Jodłów (Międzylesie))	Thanndorf, Landkreis Habelschwerdt
J	92	Jordanowo.	Jordan
J	93	Jugowice	Hausdorf
J	94	Jurczyce	Georgendorf
J	95	Juszowice	Jauschwitz
		K	
K	1	Kądzielno	Heinrichshof, Kr. Kolberg
K	2	Kalety	Kalet
K	3	Kalety	Stahlhammer
K	4	Kalinowo	Dreimühlen (1938-45)
K	5	Kalinowo	Kallinowen
K	6	Kalisz	Kalisch, Kreis Kalisch/Posen
K	7	Kalisz (Dziemiany)	Kalisch, Kreis Berent/Westpreußen
K	8	Kały	Podewils, Kreis Oppeln/Oberschlesien
K	9	Kamica	Kämitz
K	10	Kamień Pomorski	Cammin
K	11	Kamień Rymański	Hohenfier
K	12	Kamień Śląski	Groß Stein
K	13	Kamieńczyk	Steinbach
K	14	Kamienica (Stronie Śląskie)	Kamnitz, Kreis Habelschwerdt/Schlesien
K	15	Kamieniec (Kłodzko)	Kamnitz, Kreis Glatz/Schlesien
K	16	Kamienna (Bystrzyca Kłodzka)	Steingrund
K	17	Kamienna Góra	Landeshut
K	18	Kamionka (Nidzica)	Steinau, Kreis Neidenburg/Ostpreußen
K	19	Kamosowo	Kamissow
K	20	Kanigowo	Kandien

K	21	Kanin	Kannin
K	22	Kapice (Połczyn Zdrój)	Kappe, Kreis Belgard
K	23	Karczno	Albrechtsdorf
K	24	Kargowa	Unruhstadt
K	25	Karkonosze	Riesengebirge
K	26	Karlino	Körlin (Persante)
K	27	Karłów	Karlsberg
K	28	Karnice (Powiat Gryficki)	Karnitz, Kreis Greifenberg/Pommern
K	29	Karnice (Radowo Male)	Karnitz, Kreis Regenwalde/Pommern
K	30	Karnice (Udanin)	Körnitz, Kreis Neumarkt/Schlesien
K	31	Karnice (Żmigród)	Körnitz, Kreis Militsch/Schlesien
K	32	Karnieszewice	Karnkewitz
K	33	Karpacz	Krummhübel
K	34	Karpniki	Fischbach
K	35	Karpno (Lądek-Zdrój)	Karpenstein
K	36	Karsibór	Caseburg
K	37	Karsibór	Karsbaum
K	38	Karsibór	Kaseburg
K	39	Karsibór (Wałcz)	Keßburg
K	40	Karsin (Połczyn Zdrój)	Karzin, Kreis Belgard/Pommern
K	41	Karsina	Karzin, Kreis Köslin/Pommern
K	42	Karsinka	Karzin (Vorwerk), Kreis Köslin/Pommern
K	43	Karsino	Karzin, Kreis Schlawe/Pommern
K	44	Kartlewo	Kartlow, Kreis Cammin/Pommern
K	45	Kartlewo (Świdwin)	Kartlow, Kreis Belgard/Pommern
K	46	Karwia (Władysławowo)	Karwen, Kreis Putzig/Westpreußen
K	47	Karwice (Drawsko Pomorskie)	Karwitz, Kreis Dramburg/Pommern
K	48	Karwice (Malechowo)	Karwitz, Kreis Schlawe/Pommern

K	49	Karwie (Mrągowo)	Karwen, Kreis Sensburg/Ostpreußen
K	50	Karwin (Drezdenko)	Hammer, Kreis Friedeberg (Neumark)/Brandenburg
K	51	Karwno	Karwen, Kreis Stolp/Pommern
K	52	Karżcino	Karzin, Kreis Stolp/Pommern
K	53	Karznica	Ramnitz (1938-45)
K	54	Karznica	Wendisch Karstnitz (1937–1945 Ramnitz)
K	55	Kaszewo	Heinrichswalde
K	56	Katowice	Kattowitz
K	57	Kąty Bystrzyckie	Winkeldorf, Landkreis Habelschwerdt
K	58	Kawcze (Miastko)	Kaffzig
K	59	Kawki	Altkarber Berge
K	60	Kawno (Malechowo)	Kaunow
K	61	Kcynia	Exin
K	62	Kczewo (Kobylnica)	Egsow
K	63	Kczewo (Przodkowo)	Exau, Kreis Karthaus/Westpreußen
K	64	Kędrzyno	Gandelin
K	65	Kędzierzyn	Heydebreck O.S. (1934-1945)
K	66	Kędzierzyn	Kandrzin
K	67	Kępa (Trzcianka)	Kappe, Kreis Deutsch Krone
K	68	Kępa (Trzebiatów)	Kamp (-Wustrow), Kreis Greifenberg/Pommern
K	69	Kępa Zagajna	Friedrichslust
K	70	Kępice	Hammermühle, Kreis Rummelsburg/Pommern
K	71	Kępiec	Lüdtkenkamp
K	72	Kępiny (Bytnica)	Kuttel
K	73	Kępiny (Polanów)	Neumühlenkamp
K	74	Kępiny Małe	Zeyervorderkampen
K	75	Kępiny Wielkie	Zeyerniederkampen

K	76	Kępno	Kempen, Kreis Kempen/Posen
K	77	Kępno (Dobrzany)	Kempendorf, Kreis Saatzig/Pommern
K	78	Kępno (Słupsk)	Kempen, Kreis Stolp/Pommern
K	79	Kępno (Szczecinek)	Kempen, Kreis Neustettin/Pommern
K	80	Kętrzyn	Rastenburg
K	81	Kikowo	Kieckow
K	82	Kilianki (Kowale Oleckie)	Friedensdorf, Kreis Treuburg/Ostpreußen
K	83	Kisielice (Białogard)	Vorwerk (Pommern)
K	84	Kłącko	Klanzig
K	85	Klecina	Klettendorf
K	86	Klępczewo	Klemzow, Kreis Belgard
K	87	Klępicz	Klemzow, Kreis Königsberg (Neumark)
K	88	Klępino Białogardzkie	Klempin
K	89	Klepnica	Glietzig
K	90	Kletno	Klessengrund
K	91	Kliniska Wielkie	Christinenberg
K	92	Klodawa	Tonningen
K	93	Kłodzino (Barwice)	Klotzen
K	94	Kłodzino (Golczewo)	Klötzin, Kreis Cammin/Pommern
K	95	Kłodzino (Przelewice)	Kloxin
K	96	Kłodzino (Rąbino)	Klötzin, Kreis Belgard/Pommern
K	97	Kłodzko	Glatz
K	98	Kłokowo	Klockow
K	99	Kłopot	Kloppitz
K	100	Kłosowo	Hansfelde, Kreis Deutsch Krone
K	101	Kloster Bukowo	Kloster Buckow
K	102	Klucz	Klütz
K	103	Kluczbork	Kreuzburg O. S.
K	104	Kluczkowo	Klützkow

K	105	Kobierzyce	Koberwitz
K	106	Kobierzyce	Rößlingen (1937–1945)
K	107	Kobylnica	Kublitz
K	108	Kobylniczka	Adlig Kublitz
K	109	Kocioł (Lewin Kłodzki)	Kuttel, Kreis Glatz/Schlesien
K	110	Kociołek	Kessel
K	111	Kocury	Hagenhorst (bis 1862 Glashütte)
K	112	Koczała	Flötenstein
K	113	Kodrąb	Codram
K	114	Kodrąb (Wollin)	Kodram
K	115	Kojecin	Baumgarten
K	116	Kol. Mirowo	Freienfelde
K	117	Kołacz (Połczyn Zdrój)	Kollatz
K	118	Kołaczek	Neu Kollatz
K	119	Kołbacz	Kolbatz
K	120	Kołbaskowo	Kolbitzow
K	121	Koło	Warthbrücken
K	122	Kołobrzeg	Kolberg
K	123	Kolonia pod Lasem	Bergoben
K	124	Kolsko	Kolzig
K	125	Komarno	Kammerswaldau
K	126	Komorczyn	Kummerzin
K	127	Komorowo (Polanów)	Kummerow, Kreis Schlawe/Pommern
K	128	Komorowo (Resko)	Kummerow, Kreis Regenwalde/Pommern
K	129	Konary	Korngut (1939-45)
K	130	Kończewo	Kunsow
K	131	Konotop	Friedenau, Kreis Arnswalde/Pommern
K	132	Konotop (Polen)	Kontopp

K	133	Konradów (Lądek Zdrój)	Konradswalde
K	134	Konradów (Wałbrzych)	Konradsthal
K	135	Kopaczów	Oberullersdorf
K	136	Kopań (Darłowo)	Kopahn
K	137	Kopnica	Köpnitz
K	138	Korfantów	Friedland (Oberschlesien)
K	139	Korlino	Körlin, Kreis Schlawe/Pommern
K	140	Koronowo	Crone an der Brahe
K	141	Koronowo	Krone an der Brahe
K	142	Koronowo	Polnisch Krone
K	143	Korpysy (Kobyla Góra)	Ottosberg
K	144	Korsze	Korschen
K	145	Korytów	Koritau
K	146	Korzybie (Kępice)	Zollbrück
K	147	Korzystno	Alt Werder
K	148	Kosakowo (Srokowo)	Marienthal, Kreis Rastenburg/Ostpreußen
K	149	Kościan	Kosten
K	150	Kościanka	Hansfelde, Kreis Belgard
K	151	Kościernica (Białogard)	Kösternitz, Kreis Belgard/Pommern
K	152	Kościernica (Polanów)	Kösternitz, Kreis Schlawe/Pommern
K	153	Kościerzyna	Berent
K	154	Kościuszki	Hindenburg
K	155	Kosierzewo	Kusserow
K	156	Kosobudy	Birkholz
K	157	Kostroga	Helenenhof
K	158	Kostrzyn nad Odrą	Küstrin
K	159	Koszalin	Köslin
K	160	Koszanowo	Kussenow

K	161	Koszęcin	Koschentin
K	162	Koszelewy	Groß Koschlau
K	163	Koszewo	Groß Küssow
K	164	Kosztowy	Kosztow
K	165	Koszwice	Koschwitz
K	166	Kotlarnia	Jakobswalde
K	167	Kotlina	Forsthaus Kesselgrund
K	168	Kowal	Freistadt (1939-1942)
K	169	Kowal	Kowall (1943–1945)
K	170	Kowale	Kawelberg
K	171	Kowale, Gmina Pieniężno	Schönsee
K	172	Kowalewice	Alt Kugelwitz
K	173	Kowalewo Pomorskie	Schönsee
K	174	Kowalki	Beierswalde
K	175	Kowalki	Kowalk
K	176	Kowalki (Rypin)	Schmiedehof (1939–1945)
K	177	Kowalowa (Mieroszów)	Schmidtsdorf
K	178	Kowańcz	Kawantz
K	179	Kozielice (Golczewo)	Köselitz, Kreis Cammin/Pommern
K	180	Kozielice (Powiat Pyrzycki)	Köselitz, Kreis Pyritz/Pommern
K	181	Kozin	Eiserbruch
K	182	Kozin	Kosemühl
K	183	Koziniec (Ząbkowice Śląskie)	Löwenstein
K	184	Koźle	Cosel
K	185	Kozłowo	Groß Koslau
K	186	Kozłowo	Koslau
K	187	Kozły (Kobyla Góra)	Cäcilienthal
K	188	Kozmice	Kosemitz
K	189	Kozy (Czarna Dąbrówka)	Kose

K	190	Krąg (Polanów)	Krangen
K	191	Krajanów	Krainsdorf
K	192	Krajków	Kreika
K	193	Krajków	Rohrquell (1935–45)
K	194	Krajnik	Buddenbrock
K	195	Krajnik Dolny	Niederkränig
K	196	Kraków	Krakau
K	197	Kranowitz / Krzanowice	Kranstädt (1936–1945)
K	198	Krapkowice	Krappitz
K	199	Kraśnik Koszaliński	Kratzig
K	200	Krasny Las (heute Stadtteil von Elbing (Elbląg)	Schönwalde, Kreis Elbing/Ostpreußen
K	201	Krępa (Białogard)	Krampe, Kreis Belgard(Pommern
K	202	Krępa Słupska	Krampe, Kreis Stolp/Pommern
K	203	Krępsko	Hackenwalde
K	204	Krężel	Henkenheide
K	205	Krobielowice	Blüchersruh (1937–45)
K	206	Krobielowice	Krieblowitz
K	207	Królewice (Postomino)	Krolowstrand
K	208	Królewko	Neu Krolow
K	209	Królewo (Postomino)	Krolow
K	210	Królewska Huta, seit 1937 Chorzów	Königshütte
K	211	Krosinko (Tychowo)	Klein Krössin
K	212	Krosino	Grössin
K	213	Krośnice	Kraschnitz
K	214	Krosno odrzanskie	Crossen
K	215	Krosnowice	Rengersdorf
K	216	Krotoszyn	Krotoschin
K	217	Krukowo	Kruckenbeck

K	218	Krupski Młyn	Kruppamühle
K	219	Krupy (Darłowo)	Grupenhagen
K	220	Kryń	Forsthaus Kerngrund
K	221	Krzecko	Kreitzig
K	222	Krzekoszewo	Louisenhof bei Kuhtz, Kreis Schlawe
K	223	Krzemień (Dobrzany)	Kremmin
K	224	Krzesimowo	Emmyhütten
K	225	Krzeszewo	Eulenberg
K	226	Krzeszówek	Neuen, Kreis Landeshut
K	227	Krzeszyce	Kriescht
K	228	Krzewina Zgorzelecka	Grunau
K	229	Krzymów	Hanseberg
K	230	Krzynka	Hackelspring
K	231	Krzyszczyna	Cocceji-Neudorf
K	232	Krzyszczynka	Cocceji-Neuwalde
K	233	Krzywe	Bergenau
K	234	KrŻywiec	Altstadt
K	235	Krzywnia	Augustenhof (Kreis Reppen)
K	236	Krzyż Wielkopolski	Kreuz (Ostbahn)
K	237	Krzyżanów (Lewin Kłodzki)	Kreuzdorf (1929–1945), Landkreis Glatz
K	238	Krzyżanów (Lewin Kłodzki)	Krzischney (auch Krischney), Kreis Glatz/Schlesien
K	239	Krzyżanowice	Kreuzenort
K	240	Krzyżowa	Kreisau
K	241	Książ Wielkopolski	Xions
K	242	Kudowa-Zdrój	Bad Kudowa
K	243	Kukini	Alt Quetzin
K	244	Kuklice	Berghuben (1937–45)
K	245	Kuklice	Guckelwitz

K	246	Kukułczyn	Neuwelt
K	247	Kukułowo	Kucklow
K	248	Kuleszewo	Kulsow
K	249	Kulin Kłodzki	Keilendorf, Landkreis Glatz
K	250	Kusice	Kuhtz
K	251	Kuźnica Czarnkowska	Hammer, Netzekreis/Pommern
K	252	Kuźnica Drawska	Hammer, Kreis Neustettin/Pommern
K	253	Kuźnica Głogowska	Hammer, Kreis Glogau/Schlesien
K	254	Kuźnica Zbąska	Hammer, Kreis Grätz/Posen
K	255	Kuźnice Świdnickie	Fellhammer, Landkreis Waldenburg
K	256	Kwakowo (Kobylnica)	Quackenburg
K	257	Kwakowo (Szczecinek)	Alt Quackow
K	258	Kwasowo	Quatzow
K	259	Kwidzyn	Marienwerder
K	260	Kwielice	Marienquell (Quilitz)
K	261	Kwielice	Quilitz (auch Marienquell)
K	262	Kwisa	Queis (Fluss)
		L	
L	1	L. [Leśniczówka] Bielice	Forsthaus Balbitzow
L	2	L. [Leśniczówka] Borowik	Forsthaus Pribbernow
L	3	L. [Leśniczówka] Bytowo	Forsthaus Stabenow
L	4	L. [Leśniczówka] Debowiec	Forsthaus Wolfsgrube
L	5	L. [Leśniczówka] Dębsko	Forsthaus Lauenbrügge
L	6	L. [Leśniczówka] Dzicz	Forsthaus Jägerwerder
L	7	L. [Leśniczówka] Kościelec	Forsthaus Kirchensee
L	8	L. [Leśniczówka] Zielęcin	Forsthaus Sellenthin
L	9	Łabuń Wielki	Labuhn, Kreis Regenwalde/Pommern
L	10	Łącko (Postomino)	Lanzig

L	11	Łączna	Wiesau
L	12	Łączna (Mieroszów)	Raspenau
L	13	Lądek Zdrój	Landeck, Bad, Kreis Habelschwerdt
L	14	Lądek-Zdrój	Bad Landeck
L	15	Łagiewniki	Elvershagen
L	16	Łagiewniki	Heidersdorf
L	17	Łagodzin	Egloffstein
L	18	Łąka Prudnicka	Gräflich Wiese
L	19	Łąki Kozielskie	Lenkau
L	20	Lakoszow	Wiesenberg, Kreis Jauer/Schlesien
L	21	Łąkówko	Lankow b. Bad Polzin, Kreis Belgard
L	22	Łąkowo	Lankow b. Schivelbein, Kreis Belgard
L	23	Łany	Grünheide, Kreis Schlawe/Pommern
L	24	Łask	Lask
L	25	Laski	Heinrichswalde, Kr. Reichenstein
L	26	Laski (Białogard)	Latzig, Kreis Belgard/Pommern
L	27	Laski (Kołczygłowy)	Latzig, Gm. Lubben, Kreis Rummelsburg/Pommern
L	28	Laski (Malechowo)	Latzig, Kreis Schlawe/Pommern
L	29	Laski Koszalińskie	Latzig, Kreis Köslin/Pommern
L	30	Laski Wałeckie	Latzig, Kreis Deutsch Krone/Pommern
L	31	Łasko	Althütte
L	32	Laskowice Oławskie	Laskowitz
L	33	Laskowice Oławskie	Markstädt
L	34	Laskowo	Groß Latzkow
L	35	Lasocice	Laßwitz, Kreis Lissa
L	36	Lasow	Lissa (Kr. Görlitz)
L	37	Lasówka	Kaiserswalde, Kreis Habelschwerdt
L	38	Łaszewo	Erdmannsthal

L	39	Łatno	Altendorf
L	40	Ławy	Brügge
L	41	Łaziska Górne	Ober Lazisk
L	42	Łaziszcze	Engels Loos
L	43	Łazy	Lazy
L	44	Łebień (Damnica)	Labehn, Kreis Stolp/Pommern
L	45	Łebień (Nowa Wieś Lęborska)	Labehn, Kreis Lauenburg/Pommern
L	46	Lębork	Lauenburg
L	47	Łebunia	Labunn, Kreis Lauenburg/Pommern
L	48	Łęczna	Henningswalde
L	49	Łęczno (Białogard)	Lenzen
L	50	Łęczyca	Lentschütz
L	51	Łęczyce (Powiat Wejherowski)	Lanz
L	52	Lędyczek	Landeck, Kreis Schlochau (Westpreußen)
L	53	Łęgi (Połczyn Zdrój)	Langen
L	54	Legnica	Liegnitz
L	55	Legnickie Pole	Wahlstatt
L	56	Łękinia	Friedrichsdorf, Kreis Naugard/Pommern
L	57	Łęknica	Lugknitz
L	58	Łękno (Będzino)	Bast
L	59	Lenarcice	Geppersdorf
L	60	Lesica	Freiwalde, Kreis Habelschwerdt/Schlesien
L	61	Leśna	Marklissa
L	62	Leśna (Lewin Kłodzki)	Löschney, Landkreis Glatz
L	63	Leśna (Lewin Kłodzki)	Talheim (1937–1945), Landkreis Glatz
L	64	Leśnica (Darłowo)	Fichtberg
L	65	Leśnica (Fluss)	Leitznitz

L	66	Leśno	Hohenleese
L	67	Lestkówko	Klein Leistikow
L	68	Lestkowo	Groß Leistikow
L	69	Leszczno	Holzhagen
L	70	Leszczyna	Haasel, Landkreis Goldberg/Niederschlesien
L	71	Leszno	Lissa (Polnisch Lissa)
L	72	Leszno	Polnisch Lissa
L	73	Łętowo (Choczewo)	Lantow, Kreis Launeburg/Pommern
L	74	Łętowo (Sławno)	Lantow, Kreis Schlawe/Pommern
L	75	Lewice	Löwitz (Kr. Leobschütz, Schlesien)
L	76	Lewin Kłodzki	Hummelstadt (1939–45)
L	77	Lewin Kłodzki	Lewin
L	78	Łężno	Friedrichsberg, Kreis Glatz/Schlesien
L	79	Łężyce (Szczytna)	Friedersdorf
L	80	Łężyce Górne	Johannesthal, Landkreis Glatz
L	81	Lidzbark	Lautenburg
L	82	Linia (Powiat Wejherowski)	Linde, Kreis Neustadt/Westpreußen
L	83	Lipce	Guteherberge
L	84	Lipce	Liepz
L	85	Lipce	Lindenbusch
L	86	Lipiany	Lippehne
L	87	Lipie	Arnhausen
L	88	Lipinka	Jägersburg
L	89	Lipka (Powiat Złotowski)	Linde, Kreis Flatow/Pommern
L	90	Lipno (Główczyce)	Liepen
L	91	Lipno (Połczyn Zdrój)	Neu Liepenfier
L	92	Liśnica	Augustenhof (Kreis Belgard)
L	93	Liwiec	Liebsee

L	94	Łobez	Labes
L	95	Łódź	Litzmannstadt (1940–1945)
L	96	Łódź	Lodsch
L	97	Łojewo (Damnica)	Lojow
L	98	Łosino	Lossin
L	99	Łośnica	Lasbeck, Kreis Belgard
L	100	Łosośnica	Lasbeck, Kreis Regenwalde
L	101	Lotyń	Lottin
L	102	Łowin	Heller
L	103	Łozy	Klingenberg, Kreis Braunsberg
L	104	Lubań	Lauban
L	105	Lubawa	Löbau (Westpreussen)
L	106	Lubiana Pyrzycka	Alt Libbehne
L	107	Lubiatów	Aufzug
L	108	Lubicz	Blumenfelde
L	109	Lubiechów Dolny	Nieder Lübbichow
L	110	Lubiechow Gorny	Hohenlübbichow
L	111	Lubieszewo	Güntershagen
L	112	Lubieszewo	Ladekopp
L	113	Lubiewko	Brandsheide
L	114	Lubiewo	Brand
L	115	Lubin	Lebbin
L	116	Lubin	Lüben
L	117	Lubkowice	Johannisberg
L	118	Lubliniec	Lublinitz
L	119	Lubniewice	Königswalde, Kreis Oststernberg/Brandenburg
L	120	Lubogoszcz	Laubegast
L	121	Lubomin (Stare Bogaczowice)	Liebersdorf

L	122	Luboń	Luban
L	123	Luboradz	Gramhof
L	124	Łubowice	Lubowitz
L	125	Lubrza (Oppeln)	Leuber
L	126	Lubsko	Sommerfeld, Kreis Crossen/Brandenburg
L	127	Lubuczewo	Lübzow
L	128	Lubuń	Labuhn, Kreis Stolp/Pommern
L	129	Ludowe	Reinerzkrone
L	130	Ługi Ujskie	Usch Hauland
L	131	Łukowice	Altenkirchen
L	132	Lulewice	Alt Lülfitz
L	133	Lulewice	Lülfitz
L	134	Lulewiczki	Neu Lülfitz
L	135	Łuninka	Breitebruch
L	136	Lunowo	Lunau (Schalmey)
L	137	Łupawa	Lupow (Fluss)
L	138	Łupawa (Potęgowo)	Lupow (Ort)
L	139	Łupiny	Lupinenhof
L	140	Lutówko	Albertinenburg
L	141	Lutynia (Lądek-Zdrój)	Leuthen, Landkreis Habelschwerdt
L	142	Luzino	Freienau (1942-43)
L	143	Luzino	Lintzau (1943-45)
L	144	Luzino	Lusin (1942-43 Freienau, 1943-45 Lintzau)
L	145	Lwówek Śląski	Löwenberg
L	146	Łyna	Lahna
L	147	Łyskowo	Ernstburg
		M	

M	1	Machowica	Elis
M	2	Maciowakrze	Matzkirch
M	3	Mącznik (Siemyśl)	Altemühle, Kreis Kolberg-Körlin/Pommern
M	4	Mąkolno	Maifritzdorf
M	5	Makoszyce (Kobyla Góra)	Mangschütz
M	6	Malbork	Marienburg
M	7	Małe Gliśno	Klein Glisno (Kreis Bütow)
M	8	Malechówko	Neu Malchow
M	9	Malechowo	Malchow
M	10	Maliniec	Höckenberg
M	11	Małomice	Mallmitz
M	12	Małomierz	Luisenhof, Kreis Schlawe/Pommern
M	13	Manki	Manchengut
M	14	Manowo	Manow
M	15	Marcinów (Kobyla Góra)	Märzdorf
M	16	Marciszów	Merzdorf
M	17	Marianka (Pasłęk)	Marienfelde, Kreis Preußisch Holland/Ostpreußen
M	18	Marianówka (Bystrzyca Kłodzka)	Mariendorf
M	19	Marianowo	Marienfließ
M	20	Markocice	Markersdorf
M	21	Marszewo (Goleniów)	Marsdorf
M	22	Marszewo (Postomino)	Marsow
M	23	Marszowice	Marschwitz
M	24	Marydół	Marienthal, Kreis Schildberg/Posen
M	25	Marzęcice (Żórawina)	Marienthal, Kreis Breslau/Schlesien
M	26	Marzenin (Drezdenko)	Marienthal, Kreis Friedeberg (Neumark)/Brandenburg
M	27	Masłowice (Woiwodschaft Westpommern)	Masselwitz

M	28	Mątowy Małe	Klein Montau
M	29	Mątowy Wlk.	Groß Montau
M	30	Mazów	Meitzow
M	31	Mazury	Masuren
M	32	Mechowo	Dorphagen
M	33	Mechowo Łobeskie	Zimmerhausen
M	34	Męcinka	Herrmannsdorf
M	35	Mętno	Mantel
M	36	Mianowice	Mahnwitz
M	37	Miasteczko Śląskie	Georgenberg (Oberschlesien)
M	38	Miastko	Rummelsburg
M	39	Michałowice (Międzylesie)	Michaelsthal
M	40	Miednik	Medenick
M	41	Międzygórze	Wölfelsgrund
M	42	Międzylesie	Mittelwalde
M	43	Międzyrzecz	Meseritz, Kreis Meseritz/Brandenburg
M	44	Międzyrzecze	Haidau
M	45	Międzyrzecze	Meseritz, Kreis Belgard/Pommern
M	46	Międzywodzie	Heidebrink
M	47	Międzyzdroje	Misdroy
M	48	Miejska Górka	Görchen
M	49	Mielno	Groß Möllen
M	50	Mieroszów	Friedland (Niederschlesien)
M	51	Mierzęcin	Friedrichsdorf, Kreis Cosel/Schlesien
M	52	Mierzyn	Alt Marrin
M	53	Mieszkowice	Bärwalde (Neumark)
M	54	Mikołajki	Nikolaiken
M	55	Mikołajowice	Nikolstadt
M	56	Mikołów	Nikolai

M	57	Mikorowo	Mickrow
M	58	Mikstat	Mixstadt
M	59	Mikulice	Augustwalde (Kreis Guben)
M	60	Miłakowo	Liebstadt
M	61	Milicz	Militsch
M	62	Miłki	Milken
M	63	Miłobądz	Louisenhof bei Latzig, Kreis Schlawe
M	64	Miłogoszcz	Hohenfelde
M	65	Miłomłyn	Liebemühl
M	66	Miłoradz	Mielenz
M	67	Miłosna	Ischerey
M	68	Miłostowo	Waldhof
M	69	Miłowo	Flacke
M	70	Mirogniew	Augustenhof (Kreis Schlawe/Pommern)
M	71	Mironice	Himmelstädt
M	72	Mirosławice	Gumminshof
M	73	Mirosławin	Augustwalde (Kreis Stolp/Pommern)
M	74	Miroszewo	Steinort, Kreis Ueckermünde/Pommern
M	75	Mirsk	Friedeberg, Kreis Löwenberg/Schlesien
M	76	Miszkowice	Michelsdorf, Landkreis Landeshut
M	77	Młoty (Bystrzyca Kłodzka)	Hammer, Kreis Habelschwerdt/Schlesien
M	78	Młynary	Mühlhausen (Ostpreußen)
M	79	Młyniska (Polanów)	Alte Mühle, Kreis Schlawe/Pommern
M	80	Młynów	Mühldorf
M	81	Młynowiec	Mühlbach
M	82	Młyny (Kobyla Góra)	Klostermühlchen
M	83	Moczkowo	Tobelhof
M	84	Moczydła	Erbenswunsch

M	85	Moczyłki	Springkrug
M	86	Modrolas	Mandelatz
M	87	Modrzewie	Grünhorst
M	88	Modrzewiec	Heyde
M	89	Mogilica	Muglitz
M	90	Mojszewo	Groß Moitzow
M	91	Mokradła	Brenkenhofsbrink
M	92	Mokre (Maszewo)	Schönwalde, Kreis Naugard/Pommern
M	93	Mokryca	Albertinenhof
M	94	Mokrzyca Wielka	Groß Mokratz
M	95	Mołtowo	Moltow
M	96	Morąg	Mohrungen
M	97	Moryń	Mohrin
M	98	Moryn Dwór	Gut Mohrin
M	99	Morzyca	Blumberg
M	100	Mosina	Moschin
M	101	Mostkowo	Chursdorf
M	102	Mostowice	Langenbrück, Kreis Habelschwerdt
M	103	Mosty	Wendisch Musta (1937-1945 Birkfähre)
M	104	Mosty (Goleniów)	Speck, Kreis Naugard/Pommern
M	105	Moszczanka	Langenbrück (Landkreis Neustadt, Oberschlesien)
M	106	Motarzyn	Muttrin, Kreis Belgard/Pommern
M	107	Motarzyno	Muttrin, Kreis Stolp/Pommern
M	108	Mozdzanowo	Mützenow
M	109	Mrągowo	Sensburg
M	110	Mroczkowice	Egelsdorf
M	111	Mrzezino	Bresin (Kreis Putzig)
M	112	Mrzeżyno	Deep

M	113	Mrzeżyno	Treptower Deep
M	114	Murów	Hermannsthal O.S. (1936–45)
M	115	Murów	Murow
M	116	Murzynno	Groß Morin
M	117	Murzynowo	Morrn
M	118	Muszaki	Muschaken
M	119	Muszkowo	Mauskow
M	120	Myje (Kobyla Góra)	Kamillenthal
M	121	Myśla	Mietzel
M	122	Myślęcin	Louisenhof, Kreis Neustettin
M	123	Myślibórz	Soldin
M	124	Mysliborz Wlk.	Groß Mützelburg
M	125	Myśligoszcz	Marienfelde, Kreis Schlochau/Pommern
M	126	Mzdowo	Misdow
		N	
N	1	Nacław (Polanów)	Natzlaff
N	2	Naćmierz (Postomino)	Natzmershagen
N	3	Naćmierz (Resko)	Natzmersdorf
N	4	Nadbór	Nadebahr
N	5	Nadrzyn	Billerbeck
N	6	Nadziejewo	Hansfelde, Kreis Schlochau
N	7	Nagodzice	Herzogswalde, Landkreis Habelschwerdt
N	8	Namyślin	Neumühl
N	9	Nasiedle	Nassiedel
N	10	Nastazin	Hermelsdorf
N	11	Nasutowo	Natztow
N	12	Nawino	Naffin

N	13	Nidzica	Neidenburg
N	14	Nieborowo (Wojwodschaft Westpommern)	Isinger
N	15	Niechorze	Horst, Kr. Greifenberg
N	16	Niedamirów	Kunzendorf
N	17	Niedary	Neiderei
N	18	Niedźwiedna	Weißbrod, Landkreis Habelschwerdt
N	19	Niedżwiedż	Barenbuch
N	20	Niedźwiedź (Kobyla Góra)	Bärenwalde
N	21	Nielep	Nelep
N	22	Niemcza	Nimptsch
N	23	Niemica (Golczewo)	Nemitz, Kreis Cammin/Pommern
N	24	Niemica (Malechowo)	Nemitz, Kreis Schlawe/Pommern
N	25	Niemieńsko	Nemischhof
N	26	Niemierzyn (Szczecin)	Nemitz, Stadtteil von Stettin
N	27	Niemierzyno (Połczyn Zdrój)	Nemrin
N	28	Niemierzyno (Świdwin	Nemmin
N	29	Niemodlin	Falkenberg i. OS
N	30	Niemojów	Marienthal, Kreis Habelschwerdt/Schlesien
N	31	Niesiedlin	Louisenhof bei Peest, Kreis Schlawe
N	32	Niesporowice	Hasselbusch
N	33	Nietków, siehe Czerwieńsk	Nettkow
N	34	Nietkowice	Deutsch-Nettkow (1937-45 Straßburg - Oder)
N	35	Nietoperek	Nipter
N	36	Niewiadowo	Harmsdorf
N	37	Nieznań	Heidchen
N	38	Nieżyn	Nossin
N	39	Niwa	Reichenau

N	40	Niwica	Gürgenaue
N	41	Niwica	Zibelle
N	42	Niwki	Tempelhof
N	43	Niwki (Namysłow)	Neuenhagen (1939-1945), Kreis Namslau/Schlesien
N	44	Niwki (Namysłow)	Niefe (bis 1939), Kreis Namslau/Schlesien
N	45	Niwy	Haideschäferei
N	46	Noskowo (Sławno)	Notzkow
N	47	Noskowo (Września)	Nassau (1939-45)
N	48	Nosowo	Güntersberg
N	49	Noteć	Netze (Fluss)
N	50	Nowa Bystrzyca	Neuweistritz
N	51	Nowa Cerekwia	Altstett
N	52	Nowa Cerekwia	Bieskau
N	53	Nowa Cerekwia	Deutsch Neukirch
N	54	Nowa Dąbrowa (Potęgowo)	Neu Damerow, Kreis Stolp/Pommern
N	55	Nowa Dąbrowa (Stara Dąbrowa)	Neu Damerow, Kreis Saatzig/Pommern
N	56	Nowa Łomnica	Neulomnitz
N	57	Nowa Morawa	Neu Mohrau
N	58	Nowa Ruda	Neurode
N	59	Nowa Sól	Neusalz an der Oder
N	60	Nowa Wieś (Międzylesie)	Neundorf
N	61	Nowa Wieś (Parchowo)	Neuendorf, kreis Bütow/Pommern
N	62	Nowa Wieś Ełcka	Neuendorf, Kreis Lyck/Ostpreußen
N	63	Nowa Wieś Kętrzyńska	Neuendorf, Kreis Rastenburg/Ostpreußen
N	64	Nowa Wieś Kłodzka	Neudorf
N	65	Nowa Wieś Lęborska	Neuendorf, Kreis Lauenburg/Pommern
N	66	Nowe Dębno	Neudamen

N	67	Nowe Karwno	Neu Karwen
N	68	Nowe Łozice	Neuhütten
N	69	Nowe Ludzicko	Neu Lutzig
N	70	Nowe Miasto Lubawskie	Neumarkt
N	71	Nowe Objezierze	Groß Wubiser
N	72	Nowe Resko	Ritzig
N	73	Nowe Siodło	Neudorf
N	74	Nowe Skórowo	Neu Schurow
N	75	Nowe Warpno	Neuwarp
N	76	Nowogard	Naugard
N	77	Nowogrod Bobrzański	Naumburg am Bober
N	78	Nowogrodziec	Naumburg am Queis
N	79	Nowy Dwór (Jedwabno)	Neuhof, Kreis Neidenburg
N	80	Nowy Dwór Gdański	Tiegenhof
N	81	Nowy Gierałtów	Neugersdorf, Kreis Habelschwerdt
N	82	Nowy Jarosław	Neu Järshagen
N	83	Nowy Kraków (Darłowo)	Neu Krakow
N	84	Nowy Sącz	Neusandez
N	85	Nowy Staw	Neuteich
N	86	Nowy Waliszów	Neuwaltersdorf
N	87	Nowy Wielisław	Neuwilmsdorf
N	88	Nowy Wiśnicz	Wischnitz
N	89	Nowy Żelibórz	Selberg B
N	90	Nowy Żytnik	Neue Mühle
N	91	Nysa	Neisse
N	92	Nysa Kłodzka	Glatzer Neiße
N	93	Nysa Łużycka	Görlitzer Neiße
N	94	Nysa Łużycka	Lausitzer Neiße

		O	
O	1	Obiezierze	Hitzdorf
O	2	Objazda (Namysłów)	Obischau
O	3	Objazda (Ustka)	Wobesde
O	4	Objezierze (Trzebielino)	Wobeser
O	5	Oborniki Śląskie	Obernigk
O	6	Oborzany	Nabern
O	7	Obryta	Groß Schönfeld
O	8	Ocieszów	Utschendorf, Landkreis Glatz
O	9	Odolanów	Adelnau
O	10	Odra	Oder (Fluss)
O	11	Ogartowo	Jagertow
O	12	Ogorzele	Neuendorf, Kreis Naugard/Pommern
O	13	Ogrodno	Kavelsberg
O	14	Okonek	Ratzebuhr
O	15	Okrzeszyn	Albendorf, Landkreis Landeshut
O	16	Okunica	Friedrichsthal, Kreis Pyritz/Pommern
O	17	Oława	Ohlau
O	18	Ołdrzychowice Kłodzkie	Ullersdorf an der Biele
O	19	Olecko	Marggrabowa (bis 1926)
O	20	Olecko	Oletzko (bis 1926)
O	21	Olecko	Treuburg (1926-1945)
O	22	Oleśnica	Oels
O	23	Oleśnica Górna	Ulbersdorf
O	24	Olkusz	Ilkenau
O	25	Olkusz	Olkusch
O	26	Olsztyn	Allenstein
O	27	Olsztynek	Hohenstein
O	28	Olszyna (Ostrzeszów)	Ollschin

O	29	Olszyńska Papiernia (Kobyla Góra)	Matthiasmühle
O	30	Ołużna	Seefeld
O	31	Omieciny (Kobyla Góra)	Charlottenmühle
O	32	Opaleniec	Flammberg
O	33	Oparów	Gaffel
O	34	Oparzno	Wopersnow
O	35	Opawa (Lubawka)	Oppau, Landkreis Landeshut
O	36	Opawica	Troplowitz
O	37	Opole	Oppeln
O	38	Opolno Zdrój	Wald
O	39	Oraczewice	Helmersruh
O	40	Orle	Haseleu
O	41	Orłowiec	Schönau bei Landeck
O	42	Orłowo (Gdynia)	Adlershorst
O	43	Orneta	Wormditt
O	44	Ortsteil von Puszczykowo	Unterberg
O	45	Orzechowo	Dingelsberg
O	46	Orzechowo	Düsterbeck
O	47	Orzesze	Orzesche
O	48	Osetna	Johannisberg
O	49	Osiecznica	Wehrau
O	50	Osiedle Załom	Arnimswalde
O	51	Osiek Łużycki	Wendisch Ossig (1937–1945 Warnsdorf, Niederschlesien)
O	52	Osieki (Borzytuchom)	Wusseken, Kreis Bütow/Pommern
O	53	Osieki (Kępice)	Wusseken, Kreis Schlawe/Pommern
O	54	Osieki (Sianów)	Wusseken, Kreis Köslin/Pommern
O	55	Osieki Słupskie	Wusseken, Kreis Stolp/Pommern
O	56	Osinów Dolny	Niederwutzen

O	57	Oskowo	Wutzkow
O	58	Ośno Lubuskie	Drossen
O	59	Osówko	Wutzow
O	60	Osowo	Wussow, Kreis Belgard-Schivelbein/Pommern
O	61	Osowo	Wussow, Kreis Rummelsburg/Pommern
O	62	Ostra Góra	Nauseney
O	63	Ostra Góra	Scharfenberg (1937–1945)
O	64	Ostre Bardo	Wusterbarth
O	65	Ostre Bardo (Sępopol)	Klingenberg, Kreis Bartenstein
O	66	Ostróda	Osterode
O	67	Ostrołęka	Ostrolenka
O	68	Ostrołęka	Scharfenwiese (1941–45)
O	69	Ostroszowice	Weigelsdorf
O	70	Ostrów	Wustrowsee
O	71	Ostrów Wielkopolski	Ostrowo
O	72	Ostrowący (Milicz)	Wiesenthal, Kreis Militsch/Schlesien
O	73	Ostrowice	Wusterwitz, Kreis Dramburg/Pommern
O	74	Ostrowiec (Dębno)	Wusterwitz, Kreis Soldin/Brandenburg
O	75	Ostrowiec (Malechowo)	Wusterwitz, Kreis Schlawe/Pommern
O	76	Ostrożyce	Ludwigslust, Kreis Arnswalde/Pommern
O	77	Ostrzeszów	Schildberg, Landkreis Schildberg
O	78	Ostrzyca	Bernhagen
O	79	Oświęcim	Auschwitz
O	80	Otmęt	Ottmuth
O	81	Otnoga	Mühlental (Pommern) (1938-45)
O	82	Otnoga	Wottnogge
O	83	Otyń	Deutsch Wartenberg

O	84	Owczarki	Hammelstall
O	85	Owiesno	Habendorf
O	86	Ozimek	Malapane
O	87	Ozorków	Brunnstadt
O	88	Ozorków	Osorkau
		P	
P	1	Palczewice	Palzwitz
P	2	Pałówko	Neu Paalow
P	3	Pałowo	Alt Paalow
P	4	Pamięcin	Denkhaus
P	5	Panigrodz	Frauengarten
P	6	Paprotki (Malechowo)	Neu Parpart
P	7	Paprotno (Karnice)	Parpart, Kreis Greifenberg/Pommern
P	8	Paprotno (Mielno)	Parpart, Kreis Köslin/Pommern
P	9	Paproty	Parpart, Kreis Schlawe/Pommern
P	10	Paprzyce	Papritzfelde
P	11	Parchowo	Parchau
P	12	Parsęta	Persante
P	13	Pasłęk	Preußisch Holland
P	14	Pasterka	Passendorf
P	15	Pasternik	Zittel
P	16	Pasterzyce	Pastern (1937–45)
P	17	Pasterzyce	Pasterwitz
P	18	Pasym	Passenheim
P	19	Paszęcin	Passentin
P	20	Paszków	Pohldorf, Kreis Habelschwerdt/Schlesien
P	21	Pawonków	Pawonkau

P	22	Pęciszewko	Petershagen, Kreis Schlawe/Pommern
P	23	Pęczerzyno	Panzerin
P	24	Pęgów	Hennigsdorf, Kr. Trebnitz
P	25	Pękanino	Groß Panknin
P	26	Pękanino	Panknin
P	27	Pękanino (Białogard)	Klein Panknin
P	28	Pełcza	Friedrichshorst
P	29	Pełczyce	Bernstein
P	30	Petrykozy	Althof
P	31	PGR Wierzbówek	Gut Werblitz
P	32	PGR Wrześno	Gutendorf
P	33	PGR Babin	Gut Babin
P	34	PGR Beczno	Benzrode
P	35	PGR Brunki	Brunken
P	36	PGR Chełm Grn.	Hohenwartenberg
P	37	PGR Grąd	Grandhof
P	38	PGR Graniczna	Grenzhof
P	39	PGR Lubanowo	Gut Liebenow
P	40	PGR Piaskowo	Gut Neuendorf
P	41	PGR Połczyno	Gustava
P	42	PGR Potuliny	Flackenhagen
P	43	PGR Tarnowo	Justinenhof
P	44	Piaseczno (Banie)	Neuendorf, Kreis Greifenhagen/Pommern
P	45	Piaski	Sandberg
P	46	Piaskowice (Bystrzyca Kłodzka)	Friedrichsgrund, Kreis Habelschwerdt/Schlesien
P	47	Piastowo	Bachmannshof
P	48	Piaszcze	Augustenhof (Kreis Stargard)
P	49	Pięćmiechowo	Badelhörne

P	50	Piekary Śląskie	Deutsch Piekar
P	51	Pieniężno	Mehlsack
P	52	Pieńkówko	Klein Pennekow
P	53	Pieńkowo	Pennekow
P	54	Pieńsk	Penzig
P	55	Pieszcz	Peest
P	56	Pieszkowo	Petershagen, Kreis Preußisch Eylau/Ostpreußen
P	57	Piła	Schneidemühl
P	58	Pilcz	Piltsch
P	59	Pilszcz	Piltsch
P	60	Piotrków Trybunalski	Petrikau
P	61	Piotrowice (Bystrzyca Kłodzka)	Herrnpetersdorf, Landkreis Habelschwerdt
P	62	Piotrowice Świdnickie	Peterwitz
P	63	Piotrówka	Petersgrätz
P	64	Pisary (Międzylesie)	Schreibendorf
P	65	Pisz	Johannisburg
P	66	Piszkowice	Pischkowitz
P	67	Piszkowice	Schloßhübel (1937–1945)
P	68	Płaszewo	Wendisch Plassow (1937–1945 Plassenberg)
P	69	Pławin	Breitenwerder
P	70	Pławnica	Plomnitz, Kreis Habelschwerdt/Schlesien
P	71	Płock	Plock
P	72	Płock	Plozk
P	73	Płock	Schröttersburg
P	74	Płonia	Buchholz
P	75	Płonia	Plöne
P	76	Płonica	Planitz

P	77	Płośnica	Heinrichsdorf, Kr. Neidenburg
P	78	Płoszkowo	Hütte
P	79	Płotno	Blankensee
P	80	Płoty	Plathe
P	81	Pluskocin	Freudenberg, Kreis Arnswalde/Pommern
P	82	Pluty (Szydłowo)	Ulrichsfelde, Kreis Deutsch Krone/Pommern
P	83	Pniewo	Bremerheide
P	84	Pniewo (Płoty)	Pinnow, Kreis Neustettin/Pommern
P	85	Pniów (Myślibórz)	Pinnow (bei Soldin), Kreis Soldin/Brandenburg
P	86	Pniów (Torzym)	Pinnow (Neumark), Kreis Weststernberg/Brandenburg
P	87	Pobierowo	Poberow
P	88	Pobłocie Małe	Klein Pobloth
P	89	Pobłocie Wielkie	Groß Pobloth
P	90	Podborsko	Kiefheide
P	91	Podbórz	Falkenburg
P	92	Podgórki (Malechowo)	Deutsch Puddiger
P	93	Podgórki (Malechowo)	Puddiger, Deutsch~
P	94	Podgóry	Wendisch Puddiger (1937–1945 Puddiger)
P	95	Podgóry (Kępice)	Puddiger, Wendisch~
P	96	Podgórze (Wałbrzych)	Oberwaldenburg
P	97	Podgórzyn	Friedrichsthal, Kreis Rastenburg/Ostpreußen
P	98	Podgrodzie	Altstadt
P	99	Podlesie	Althorst
P	100	Podlesie	Augustthal
P	101	Podlesie	Friedrichswalde
P	102	Podlesie (Głuchołazy	Schönwalde, Kreis Neiße/Schlesien

P	103	Podmokle Małe	Klein Posemuckel
P	104	Podmokle Wielkie	Groß Posemuckel
P	105	Podwilcze	Podewils, Kreis Belgard/Pommern
P	106	Poganice	Poganitz
P	107	Pogorzała Wieś	Wernersdorf
P	108	Pogórze	Pogosch
P	109	Pogórze	Brandewalde (bis 1936 Pogosch)
P	110	Pogorzelica	Fischerkaten
P	111	Pogorzelice	Langeböse
P	112	Pogrzymie	Birkenwerder
P	113	Pokrzywnica	Nesselwitz
P	114	Pokrzywno	Engelsburg
P	115	Polanica Górna	Neuheide, Kreis Glatz
P	116	Polanica-Zdrój	Altheide Bad, Kreis Glatz/Schlesien
P	117	Polanica-Zdrój	Bad Altheide eigtl. Altheide Bad
P	118	Półchleb	Polchlep
P	119	Połczyn Zdrój	Bad Polzin
P	120	Polesiny	Jägersfelde
P	121	Polkowice	Heerwegen (1937–1945)
P	122	Polkowice	Polkwitz
P	123	Pomianowo	Pumlow
P	124	Pomiłowo	Marienthal, Kreis Schlawe/Pommern
P	125	Poniatów (Bystrzyca Kłodzka)	Peucker
P	126	Poniatów (Wałbrzych)	Seitendorf
P	127	Ponikwa (Bystrzyca Kłodzka)	Verlorenwasser
P	128	Popielewko	Klein Poplow
P	129	Popielewo	Groß Poplow
P	130	Popielewo (Połczyn Zdrój)	Poplow
P	131	Popielewo (Trzebielino)	Pöppelhof

P	132	Popielów	Poppelau
P	133	Poradz	Muhlendorf
P	134	Porajów	Großporitsch
P	135	Poręba (Bystrzyca Kłodzka)	Lichtenwalde
P	136	Porzecze (Darłowo)	Preetz
P	137	Posada (Bogatynia)	Rusdorf
P	138	Postomino	Pustamin
P	139	Potażnia (Kobyla Góra)	Maria Alojs
P	140	Potęgowo (Powiat Słupski)	Pottangow
P	141	Potoczek (Międzylesie)	Alt Neisbach, Kreis Habelschwerdt
P	142	Potoczek (Międzylesie)	Neißbach, Kreis Habelschwerdt/Schlesien
P	143	Potuliniec	Heydebreck
P	144	Powalice	Petershagen, Kreis Kolberg/Pommern
P	145	Powidz (Polanów)	Friedensdorf, Kreis Schlawe/Pommern
P	146	Powidzko	Powitzko
P	147	Powidzko	Urdorf (1937–45)
P	148	Poznań	Posen
P	149	Pożrzadło	Groß Spiegel
P	150	Prądnik	Hauswerder
P	151	Prądy (Czarne)	Landeckermühle, Kreis Schlochau
P	152	Prątnik	Marienfelde, Kreis Braunsberg/Ostpreußen
P	153	Prokolno	Baumgarten
P	154	Prostki	Heidemühle
P	155	Prostynia	Scheibsdorf
P	156	Proszówek	Friedrichsdorf, Kreis Glogau/Schlesien
P	157	Prudnik	Neustadt in Oberschlesien
P	158	Prusice	Prausnitz
P	159	Prusinowo	Prütznow

P	160	Przasnysz	Praschnitz
P	161	Przeborowo	Friedrichsdorf, Kreis Friedeberg/Neumark
P	162	Przechlewo	Prechlau
P	163	Przecławice	Prisselbach (1937–45)
P	164	Przecławice	Prisselwitz
P	165	Przecznica	Querbach
P	166	Przeczno	Hagelfelde
P	167	Przegonia	Heidekrug, Kreis Belgard/Pommern
P	168	Przekolono	Groß Ehrenberg
P	169	Przelewice (Człopa)	Prellwitz
P	170	Przelewice (Powiat Pyrzycki)	Prillwitz
P	171	Przemęt	Priment
P	172	Przemyśl	Prömsel
P	173	Prześlice (Torzym)	Schönwalde, Kreis Oststernberg/Brandenburg
P	174	Przetocznica	Hammer, Kreis Züllichau-Schwiebus/Brandenburg
P	175	Przewłoki	Heinrichsthal
P	176	Przsiecki	Prossekel, Kreis Filehne/Posen (1904-1945 Wiesental)
P	177	Przsiecki	Wiesental (bis 1904 Prossekel), Kreis Filehne
P	178	Przybiernów	Pribbernow
P	179	Przybiernówko	Deutsch Pribbernow
P	180	Przybiernowo	Wendisch Pribbernow
P	181	Przybytnik	Vorwerk (Ostbrandenburg)
P	182	Przydarłów	Brederlow
P	183	Przyjezierze	Butterfelde
P	184	Przyłęg	Altenfließ
P	185	Przyłęk (Bardo)	Frankenberg b. Frankenstein

P	186	Przymiarki	Ankerholz
P	187	Przypolsko	Franzfelde
P	188	Przyrzecze	Wartenstein
P	189	Przystawy	Pirbstow
P	190	Przystawy (Grzmiąca)	Ernsthöhe
P	191	Przytocko	Pritzig
P	192	Przytok	Malzmühle
P	193	Przytok	Prittag
P	194	Przytok (Sianów)	Zwölfhufen, Kreis Schlawe/Pommern
P	195	Przytoń	Pritten
P	196	Przywodzie	Fürstensee
P	197	Pstrążna	Straußdörfel 1937–1945
P	198	Pstrążna	Straußeney
P	199	Pszczew	Betsche
P	200	Pszczyna	Pleß
P	201	Puck	Putzig
P	202	Pułtusk	Ostenburg (1941-1945)
P	203	Pustary	Pustar
P	204	Pustkowo	Pustchow
P	205	Puszczykówko, Bahnhof in Puszcykowo	Puschkau
P	206	Pyrzyce	Pyritz
		Q	
		R	
R	1	Rabias	Fernosfelde
R	2	Rąbinko	Klein Rambin
R	3	Rąbino	Groß Rambin

R	4	Racibórz	Ratibor
R	5	Racimierz	Herrmannsthal
R	6	Raciszów	Neu Sorge
R	7	Radachowo	Heidekavel
R	8	Radew	Radüe
R	9	Radków	Wünschelburg
R	10	Radochów	Reyersdorf
R	11	Radomierzyce	Radmeritz
R	12	Radosław (Sławno)	Coccejendorf
R	13	Radosna Góra	Freudenberg, Kreis Ortelsburg/Ostpreußen
R	14	Radosno	Freudenburg, Kreis Waldenburg/Schlesien
R	15	Radostowo	Freudenberg, Kreis Rössel/Ostpreußen
R	16	Radosze	Freudenberg, Kreis Rastenburg/Ostpreußen
R	17	Radowo Małe	Klein Raddow, Kreis Regenwalde
R	18	Radowo Wielkie	Groß Raddow
R	19	Raduń	Raduhn
R	20	Radzewo	Louisenhof, Kreis Belgard
R	21	Radzikowo	Marienthal, Kreis Rummelsburg/Pommern
R	22	Radzionków	Radzionkau
R	23	Radziszkowo	Flüchtenhagen
R	24	Rajsko	Bethanien
R	25	Ranowo	Karlshöhe, kreis Königsberg (Neumark)/Brandenburg
R	26	Rapice	Rampitz
R	27	Rąpin	Eschbruch
R	28	Rarwino	Rarfin
R	29	Rarwino	Rarvin

R	30	Raszków (Radków)	Seifersdorf
R	31	Ratajki	Ratteick
R	32	Ratno Dolne	Niederrathen
R	33	Ratno Górne	Oberrathen
R	34	Ratnowice	Rathmannsdorf
R	35	Rawicz	Rawitsch
R	36	Reblinko	Neu Reblin
R	37	Reblino	Alt Reblin
R	38	Reblino	Reblin
R	39	Rębowo (Potęgowo)	Rambow
R	40	Rębusz	Augustwalde (Kreis Arnswalde)
R	41	Recław	Hagen, Kreis Cammin
R	42	Recz	Reetz, Kreis Arnswalde/Pommern
R	43	Reczyce	Kutzdorfer Eisenhammer
R	44	Reda	Rheda
R	45	Redęcin	Reddentin
R	46	Redlica	Marienthal, Kreis Stettin/Pommern
R	47	Redlino	Redlin
R	48	Redło	Redel
R	49	Redzikowo	Reitz
R	50	Renice	Rehnitz
R	51	Retowo	Rottow
R	52	Robuń	Rabbun
R	53	Rochowo	Rochow
R	54	Rogalino	Röglin
R	55	Rogówek	Werdeck Ostrowite gehört zu Głusko, Gem.
R	56	Rogowo	Roggow, Kreis Regenwalde
R	57	Rogowo	Roggow, Kreis Saatzig

R	58	Rogowo (Białogard)	Roggow, Kreis Belgard
R	59	Rogóżka	Wolmsdorf
R	60	Rogoźnica	Groß Rosen
R	61	Rokicie	Gut E
R	62	Rokiciny (Czarna Dąbrówka)	Neurakitt
R	63	Rokicki Dwór	Neuhof, bei Neurakitt, Kreis Stolp/Pommern
R	64	Rokitki (Czarna Dąbrówka)	Klein Rakitt
R	65	Rokitno	Arnoldshof
R	66	Rokity (Czarna Dąbrówka)	Groß Rakitt
R	67	Rokity (Kozielice)	Rackitt
R	68	Role (Rąbino)	Röhlshof
R	69	Rolewice	Johanneswunsch
R	70	Ronino	Rönneberg
R	71	Rościno	Rostin
R	72	Rosnowo	Rohrbeck
R	73	Rosnowo Choieńskie	Agneshof
R	74	Rosocha (Polanów)	Rotzog
R	75	Rów	Rufen
R	76	Rówek	Klein Rowe
R	77	Rówienko (Główczyce)	Rowener Vorwerk
R	78	Równo (Barlinek)	Ruwen
R	79	Równo (Główczyce)	Rowen
R	80	Rowy (Ustka)	Rowe
R	81	Różana (Mieroszów)	Rosenau
R	82	Różanka	Rosenthal
R	83	Różańsko	Rosenthal
R	84	Rozkolno	Rußkuhlen
R	85	Rozogi	Friedrichshof, Kreis Ortelsburg/Ostpreußen

R	86	Roztoki (Międzylesie)	Schönfeld
R	87	Rozwady	Bachwitz-Erdmannsdorf
R	88	Ruda Śląska	Ruda (Oberschlesien)
R	89	Rudka (Czarna Dąbówka)	Neuhütte, Kreis Bütow/Pommern
R	90	Rudnica (Krzeszyce)	Hammer, Kreis Oststernberg/Brandenburg
R	91	Rudno (Nowa Sól)	Rauden, Kreis Freystadt
R	92	Rudno (Ostróda)	Rauden, Kreis Osterode/Ostpreußen
R	93	Rudno (Tychowo)	Rauden, Kreis Belgard
R	94	Rumia	Rahmel
R	95	Rumsko	Rumbske
R	96	Runowo (Lidzbark Warmiński)	Raunau
R	97	Runowo (Potęgowo)	Groß Runow
R	98	Runowo (Trzcianka)	Runau
R	99	Runowo (Węgorzyno)	Ruhnow (Dorf)
R	100	Runowo Pomorskie	Ruhnow (Bahnhof)
R	101	Runowo Sławieńskie	Klein Runow
R	102	Rurka	Rörchen
R	103	Rusinowa	Reußendorf
R	104	Rusinowo (Postomino)	Rützenhagen, Kreis Schlawe/Pommern
R	105	Rusinowo (Sadlinki)	Reussenau
R	106	Rusinowo (Sadlinki)	Russenau
R	107	Rusinowo (Świdwin)	Rützenhagen, Kreis Belgard-Schivelbein/Pommern
R	108	Rusinowo (Tuczno)	Ruschendorf
R	109	Rusko (Darłowo)	Rußhagen
R	110	Rusko (Malczyce)	Raußе
R	111	Rusko (Strzegom)	Rauske
R	112	Ruszowice	Rauschwitz
R	113	Rybarzowice (Bogatynia)	Reibersdorf

R	114	Rycerzewko	Ritzerow
R	115	Rycerzewko (Świdwin)	Neu Ritzerow
R	116	Rycerzewo	Alt Ritzerow
R	117	Rychówko	Klein Reichow
R	118	Rychowo	Groß Reichow
R	119	Ryczewo	Ritzow
R	120	Ryczywół	Ritschenwalde
R	121	Rydzewo	Rützow
R	122	Rymań	Roman
R	123	Ryn	Rhein
R	124	Ryszewo	Groß Rischow
R	125	Rzecino	Retzin
R	126	Rzeczenica	Stegers
R	127	Rzeczyca Mała	Klein Reetz
R	128	Rzeczyca Wielka	Groß Reetz (ab 1928 Reetz)
R	129	Rzeczyca Wielka	Reetz, Kreis Rummelsburg/Pommern
R	130	Rzepczyno	Repzin
R	131	Rzepin	Reppen (Neumark)
R	132	Rzęsin	Rensin, Kreis Greifenberg
R	133	Rzęsna	Vorbruch
R	134	Rześnica	Grünberg, Kreis Dramburg/Pommern
R	135	Rzeszów	Reichshof (1942–1945)
R	136	Rzymiany	Reimen
R	137	Rzyszczewko (Biały Bór)	Ristowkathen
R	138	Rzyszczewko (Polanów)	Klein Ristow
R	139	Rzyszczewko (Sławno)	Neu Ristow
R	140	Rzyszczewo (Białogard)	Ristow, Kreis Belgard
R	141	Rzyszczewo (Sławno)	Ristow, Kreis Schlawe

		S	
S	1	Sąborze	Ludwigslust, Kreis Stolp/Pommern
S	2	Sadkowo (Tychowo)	Zadtkow
S	3	Sady	Baumgarten
S	4	Santok	Zantoch
S	5	Sąpolnica	Zampelhagen
S	6	Sarbinowo	Zorndorf
S	7	Sarikierz	Dorotheenthal
S	8	Sarnik	Rehfeld, Kreis Soldin/Brandenburg
S	9	Sarnowo	Scharnau
S	10	Ściechów	Fahlenwerder
S	11	Ściegnica	Ziegnitz
S	12	Ścinawa	Steinau an der Oder, Kreis Wohlau/Schlesien
S	13	Ścinawa Mała	Steinau, Kreis Neustadt/Schlesien
S	14	Ścinawica	Steinwitz
S	15	Ścinawka Dolna	Niedersteine
S	16	Ścinawka Górna	Obersteine
S	17	Ścinawka Średnia	Mittelsteine
S	18	Sekowice	Schenkendorf
S	19	Sępólno Krajeńskie	Zempelburg
S	20	Sępopol	Schippenbeil
S	21	Siadło Dolne	Nieder Zahden
S	22	Siadło Grn.	Hohenzahden
S	23	Sicina	Augustenhof (Kreis Pyritz)
S	24	Sicko	Altenwedel
S	25	Sidłowo	Zietlow
S	26	Sieciemin	Zitzmin
S	27	Siedlików (Walim)	Zedlitzheide

S	28	Siedlisko	Carolath
S	29	siehe Gutfelde	Dobrtowitz
S	30	Siekierki	Zäckerick
S	31	Siemianowice	Laurahütte
S	32	Siemyśl	Simötzel
S	33	Sieniawa Żarska	Schönwalde, Kreis Sorau/Brandenburg
S	34	Sieniawka	Kleinschönau
S	35	Sienica	Jakobsdorf
S	36	Sienna (Stronie Śląskie)	Heudorf, Landkreis Habelschwerdt
S	37	Sienno Górne	Gut Schöneu
S	38	Sieradz	Schieratz
S	39	Sierakówko (Sianów)	Zirchow B, Kreis Schlawe/Pommern
S	40	Sierakowo (Dobrzany)	Altheide, Kreis Saatzig/Pommern
S	41	Sierakowo (Police)	Charlottenhof, Kreis Randow/Stettin
S	42	Sierakowo Sławieńskie	Zirchow, Kreis Schlawe/Pommern
S	43	Sierakowo Słupskie	Zirchow, Kreis Stolp/Pommern
S	44	Sierpowo (Pommern)	Breitenfelde, kreis Schlochau/Pommern
S	45	Silna	Schilln
S	46	Sińce	Schinz
S	47	Sińczyca	Schöningswalde
S	48	Sitno	Hohenziethen
S	49	Siwkowice	Schmelzdorf, Kreis Regenwalde
S	50	Skalno	Eiersberg
S	51	Skarszewy	Schöneck
S	52	Skierbieszów	Heidenstein
S	53	Skoki	Schokken
S	54	Skoraczewo (Śmigiel)	Wiesenthla, Kreis Wirsitz/Posen
S	55	Skórowo	Schurow

S	56	Skrzany	Friedrichshof, Kreis Pyritz/Pommern
S	57	Skrzynka	Grüneberg
S	58	Skrzynka (Lądek-Zdrój)	Heinzendorf, Landkreis Habelschwerdt
S	59	Śląsk	Schlesien
S	60	Sława	Alt Schlage
S	61	Sława	Schlawa
S	62	Sławęcino (besteht nicht mehr)	Marienfelde, Gemeinde Neu Damerow, Kreis Stolp/Pommern
S	63	Sławięcice	Ehrenforst
S	64	Sławka	Neu Schlage
S	65	Sławka Wielka	Groß Schläfken
S	66	Sławniowice	Groß Kunzendorf
S	67	Sławno	Schlawe
S	68	Sławoborze	Stolzenberg
S	69	Sławsko	Alt Schlawe
S	70	Ślizno	Julienhof
S	71	Słodkowo	Groß Schlatikow
S	72	Słone	Schlaney
S	73	Słone	Schnellau(1937–1945)
S	74	Słonino	Schlennin
S	75	Słonowice (Brzeżno)	Schlönwitz
S	76	Słonowice (Kobylnica)	Groß Schlönwitz
S	77	Słonowiczki	Klein Schlönwitz
S	78	Słońsk	Sonnenburg
S	79	Słosinko	Reinfeld (Reinfeld R), auch Reinfeld-Hammer, Kreis Rummelsburg/Pommern
S	80	Słoszów	Roms
S	81	Słowieńsko (Sławoborze)	Schlenzig
S	82	Słowinko	Neu Schlawin

S	83	Słowino	Schlawin
S	84	Słubia	Schlibbe
S	85	Słubice	Frankfurt (Oder)-Dammvorstadt
S	86	Słupia	Stolpe (Fluss)
S	87	Słupiec	Schlegel
S	88	Słupsk	Stolp
S	89	Służejów	Schlause
S	90	Smardzewo (Sławno)	Schmarsow
S	91	Smardzewo (Szczaniec)	Schmarse, Kreis Schwiebus/Brandenburg
S	92	Smardzko	Simmatzig
S	93	Smardzów (Olesnica)	Schmarse, Kreis Oels/Schlesien
S	94	Smęcino	Schmenzin
S	95	Smogolice	Bruchhausen
S	96	Smogorzów	Schmograu
S	97	Smołdzino	Schmolsin
S	98	Smolnica	Bärfelde
S	99	Smreczyna	Schönau bei Mittelwalde
S	100	Śnieżka	Schneekoppe
S	101	Sobięcin (Wałbrzych)	Hermsdorf
S	102	Sobiemyśl	Frankenberg
S	103	Sobieradz	Edwardshof
S	104	Sokola	Falkenberg, Kreis Jauer
S	105	Sokolec	Falkenberg, Kreis Glatz
S	106	Sokolica	Falkenberg, Kreis Kolberg
S	107	Sokoliniec	Falkenwalde, Kreis Stargard
S	108	Sokolniki	Falkenberg, Kreis Naugard
S	109	Sokolniki	Friedberg, Kreis Soldin/Brandenburg
S	110	Sokołówka (Polanica-Zdrój)	Falkenhain, Landkreis Glatz

S	111	Sokólsko	Falkenstein
S	112	Sompolno	Deutscheneck
S	113	Sopot	Zoppot
S	114	Sosnowice	Heinrichshof, Kr. Cammin
S	115	Sosnowiec	Sosnowitz
S	116	Sosnowo	Gebersdorf
S	117	Sosny	Charlottenhof
S	118	Soszyce (Czarna Dąbrówka)	Augustfelde (Kreis Stolp/Pommern)
S	119	Sowia Góra	Eulenberg
S	120	Sowinko	Neu Zowen
S	121	Sowno	Hinzendorf
S	122	Sowno (Sianów)	Alt Zowen
S	123	Sowno (Płoty)	Zowen, Kreis Regenwalde
S	124	Śrem	Schrimm
S	125	Środa Śląska	Neumarkt
S	126	Srokowo	Drengfurt
S	127	Stabławki	Stablack
S	128	Stadn	Gestüt
S	129	Staniewice	Stemnitz
S	130	Stanomino	Standemin
S	131	Stara Białka	Alt Weißbach (auch Altweißbach), Landkreis Landeshut
S	132	Stara Bystrzyca	Altweistritz, Landkreis Habelschwerdt
S	133	Stara Dąbrowa (Damnica)	Alt Damerow, Kreis Stolp/Pommern
S	134	Stara Dąbrowa (Powiat Stargardzki)	Alt Damerow, Kreis Saatzig/Pommern
S	135	Stara Dobrzyca	Alt Döberitz
S	136	Stara Dziedzina	Alt Deetz
S	137	Stara Łomnica	Altlomnitz, Landkreis Habelschwerdt
S	138	Stara Morawa	Alt Mohrau, Landkreis Habelschwerdt

S	139	Stara Rudnica	Alt Rüdnitz
S	140	Stara Studnica	Alt Stüdnitz
S	141	Starczewo	Amalienhof
S	142	Stare Bielice	Alt Beelitz
S	143	Stare Błeszyn	Alt Blessin
S	144	Stare Brynki	Brünken
S	145	Stare Chrapowo	Alt Grape
S	146	Stare Czarnowo	Neumark
S	147	Stare Dębno	Damen
S	148	Stare Dzieduszyce	Alt Diedersdorf
S	149	Stare Kurowo	Altkarbe
S	150	Stare Łozice	Althütten (Kreis Neustettin)
S	151	Stare Ludzicko	Lutzig
S	152	Stare Łysogórki	Alt Lietzegöricke
S	153	Stare Objezierze	Klein Wubiser
S	154	Stare Osieczno	Hochzeit
S	155	Stare Wierzchowo	Sassenburg, Kreis Neustettin/Pommern
S	156	Stargard Szczeciński	Stargard in Pommern
S	157	Starków	Altbatzdorf
S	158	Starkówek	Neubatzdorf, Landkreis Habelschwerdt/Schlesien
S	159	Starkowo	Starkow
S	160	Stary Borek	Alt Bork
S	161	Stary Gierałtów	Altgersdorf, Landkreis Habelschwerdt
S	162	Stary Jarosław	Alt Järshagen
S	163	Stary Klukom	Altklücken
S	164	Stary Kostrzynek	Altcüstrinchen
S	165	Stary Kraków	Alt Krakow
S	166	Stary Przybysław	Pribslaff

S	167	Stary Przylep	Alt Prilip
S	168	Stary Waliszów	Altwaltersdorf, Landkreis Habelschwerdt
S	169	Stary Wielisław	Altwilmsdorf
S	170	Stary Zagór	Wendisch Sagar (1937–1945 Bobertal)
S	171	Stary Zdrój	Altwasser
S	172	Stary Żelibórz	Sellberg
S	173	Stawin	Friderikenfelde
S	174	Steklinko	Bayershöhe
S	175	Stójków	Olbersdorf
S	176	Stolec (Ząbkowice Śląskie)	Stolz
S	177	Stolezyn	Hundertwiesen
S	178	Storkowo	Alt Storkow
S	179	Stoszowice	Peterwitz
S	180	Strachocin (Stronie Śląskie)	Schreckendorf
S	181	Stramnica	Alt Tramm
S	182	Stronie Śląskie	Seitenberg
S	183	Struga (Stare Bogaczowice)	Adelsbach
S	184	Strumiany	Steinort (1943-45 Steinorthauland), Kreis Gostyn/Posen
S	185	Strzelce Krajenskie	Friedeberg (Neumark)/Brandenburg
S	186	Strzelce Opolskie	Groß Strehlitz
S	187	Strzelczyn	Jädersdorf
S	188	Strzeleczki	Klein Strehlitz
S	189	Strzelin	Strehlen
S	190	Strzeszów (Trczińsko Zdrój)	Stresow, Kreis Greifenhagen/Pommern
S	191	Strzeżewo (Kamień Pomorski)	Stresow, Kreis Cammin/Pommern
S	192	Strzyżyno	Stresow, Kreis Stolp/Pommern
S	193	Studnica	Grassee
S	194	Studzienna	Kaltenbrunn

S	195	Sucha (Połczyn Zdrój)	Zuchen, Kreis Belgard/Pommern
S	196	Sucha Huta	Trockenhütte
S	197	Sucha Koszalińska	Zuchen, Kreis Köslin/Pommern
S	198	Suchorze	Zuckers
S	199	Suchy Bór	Derschau
S	200	Sudety	Sudeten
S	201	Sulechów	Züllichau
S	202	Sulechówko	Klein Soltikow
S	203	Sulechowo	Groß Soltikow
S	204	Sulechowo	Soltikow
S	205	Sulęcin	Zielenzig
S	206	Sulibórz	Groß Silber
S	207	Sulików	Schönberg
S	208	Sulimice	Zillmitz
S	209	Sulimierz	Adamsdorf
S	210	Sulino	Ebenau
S	211	Sulino	Goldbeck
S	212	Sulisław	Zülzhoff
S	213	Sullin	Charlottenhof, Kreis Stolp/Pommern
S	214	Suszyna	Dürrkunzendorf
S	215	Suwałki	Sudauen (1939–1945)
S	216	Swarzędz	Schwersenz
S	217	Świdnica	Schweidnitz
S	218	Świebodzice	Freiburg in Schlesien
S	219	Świebodzin	Schwiebus
S	220	Święcianowo	Wiesenthal, Kreis Schlawe/Pommern
S	221	Świecichowo	Schwetzkow
S	222	Święciechowa	Schwetzkau
S	223	Święciechowo	Grünhof

S	224	Święcko	Schwenz
S	225	Świelubie	Zwilipp
S	226	Świeradów-Zdrój	Bad Flinsberg
S	227	Świeradów-Zdrój	Flinsberg
S	228	Świerckocin	Fichtwerder
S	229	Świerczyna (Polanów)	Schwarzin
S	230	Świerczyna (Wierzchowo)	Groß Linichen
S	231	Świerki	Königswalde, Kreis Glatz/Schlesien
S	232	Świerzawa	Schönau an der Katzbach
S	233	Świerznica (Rąbino)	Zwirnitz
S	234	Świerzno (Miastko)	Groß Schwirsen
S	235	Świerzno (Powiat Kamieński)	Schwirsen, Kreis Cammin/Pommern
S	236	Świeszyno (Miastko)	Schwessin, Kreis Rummelsburg/Pommern
S	237	Świeszyno (Powiat Koszaliński)	Schwessin, Kreis Köslin/Pommern
S	238	Świętochłowice	Schwingen / Schwientochlowitz
S	239	Świnoujście	Swinemünde
S	240	Świtały	Marienfelde, Gemeinde Lojow, Kreis Stolp/Pommern
S	241	Swobnica	Wildenbruch
S	242	Swołowo	Schwolow
S	243	Swornegacie	Schwornigatz
S	244	Sycewice	Zitzewitz
S	245	Syców	Polnisch Wartenberg
S	246	Syrkowice	Zürkow
S	247	Szable	Hufenbruch
S	248	Szalejów Górny	Oberschwedeldorf
S	249	Szalmia	Schalmey
S	250	Szarocin	Pfaffendorf
S	251	Szczawienko	Niedersalzbrunn

S	252	Szczawina	Neubrunn
S	253	Szczawno-Zdrój	Bad Salzbrunn
S	254	Szczecin	Stettin
S	255	Szczecin-Dąbie	Alt Damm
S	256	Szczecinek	Neustettin
S	257	Szczeglino	Steglin, Kreis Köslin/Pommern
S	258	Szczeglino	Steglin, Kreis Schlawe/Pommern
S	259	Szczeglino Nowe	Neu Steglin
S	260	Szczepankowice	Schönbankwitz
S	261	Szczepankowice	Schönlehn (1937–45)
S	262	Szczepankowice	Tschönbankwitz
S	263	Szczepanów (Lubawka)	Tschöpsdorf
S	264	Szczęsne (Purda)	Schönwalde, Kreis Allenstein/Ostpreußen
S	265	Szczodre	Sibyllenort
S	266	Szczupliny	Sczuplienen
S	267	Szczytna	Rückers
S	268	Szczytno	Ortelsburg
S	269	Szczyty	Tscheidt
S	270	Szeligowo	Eichenfelde (1935–1945)
S	271	Szeligowo	Seeligsfelde
S	272	Szemud	Schönwalde, Kreis Neustadt/Westpreußen
S	273	Szklarka (Bystrzyca Kłodzka)	Glasendorf, Landkreis Habelschwerdt
S	274	Szklarnia (Międzylesie)	Gläsendorf, Landkreis Habelschwerdt
S	275	Szklarnia (Szczytna)	Gläsendorf bei Rückers
S	276	Szklary (Bystrzyca Kłodzka)	Glasegrund, Landkreis Habelschwerdt
S	277	Szkotowo	Skottau
S	278	Szlichtyngowa	Schlichtingsheim
S	279	Sztum	Stuhm

S	280	Sztynort	Steinort, Kreis Angerburg/Ostpreußen
S	281	Szukalice	Rübenau (1937–45)
S	282	Szukalice	Tschauchelwitz
S	283	Szwadzim	Friderikenhof
S	284	Szydłów	Schiedlo
S	285	Szymankowo	Simonsdorf
S	286	Szymiszów	Schimischow
		T	
T	1	Taczaly	Ludwigshorst
T	2	Tadzino	Tadden
T	3	Tanowo	Falkenwalde, Kreis Stettin
T	4	Tąpadły	Dummadel
T	5	Tarnawa (Zabór)	Hammer, Kreis Grünberg/Schlesien
T	6	Tarnówka (Powiat Złotowski)	Tarnowke
T	7	Tarnowo	Großenhagen
T	8	Tarnowskie Góry	Tarnowitz
T	9	Taszów	Tassau, Landkreis Glatz
T	10	Tatynia	Hagen, Kreis Randow
T	11	Tczew	Dirschau
T	12	Tetyń	Beyersdorf
T	13	Tłuki	Hammermühle, Kreis Schlawe/Pommern
T	14	Tłumaczów	Tuntschendorf
T	15	Tokary (Długołęka)	Dockern
T	16	Tokary (Sławno)	Deutschrode, Kreis Schlawe/Pommern
T	17	Topolice (Bystrzyca Kłodzka)	Aspenau, Landkreis Habelschwerdt
T	18	Topolinek	Ernestinenhof
T	19	Toporzyk (Połczyn Zdrój)	Bramstädt

T	20	Toruń	Thorn
T	21	Torzym	Sternberg
T	22	Toszek	Tost
T	23	Troczyn	Alt Tessin
T	24	Troszczyno	Friedrichsgnade
T	25	Trudna	Kappe, Kreis Flatow
T	26	Trzcianka	Schönlanke
T	27	Trzciniec (Bogatynia)	Rohnau
T	28	Trzciniec Dolny	Lehde
T	29	Trzcińsko Zdrój	Bad Schönfließ
T	30	Trzebawie	Altenfließ
T	31	Trzebiatów	Treptow an der Rega
T	32	Trzebiec (Białogard)	Neuhof, bei Podewils, Kreis Belgard/Pommern
T	33	Trzebiec (Tychowo)	Neuhof, bei Vietzow, Kreis Belgard
T	34	Trzebiel	Triebel
T	35	Trzebieszowice	Kunzendorf an der Biele, Kreis Habelschwerdt/Schlesien
T	36	Trzebnica	Trebnitz
T	37	Trzebórz	Eichelshagen
T	38	Trzebów	Trebow
T	39	Trzemżal	Tschemsal
T	40	Trzęsacz	Hoff
T	41	Trzygłów	Trieglaff
T	42	Tuchola	Tuchel
T	43	Tucze	Braunsberg
T	44	Turoszów	Scharre
T	45	Turoszów	Türchau
T	46	Turowo	Auersberg (1938-45)
T	47	Turowo	Thurowen (1938-45 Auersberg)

T	48	Turowo (Kozłowo)	Thurau
T	49	Turowo (Miastko)	Steinau, Kreis Rummelsburg/Pommern
T	50	Turowo (Pisz)	Turau
T	51	Turowo (Szczecinek)	Thurow
T	52	Turzany (Wińsko)	Exau, Kreis Wohlau/Schlesien
T	53	Turze	Horst, Kr. Pyritz
T	54	Twardawa	Hartenau
T	55	Tworków	Tworkau
T	56	Tychówko	Woldisch Tychow
T	57	Tychowo	Hansfelde, Kreis Stargard in Pommern
T	58	Tychowo	Tychow
T	59	Tychowo	Wendisch Tychow (1937–1945 Tychow)
T	60	Tychowo (Powiat Białogardzki)	Groß Tychow
T	61	Tychy	Tichau
T	62	Tyczewo	Tietzow
T	63	Tyń	Thyn
T	64	Tyniec nad Ślężą	Groß Tinz
T	65	Tywice	Charlottenruh
		U	
U	1	Ubocze	Augustenhof (Kreis Neustettin)
U	2	Ugacie	Ujatzthal
U	3	Ugory	Friedensfelde
U	4	Ujazd	Ujest
U	5	Ujazd	Wilhelmshöhe (Kreis Belgard)
U	6	Uliszkowice	Augustfelde (Kreis Rummelsburg /Pommern)
U	7	Ulnowo (Westpreußen)	Faulen
U	8	Uniedrożyn	Oberwende

U	9	Uniesław (Malechowo)	Felixhof
U	10	Unisław Śląski	Langwaltersdorf
U	11	Urzuty	Langhermsdorf
U	12	Ustka	Stolpmünde
U	13	Ustok	Heinrichsfelde
U	14	Ustowo	Güstow
U	15	Ustroń	Ustron
U	16	Ustronie Morskie	Henkenhagen
U	17	Usza	Ausche
U	18	Uzdowo	Usdau
U	19	Uznam	Usedom
		V	
		W	
W	1	Wąbrzeźno	Briesen
W	2	Wadochowice	Wiesenthal, Kreis Frankenstein/Schlesien
W	3	Wadów	Wendelsee
W	4	Wadowice	Wadowitz
W	5	Wągrowiec	Eichenbrück
W	6	Wągrowiec	Wongrowitz
W	7	Wałbrzych	Waldenburg
W	8	Wałcz	Deutsch Krone
W	9	Walim	Wüstewaltersdorf
W	10	Wałkno	Falkenau
W	11	Wambierzyce	Albendorf
W	12	Wapnica	Ravenstein
W	13	Wapno	Salzhof

W	14	Warblewo (Polanów)	Varbelow
W	15	Warchlino	Groß Wachlin
W	16	Warcino	Varzin
W	17	Warcisławiec	Groß Sophienthal
W	18	Wardyń Dolny	Groß Wardin
W	19	Wardyń Górny	Hohenwardin
W	20	Wargówko	Neu Vargow
W	21	Wargowo (Czarna Dąbrówka)	Vargow
W	22	Warmia	Ermland
W	23	Warmiany	Schönwalde, Kreis Heilsberg/Ostpreußen
W	24	Warmińsko-Mazurskie	Ermland-Masuren
W	25	Warnice (Dębno)	Warnitz, Kreis Königsberg/Neumark
W	26	Warnice (Powiat Pyrzycki)	Warnitz, Kreis Pyritz/Pommern
W	27	Warnino	Warnin, Kreis Belgard/Pommern
W	28	Warnino	Warnin, Kreis Köslin/Pommern
W	29	Warszawa	Warschau
W	30	Warszkówko	Neu Warschow
W	31	Warszkowo (Sławno)	(Alt) Warschow
W	32	Warszkowo (Sławno)	Alt Warschow
W	33	Warszkowo (Wejherowo)	Warschkau
W	34	Warta	Warthe
W	35	Wartkowo	Wartekow
W	36	Węgierskie (Potęgowo)	Vangerske (1938-45 Wiesenberg)
W	37	Węgierskie (Potęgowo)	Wiesenberg (1938-45), Kreis Stolp/Pommern
W	38	Węgliniec	Kohlfurt
W	39	Węgornik	Aalgraben
W	40	Węgorza	Alt Fanger
W	41	Węgorzewo	Angerburg

W	42	Węgorzyn (Karnice)	Wangerin, Kreis Greifenberg/Pommern
W	43	Węgorzyn (Wąbrzeźno)	Wangerin, Kreis Briesen/Westpreußen
W	44	Węgorzyno	Wangerin, Kreis Regenwalde/Pommern
W	45	Węgry	Wangern
W	46	Wejherowo	Neustadt in Westpreußen
W	47	Wel	Welle (Fluss)
W	48	Wełdkówko	Klein Voldekow
W	49	Wełdkowo	Groß Voldekow
W	50	Wełmin	Buchwerder
W	51	Wężnik	Hammermühle, Kreis Arnswalde/Pommern
W	52	Wiatrowo (Damnica)	Steinfurt (1938-45), Kreis Stolp/Pommern
W	53	Wiatrowo (Damnica)	Viatrow
W	54	Wiatrowo (Wągrowice)	Windheim (1939-45), Kreis Wongrowitz/Posen
W	55	Wicewo	Vietzow
W	56	Wicie (Darłowo)	Vitte
W	57	Wicko (Międzyzdroje)	Vietzig, Kreis Usedom-Wollin
W	58	Wicko (Postomino)	Vietzke
W	59	Wicko (Powiat Lęborski)	Vietzig, Kreis Lauenburg/Pommern
W	60	Wicko Morskie	Vietzkerstrand
W	61	Widuchowa	Fiddichow
W	62	Widziensko	Hohenbrück
W	63	Widzino	Veddin
W	64	Wiechowice	Wehen (1939–1945)
W	65	Wiechowice	Wehowitz
W	66	Więcław	Späning
W	67	Więcław (Brzeżno)	Venzlaffshagen
W	68	Wiejkowo	Groß Weckow

W	69	Wiekowice	Wieck
W	70	Wielbark	Willenberg bei Ortelsburg
W	71	Wielbarka	Willenberg bei Marienburg
W	72	Wieleń	Deutsch Filehne
W	73	Wieleń	Filehne
W	74	Wielgowo	Augustwalde (Kreis Stettin)
W	75	Wielin	Vellin
W	76	Wieliszewo	Velsow
W	77	Wielki Łęck	Groß Lensk
W	78	Wielogłowy (Damnica)	Vilgelow
W	79	Wieloleka	Bachwitz
W	80	Wieprza	Wipper (Fluss)
W	81	Wierciszewo	Wandhagen
W	82	Wierzbięcin	Farbezin, Kreis Naugard
W	83	Wierzchlas	Falkenwalde, Kreis Königsberg (Neumark)
W	84	Wierzchno	Berndtshöhe
W	85	Wierzchosław	Amalienhof
W	86	Wierzchowo (Człuchów)	Firchau
W	87	Wierzchowo (Powiat Drawski)	Virchow
W	88	Wierzchowo (Szczecinek)	Wurchow
W	89	Wierzchucice	Friedrichsfeld
W	90	Wieśniewo	Augustwalde (Kreis Marienburg)
W	91	Wieszowa	Randsdorf (1935–45)
W	92	Wieszowa	Wieschowa
W	93	Wieszyno	Vessin
W	94	Wietrzno (Polanów)	Vettrin
W	95	Wigancice	Weigelsdorf, Kreis Frankenstein
W	96	Wigancice Żytawskie	Weigsdorf

W	97	Wilcza	Wiltsch
W	98	Wilczków	Herdhausen (1937–45)
W	99	Wilczków	Wiltschau
W	100	Wilczkowo	Arnsdorf
W	101	Wilczkowo	Obersee (1939–1945)
W	102	Wilczkowo (Brzeżno)	Völzkow
W	103	Wilczkowo (Gryfice)	Völschenhagen
W	104	Wilkanów	Wölfelsdorf
W	105	Wilkowice (Lipno)	Wolfskirch
W	106	Wilkowice (Postomino)	Wilhelmine
W	107	Wilkowice (Zbrosławice)	Wolfstal
W	108	Wilkowice (Żórawina)	Weizengrund
W	109	Wińsko	Winzig
W	110	Wisełka (Wolin)	Neuendorf, Kreis Usedom-Wollin/Pommern
W	111	Wisła	Weichsel
W	112	Wisła	Weichsel (Fluss)
W	113	Wisław	Charlottenhof
W	114	Wisław	Friedeberg, Kreis Labes/Pommern
W	115	Wiszno	Vieschen
W	116	Witków (Czarny Bór)	Wittgendorf
W	117	Witnica	Vietz
W	118	Witnica (Moryn)	Vietnitz
W	119	Witno	Wittenfelde, Kreis Greifenberg/Pommern
W	120	Witosław	Adolphium
W	121	Witosław	Adolphium
W	122	Witów (Lewin Kłodzki)	Markrode (1937–1945)
W	123	Witów (Lewin Kłodzki)	Nerbotin
W	124	Wladimirowo	Tharau

W	125	Władysławowo	Großendorf
W	126	Włocławek	Leslau
W	127	Włodisław (Malechowo)	Lerchenhain
W	128	Włodzisław	Baumgarten
W	129	Wojbórz	Gabersdorf
W	130	Wojciechowice	Königshain, Kreis Glatz/Schlesien
W	131	Wojciechy	Albrechtsdorf b. Bartenstein
W	132	Wojnowo	Woynowo
W	133	Wójtowice	Voigtsdorf b. Habelschwerdt
W	134	Wójtówka (Lądek-Zdrój)	Voigtsdorf b. Landeck
W	135	Wola Augustowska	Estherwalde
W	136	Wołcza Wielka	Groß Volz
W	137	Wolibórz	Volpersdorf
W	138	Woliczno	Golz
W	139	Wolimierz	Volkersdorf
W	140	Wolin	Wollin
W	141	Wołowiec	Döringshagen
W	142	Wolsztyn	Wollstein
W	143	Worowo	Wurow
W	144	Wrocław	Breslau
W	145	Wrocław-Leśnica	Deutsch Lissa, Breslau-Lissa
W	146	Wrocław-Leśnica	Lissa (Deutsch Lissa, Breslau-Lissa)
W	147	Wrotkowice	Friedrichsthal, Kreis Bunzlau/Schlesien
W	148	Wrząca (Kobylnica)	Franzen
W	149	Wrząckie	Klein Franzen
W	150	Wrzeście (Słupsk)	Freist, Kreis Stolp/Pommern
W	151	Wrzeście (Wicko)	Freist, Kreis Lauenburg/Pommern
W	152	Września	Wreschen
W	153	Wrześnica (Sławno)	Freetz

W	154	Wrzosówka (Lądek-Zdrój)	Heidelberg, Kreis Halbelschwert
W	155	Wrzosowo	Fritzow
W	156	Wrzosy (Toruń)	Schönwalde, Kreis Thorn/Westpreußen
W	157	Wszedzień (Mogilno)	Schetzingen
W	158	Wszedzień (Postomino)	Scheddin
W	159	Wydrzany (Świnoujście)	Friedrichsthal, Kreis Swinemünde/Pommern
W	160	Wygoda	Friedenau, Kreis Namslau/Schlesien
W	161	Wykroty (Postomino)	Grünhof, Kreis Schlawe/Pommern
W	162	Wymykowo	Jägerthal
W	163	Wysoka	Hohenwalde
W	164	Wysoka	Weißeck
W	165	Wysoka	Wissek
W	166	Wyszki (Bystrzyca Kłodzka)	Hohndorf, Landkreis Habelschwerdt
W	167	Wyszkowo	Hohenfürst
W	168	Wyszogóra	Piepenburg, Kreis Regenwalde/Pommern
W	169	Wytok	Fier
W	170	Wytowno	Weitenhagen, Kreis Stolp/Pommern
		X	
		Y	
		Z	
Z	1	Ząbkowice Śląskie	Frankenstein
Z	2	Zabłocie (Bystrzyca Kłodzka)	Krotenpfuhl
Z	3	Zaborowo	Saberau
Z	4	Żabowo	Groß Sabow
Z	5	Ząbrowiec	Sommerfeld, Kreis Preußisch

			Holland/Ostpreußen
Z	6	Ząbrowo	Semerow, Kreis Belgard-Schivelbein/Pommern
Z	7	Ząbrowo	Semmerow, Kreis Kolberg/Pommern
Z	8	Ząbrowo	Sommerau, Kreis Marienburg/Ostpreußen
Z	9	Ząbrowo	Sommerau, Kreis Rosenberg/Ostpreußen
Z	10	Zabrze	Hindenburg O.S. (1915–1945)
Z	11	Zacharzyn	Zachasberg
Z	12	Zadeklino	Heinrichshorst, Kr. Pyritz
Z	13	Zagaje	Eichwerder
Z	14	Zagan	Sagan
Z	15	Zagony	Sommerfeld, Kreis Heilsberg/Ostpreußen
Z	16	Zagórcze	Eleonorenhof
Z	17	Zagórki	Hünenberg
Z	18	Zagórki (Kobylnica)	Brackenberg (bis 1937 Sagerke)
Z	19	Zagórki (Kobylnica)	Sagerke (1938-1945 Brackenberg)
Z	20	Zagórze	Jonasberg
Z	21	Zagórze (Białogard)	Sager, Kreis Belgard/Pommern
Z	22	Zagórze (Lubrza)	Klein Heinersdorf
Z	23	Zagórze (Wolin)	Sager, Kreis Cammin/Pommern
Z	24	Zagórze Śląskie	Kynau, Landkreis Waldenburg
Z	25	Zagórzyca	Sageritz
Z	26	Zagórzyczki	Sageritzheide
Z	27	Zagwiździe	Friedrichsthal, Kreis Oppeln/Schlesien
Z	28	Zajączkówko	Neu Sanskow
Z	29	Zajączkowo	Alt Sanskow
Z	30	Zajączkowo (Kobylnica)	Sanskow
Z	31	Zajezierze (Łobez)	Schönwalde, Kreis

			Regenwalde/Pommern
Z	32	Zakrze	Sackisch
Z	33	Zakrzewo (Darłowo)	Sackshöhe
Z	34	Zakrzewo (Powiat Złotowski)	(1935-45:) Buschdorf
Z	35	Zalesie (Bystrzyca Kłodzka)	Spätenwalde
Z	36	Zalesie (Malechowo)	Vogelsang, Kreis Schlawe/Pommern
Z	37	Zaleskie (Ustka)	Saleske
Z	38	Zaleszczyce	Friedrichswill
Z	39	Zalewo	Saalfeld
Z	40	Zamęt	Neumühl
Z	41	Zamoście	Brücken Vorstadt
Z	42	Zapłocie	Hospitalvorwerk
Z	43	Żarnowo	Altsarnow
Z	44	Żarów	Saarau
Z	45	Żary	Sorau
Z	46	Zaspy Małe	Klein Satspe
Z	47	Zaspy Wielkie	Groß Satspe
Z	48	Zastawa	Muttriner Mühle
Z	49	Zatocze	Gräfenbrück
Z	50	Zaton Dolna	Nieder Saathen
Z	51	Zawadzkie	Zawadzki
Z	52	Zawiaty	Saviat
Z	53	Zawiaty	Seeblick (1938-45)
Z	54	Zawidów	Seidenberg
Z	55	Zbrojewo	Hohenheide
Z	56	Zbyszewo	Reinholdsfelde
Z	57	Zdroje (Stettin)	Finkenwalde
Z	58	Zdrójno	Adolfsaue
Z	59	Zdunki	Sdunken

Z	60	Zdunki	Ulrichsfelde, Kreis Lyck/Ostpreußen
Z	61	Zduńska Wola	Freihaus
Z	62	Żdżary	Eichberg
Z	63	Zdzieszowice	Deschowitz
Z	64	Zębowo	Symbow
Z	65	Żegocino	Segenthin
Z	66	Żelazo (Smołdzino)	Selesen
Z	67	Żeleźnica	Eisenhammer
Z	68	Żeleźnica (Krajenka)	Hammer, Kreis Flatow/Pommern
Z	69	Żeleźno	Silesen
Z	70	Żelichowo	Petershagen, Kreis Danzig/Westpreußen
Z	71	Żelimucha	Buchhorst
Z	72	Żelkowo	Schwerinshöhe (bis 1938 Wendisch Silkow)
Z	73	Żelkowo	Wendisch Silkow (1937–1945 Schwerinshöhe)
Z	74	Żelmowo	Sallmow
Z	75	Zełwągi	Selbongen
Z	76	Żernica	Haselgrund (1936-1945)
Z	77	Żernica	Zernitz (1936-1945 Haselgrund)
Z	78	Zgorzelec-Ujazd	Moys
Z	79	Ziębice	Münsterberg
Z	80	Zieleniec (1945–1958), ab 1958 Teil Kořenov	Hoffnungstal
Z	81	Zielenica (Górowo Iławieckie)	Grünwalde, Kreis Preußisch Eylau/Ostpreußen
Z	82	Zielenica (Malechowo)	Söllnitz
Z	83	Zieleniewo	Grünhof, Kreis Köslin/Pommern
Z	84	Zielin	Sellin
Z	85	Zielina	Zellin (Oberschlesien)

Z	86	Zielnowo	Sellen
Z	87	Zielona Góra	Grünberg, Kreis Grünberg/Schlesien
Z	88	Zielonczyn	Graseberg
Z	89	Zielone (Lewin Kłodzki)	Hummelwitz, Landkreis Glatz
Z	90	Zielonka	Fichtkaten bei Freetz, Kreis Schlawe/Pommern
Z	91	Zimne Wody	Kaltwasser
Z	92	Zimnik	Kalthaus
Z	93	Złakowo	Schlackow
Z	94	Złotno	Goldbach
Z	95	Złotów	Flatow
Z	96	Złoty Stok	Reichenstein
Z	97	Żochówko	Neu Sochow
Z	98	Żochowo (Potęgowo)	Sochow
Z	99	Zofjowka	Bachwitz-Sophienthal
Z	100	Zolednica	Eichelhof Kreis Rawitsch
Z	101	Żołwia Błoć	Barfußdorf
Z	102	Żółwin	Friedebergschbruch
Z	103	Zólwino	Hassendorf
Z	104	Żórawina	Rothbach (1937–47)
Z	105	Żórawina	Rothsürben
Z	106	Żoruchowo	Sorchow
Z	107	Żory	Sohrau
Z	108	Żrczyn	Groß Schönfeld
Z	109	Żuków (Przelewice)	Suckow an der Plöne, Kreis Pyritz/Pommern
Z	110	Żukówek	Petersdorf, Kreis Belgard/Pommern
Z	111	Żukowo (Sławno)	Suckow, Kreis Schlawe/Pommern
Z	112	Żukowo (Suchań)	Suckow an der Ihna, Kreis Stargard/Pommern

Z	113	Żukowo Morskie	See Suckow
Z	114	Zwóz	Zwoos
Z	115	Zwrócona	Protzan
Z	116	Żytelkowo	Siedkow
Z	117	Żytkiejmy	Szittkehmen
Z	118	Żytkiejmy	Wehrkirchen
Z	119	Żywiec	Saybusch
Z	120	Żyznów	Tschischney, Landkreis Glatz

6. Materialsammlung

Die Zuweisung „polnisch“ für die Szlachta der Res Publica ist nachträglich geographisch, mit der Zeit auch kulturell und sprachlich, sowie schließlich politisch und staatsrechtlich jedoch nicht als sachgerecht zu sehen.

Der Adel der Res Publica erscheint im europäischen Vergleich ähnlich dem deutschen Adel [92] als besonders vielfältig und segmentiert. Nationale Adelsgeschichte zu schreiben, ist daher – zumindest derzeit – weder möglich noch angemessen. Stattdessen kommen sowohl für das 20. als auch für das 21. Jahrhundert primär Untersuchungen unterschiedlicher Adelsgruppen (Magnaten, des Ämter und Würden besitzender Adels und Militäradels sowie des Adels regionaler Herkunft und Adels mit besonderem religiösen Bezug oder Herkunft wie Kalvinisten und Juden oder Armenier, Kosaken und Tataren usw.) in Betracht [93].

Als **Adel** oder **adelig** werden in Gesellschaften Europas die Angehörigen der Familien bezeichnet, die zu Ständezeiten qua Gesetz den Adel bildeten und in nichtständischen europäischen Gesellschaften einen geschlossen Kultur- und Wertekreis darstellen.

Literaturbeispiele der Definition der Stellung des Adelstandes heute (mit besonderer Berücksichtigung der Situation in den deutschsprachigen Ländern):

I. Die „Definition des Adels“ verschiebt sich „von rechtlichen zu soziokulturellen Merkmalen“[94] .

II. „In der Gegenwart besitzen Adelige [in Deutschland] keine rechtlichen oder politischen Privilegien mehr. Trotzdem gehören überproportional viele

[92] In Vergleiche dazu steht die Aussage von Conze: „Der deutsche Adel erscheint im europäischen Vergleich besonders vielfältig und segmentiert. Nationale Adelsgeschichte zu schreiben, ist daher – zumindest derzeit – weder möglich noch angemessen. Stattdessen kommen sowohl für das 19. als auch für das 20. Jahrhundert primär Untersuchungen unterschiedlicher Adelsgruppen (Standesherren, Militäradel, Adelsverbände usw.) in Betracht.“ Conze, Eckart; Wienfort, Monika: Einleitung – Themen und Perspektiven historischer Adelsfor-schung zum 19. und 20. Jahrhundert. in: Eckart Conze, Monika Wienfort: Adel und Moderne – Deutschland im europäischen Vergleich im 19. und 20. Jahrhundert. Köln 2004, Seite 1.

[93] Vergleiche hierzu auch: Seelig, Michael: Projektbeschreibung: Der ostelbische Adel in der Bundesrepublik Deutschland 1945/49-1974. Dissertationsprojekt an der Philipps-Universität Marburg. Eckart Conze: Der Edelmann als Bürger? Standesbewußtsein und Wertewandel im Adel der frühen Bundesrepublik. in: Hettling, Manfred; Ulrich, Bernd (Hrsg.): Bürgertum nach 1945. Hamburg 2005, Seite 347–371.

[94] Wienfort, Monika: Der Adel in der Moderne, Göttingen 2006, Seite 9.

Adelige zu den politischen oder wirtschaftlichen, zu den regionalen oder lokalen Eliten"[95].

III. „Nach vorsichtigen Schätzungen beträgt der Anteil des Adels an der deutschen Bevölkerung heute nicht mehr als 0,1 %" [96].

IV. „Das Ende der Geschichte des ... Adels war dies [d. h. Ausgang des I. Weltkrieges] aber nicht. Vielmehr gilt, wie Wienfort im Anschluss an Weber ausblickend urteilt, dass »der Adel auch im 21. Jahrhundert weiter besteht, solange er Glauben für seine Adelsqualität findet – in den eigenen Reihen und in der massenmedialen Öffentlichkeit«. Insofern bleibt der Adel auch ein Thema für die Zeitgeschichte. Zumindest in zweierlei Hinsicht eröffnet eine Geschichte des Adels in der Bundesrepublik Erkenntnischancen: zum einen als wesentlicher Bestandteil einer bundesrepublikanischen Elitengeschichte, zum anderen als geradezu Webersche Versuchsanordnung"[97].

V. „Auch die Geschäftspolitik der jungen Bundesrepublik erleichterte die Eingliederung des Adels in die sozialpolitische Ordnung. Denn auf der Linie einer honorigen Traditionsbildung wurde zu einer Zeit, als die Verschwörer des 20. Juli 1944 vielfach noch als «Landesverräter» stigmatisiert wurden, der auffällig große Anteil von Adligen an dieser Opposition anerkannt, damit aber auch der Adel insgesamt als widerstandsfähige Formation gewürdigt. Auch diese Einstellung versöhnte den Adel mit den neuen sozialpolitischen Bedingungen".[98]

VI. „Bekanntlich war ein Drittel der in diesem Zusammenhang hingerichteten Gegner des Nationalsozialismus adelig. [...] Die mentale Ankunft des Adels in der Bundesrepublik verdankt sich damit auch einer standesbezogenen Geschichtspolitik, die einen als adelig definierten Tugendkanon mit der Bereitschaft zum aktiven Widerstand gegen den Nationalsozialismus in

---

[95] Ebenda, Seite 10.
[96] Ebenda, Seite 159.
[97] Rezension zu Wienfort, Monika: Der Adel in der Moderne, Göttingen 2006 von Martin Kohlrausch, DHI Warschau. in: H-Soz-u-Kult, 31. Mai 2007.
[98] Wehler, Hans-Ulrich: Deutsche Gesellschaftsgeschichte. Fünfter Band – Bundesrepublik und DDR 1949–1990. München 2008, Seite 166f.

Verbindung brachte".[99]

VII. „Und gewährt nicht ein Blick auf den Adel nach 1945 auch Einsichten in die Sozialstruktur der Bundesrepublik? [...] Und wenn man sich für diese Prozesse und Mechanismen interessiert, wird man auch das Jahr 1945 nicht als Endpunkt von Adelsgeschichte betrachten dürfen."[100]

VIII. „Überlegungen wie die Schulenburgs oder Einsiedels, bei näherem Betrachten jedoch auch diejenigen Moltkes, verweisen auf die Fortwirkung eines spezifisch adeligen Selbstverständnisses, aber auch auf die Verknüpfung, wenn nicht die Identität von Standesethos und Eliteideal, von Dienstideologie und Herrschaftsanspruch. In dieser Perspektive gewinnt auch das Widerstands-denken und -handeln des Attentäters selbst, von Claus Schenk Graf von Stauffenberg, eine adelshistorisch relevante Dimension." [101]

IX. **Somit kann beim bewussten Adelstand von einem** „spezifisch adeligen Wertekanon[s] im Kontext von Begriffen wie Ehre, Pflicht und Opfer, der **als Gegenmodell** zu »bürgerlichen« Vorstellungen von individueller Leistungsbereitschaft entwickelt wurde"[102] Diese ist nicht länderspezifisch, sondern im Kontext der europäischen Abendlandes wie auch auch seit 1959 von C.I. L.A N.E. [103] vertreten wird, übernational .

X. Hans-Ulrich Wehler spricht in Anlehnung an Lord Ralf Dahrendorf vom Adel als einer „Prestige-Oberschicht" und einer „geschlossenen Gesellschaft", „die sich mit eigenen Ritualen, ihrem spezifischen Ehrenkodex, ständischen Prinzipien der Lebensführung, ihrem Abstammungsprestige und dem exklusiven gesellschaftlichen Verkehr von ihrer bürgerlichen Umwelt " abhebt.[104]

---

[99] Conze, Eckart; Wienfort, Monika: Einleitung – Themen und Perspektiven historischer Adelsforschung zum 19. und 20. Jahrhundert. in: Eckart Conze, Monika Wienfort: Adel und Moderne – Deutschland im europäi-schen Vergleich im 19. und 20. Jahrhundert. Köln 2004, Seite 4.

[100] Ebenda, Seite 12.

[101] Conze, Eckart: Adel und Adeligkeit im Widerstand des 20. Juli 1944. in: Heinz Reif (Hrsg.): Adel und Bürgertum in Deutschland II. Berlin 2001, Seite 282f.

[102] Wienfort, Monika: Der Adel in der Moderne, Göttingen 2006, Seite 11.

[103] Die Europäische Adelskommission, **La Commission d'information et de liaison des associations de noblesse d'Europe**, kurz **Cilane** oder C.I.L.A.N.E., ist eine Austausch- und Vernetzungsorganisation europäischer Adelsverbände. Sie wurde 1959 in Paris gegründet und dient zur Vernetzung der Mitglieder von und Jugendarbeit der Adelsorganisationen, ihre Geschäftssprache ist Französisch.

[104] Wehler, Hans-Ulrich: Deutsche Gesellschaftsgeschichte. Fünfter Band – Bundesrepublik und DDR 1949–1990. München 2008, Seite 167.

Adelskorporationen
Zusammenschlüsse rechtlicher oder gesellschaftlicher Art von Edelleuten eines bestimmten Territoriums oder eines bestimmten Standes zum Zecke der Rechtsvertretung, der Geselligkeit, der Pflege des Standesbewusstseins und des Zusammenhalts des Adels. Adelskorporationen gab es seit dem Mittelalter in Form von Rittergesellschaften. Später gab es eine Vielzahl heute oft unbekannter oder nur wenig erforschter verschiedenste Zusammenschlüsse wie etwa die Adelskette oder der erst 1902 begründete Verein deutscher Fürstinnen zur Hebung der Sittlichkeit.

In vielen Territorien gab es zahlreiche Ritterschaften als Zusammenschlüsse des landgesessenen Adels einer Region. Von diesen überlebten den zweiten Weltkrieg landgesessen nur Ritterschaften auf westdeutschem Gebiet, so die Althessische Ritterschaft, die Genossenschaft des Rheinischen Ritterbürtigen Adels und die Schleswig-Holsteinischen Prälaten und Ritterschaft. Alle anderen Ritterschaften, so die der baltischen Gebiete, pflegen ihre Traditionen natürlich - so zu sagen exiliert - weiter.

Neben diesen existierten auch regionale Adelskorporationen, die weniger den grundbesitzenden als mehr den gesamten Adel einer Landschaft aufnahmen. Hier ist in erster Linie die 1874 bis 1956 wirkende Deutsche Adelsgenossenschaft zu nennen, die sich in Landes- und Provinzialabteilungen untergliederte. Nach 1945 nehmen diese Stellung die regionalen Adelsvereinigungen ein. Sie tragen in der Regel den Namen "Vereinigung des Adels in ..." und arbeiten in der Rechtsform eines eingetragener Vereines. Wer in sie aufgenommen werden will, muss dem historischen deutschen Adel angehören oder wie in anderen Verbänden der CILANE durch eine Nichtbeanstandung als zugehörig ausgewiesen sein. Diese Funktion nimmt in Vereinigung der Deutschen Adelsverbände e. V. der Deutsche Adelsrechtsausschuss wahr.

Darüber hinaus ist meistens Bedingung, dass man einem Adelsgeschlecht entstammt, das in der betreffenden Region schon länger ansässig ist. Zumindest aber sollte man beruflich im Land tätig sein, um Mitglied werden zu können.

Die Ziele der regionalen Vereine nach 1945 sind meist geselliger und unterhaltender Natur, wenngleich in bestimmten Fällen auch eine Standesvertretung erfolgt. Zusammengeschlossen sind die Nachkriegs-Adelsverbände in der Vereinigung der Deutschen Adelsverbände. Ihre Anzahl bleibt relativ konstant und blieb es auch nach der deutschen Wiedervereinigung, da die bestehenden zuvor exilierten Verbände nun auch in den neuen Bundesländern tätig wurden, so der Verband „Der Sächsische Adel e. V." in Sachsen und Thüringen oder die „Vereinigung des Adels in

Berlin e. V." (1991 erfolgte die Umbenennung in Vereinigung des Historischen Adels in Berlin und Brandenburg e. V.).

Als Dachverband der deutschsprachigen Adelsverbände gibt es in der Vereinigung der Deutschen Adelsverbände keine persönlichen Mitgliedschaften. Ihm gehören 23 Gliederungen an, davon sind 15 regionale Vereinigungen, 4 konfessionelle Vereinigungen sowie 4 Ritterschaften. Er wurde im Jahre 1956 gegründet. Im Einzelnen handelt es sich um folgende Verbände:

Regionale Vereinigungen:
Baden - Vereinigung des Adels in Baden (ohne Rechtsform)
Bayern - Vereinigung des Adels in Bayern e. V.
Berlin und Brandenburg - Vereinigung des Historischen Adels in Berlin und Brandenburg e. V.
Bremen und Oldenburg - Vereinigung des Adels in Bremen und Oldenburg (ohne Rechtsform)
Hamburg und Schleswig-Holstein - Vereinigung des Adels in Hamburg und Schleswig-Holstein e. V.
Hessen - Vereinigung des Adels in Hessen e. V.
Mittelrhein - Vereinigung des Adels am Mittelrhein (ohne Rechtsform)
Niedersachsen - Vereinigung des Adels in Niedersachsen (ohne Rechtsform)
Pommern - Vereinigung pommerscher Adelsfamilien (ohne Rechtsform)
Ostpreußen - Der Historische Ostpreußische Adel (ohne Rechtsform)
Rheinland und Westfalen-Lippe - Vereinigung des Adels im Rheinland und in Westfalen-Lippe e.V.
Saar - Vereinigung des Adels an der Saar (ohne Rechtsform)
Sachsen, Sachsen-Anhalt, Thüringen - Der Sächsische Adel e. V.
Schlesien - Vereinigung Schlesischer Adel (ohne Rechtsform)
Württemberg - Vereinigung des Adels in Württemberg (ohne Rechtsform)

Ritterschaften:
Baltische Ritterschaften - Verband der Baltischen Ritterschaften e. V. (Vertretung der vier Ritterschaften: von Livland, Estland, Kurland und Oesel)
Althessische Ritterschaft - Verein der Althessischen Ritterschaft e. V.
Rheinischer Ritterbürtiger Adel - Genossenschaft des Rheinischen Ritterbürtigen Adels (ohne Rechtsform)
Schleswig-Holstein - Schleswig-Holsteinische Prälaten und Ritterschaft (ohne Rechtsform)

Konfessionelle Verbände:

Katholische Edelleute in Bayern - Genossenschaft katholischer Edelleute in Bayern e.V.
Katholischer Adel Rheinland und Westfalen - Verein katholischen Adels Rheinland und Westfalen (ohne Rechtsform)
Katholischer Edelleute Südwestdeutschland - Verein Katholischer Edelleute Südwestdeutschlands (ohne Rechtsform)
Katholische Edelleute Schlesiens - Vereinigung Katholischer Edelleute Schlesiens (ohne Rechtsform).

Für den Adel der Länder der Habsburgermonarchie bestehen derzeit keine Adelskorporationen (abgesehen von der Adelsvereinigungen des Ungarischen Adels für die Länder der Hl. Stephanskrone und des Verbandes des Polnischen Adels für das heutige Gebiet der Republik Polen). Dies bedeutet, dass der Adel aus Österreich und den Ländern der Böhmischen Krone (Böhmens, Mährens und Schlesiens) nur gemäß dem Regionalprinzip eine Aufnahme in eine zuständige Vereinigung des Deutschen Adels suchen kann.

Rückgrat der Adelsverbände sind heute die Familienverbände. Obwohl vielfach nur Einzelmitglieder in die Adelskorporationen aufgenommen werden, bilden gerade die Familienverbände den ideellen Haltepunkt des innersten Kreises des Adels, der Familie. Von der Rekrutierung der Jugend in die Familienverbände hängt im Wesentlichen auch deren Einbindung in die Adelskorporationen ab und nur sie garantiert lebendiges und traditionelles Fortbestehen des Adels als Gesellschaftsgruppe.

Über das Gefühl der Zusammengehörigkeit unter demselben Namen entwickelt sich hier oft das erste Engagement in der Verbandsarbeit, bevor man in die regionalen Verbände geht und dort Funktionen übernimmt. Das Prinzip der gegenseitigen Hilfe wird mit Stiftungen genauso wie auf überregionaler Ebene in Form des Hilfswerks der Deutschen Adelsverbände durchgeführt, da die Adelskorporationen Rechte nur aus erfüllten Pflichten ableiten. Daneben ist die Aufgabe der Adelsvereinigungen im großen wie im kleinen Kreis auch die Bestimmung des eigenen Standorts und Diskussionsort über die sich immer rascher ändernde Welt und die Stellung der Edelleute in ihr im 21. Jahrhundert.

Um dies zu erhalten, ist eine Investition in die Bewahrung der eigenen Tradition erforderlich. Daher erfüllt der Abschnitt der Materialsammlung zu den vorstehenden Stammfolgen zugleich einen Querschnitt weiterführender Literatur zur Erleichterung der Vergegenwärtigung der nicht immer einfach zu erfassenden Zusammenhänge.

Datenbänke

Wikia szlachta [105]

Rodovid.org – internationale, vielsprachige und kostenlose Stammbaumdatenbank [106]

Reichsweite Quellen

Volumina Legum (10 Bände) - Gnadenakte im Gesetzeswerk der **Serenissima Res Publica Coronae Regni Poloniae Magnique Ducatus Lithuaniae.**
[Quelle: Voluma Legum (konstytucje sejmowe), 6 Bände (I-VI) mit Zeitraum bis 1736, Warszawa 1732-39, Band VII und VIII mit Zeitraum bis 1780, Warszawa 1782, przedruk zbioru praw II. Auflage Petersburg 1859 - 1860], [107]

Metryki koronne [108]

Źródeł Dziejowe - Edition von Geschichtsquellen [109]
Beinhaltet Listen der Steuerreskription und des Landesaufgebotes [pospolite ruszenie] aus der Ziet unmittelbar vor oder nach der Bildung der Realunion **Serenissima Res Publica Coronae Regni Poloniae Magnique Ducatus Lithuaniae** im Jahre 1569.

1. Band [Tom] XII Źródeł Dziejowych - Großpolen [Wielkopolska] Teil 1, rejestry poborowe i podatkowe:
Wielkopolska. T. 1 – 11
- województwo poznańskie:
pow. poznański, rejestr 1580,
pow. kościański, rejestr 1580-1581,
pow. wschowski, rejestr 1579,
pow. wałecki, rejestr 1579,
- woj. kaliskie:
pow. kaliski, rejestr 1579,
pow. gnieźnieński, rejestr 1577-1579,
pow. pyzdrski, rejestr 1578,
pow. koniński, rejestr 1579.

---

[105] *[Quelle: http://de.szlachta.wikia.com/wiki/Szlachta_Wiki].*
[106] [Quelle: http://de.rodovid.org/wk/Spezial:FamilyList].
[107] *[Download: http://www.wbc.poznan.pl/dlibra/publication?id=47642].*
[108] [Quelle: http://www.agad.gov.pl/inwentarze/Metr_Korx.xml].
[109] *[Download: http://www.wbc.poznan.pl/dlibra/publication7id=7986].*

- woj. inowrocławskie:
pow. inowrocławski, rejestr 1583,
pow. bydgoski, rejestr 1580.
- ziemia dobrzyńska:
pow. dobrzyński, rejestr 1564,
pow. rypiński, rejestr 1564,
pow. lipnowski, rejestr 1564.

2. Band [Tom] XIII Źródeł Dziejowych - Großpolen [Wielkopolska] Teil 2, rejestry poborowe i podatkowe:
Wielkopolska. T. 2 – 12
- woj. brzeskie:
pow. brzeski, rejestr 1557 und 1566,
pow. kowalski, rejestr 1557 und 1566,
pow. przedecki, rejestr 1557 und 1566,
pow. radziejowski, rejestr 1557 und 1566,
pow. kruszwicki, rejestr 1557 und 1566.
- woj. łęczyckie:
pow. łęczycki, rejestr 1576,
pow. brzeski, rejestr 1576,
pow. orłowski, rejestr 1576.
- woj. sieradzkie:
pow. sieradzki, rejestr 1489, 1496, 1511, 1518, 1553 und 1576,
pow. szadkowski, rejestr 1511, 1518, 1552 und 1553,
pow. piotrkowski, rejestr 1511, 1518, 1552 und 1553,
pow. pow. radomski (radomszczański) rejestr 1511, 1518, 1552 und 1553,
pow. wieluński, rejestr 1511, 1518, 1552 und 1553,
pow. ostrzeszowski, rejestr 1553 und 1563.

3. Band [Tom] XIV Źródeł dziejowych - Kleipolen [Małopolska], rejestry poborowe i podatkowe:
Małopolska. T. 1 – 13:
- woj. krakowskie:
pow. proszowski, rejestr 1581,
pow. szczyrzycki, rejestr 1581,
pow. lelowski, rejestr 1581,
pow. ksiąski, rejestr 1581,
pow. śląski, rejestr 1581,
pow. biecki, rejestr 1581,
pow. sandecki, rejestr 1581.

- woj. sandomierskie:
pow. sandomierski, rejestr 1578,
pow. wiślicki, rejestr 1579,
pow. pilzneński, rejestr 1581,
pow. chęciński, rejestr 1573,
pow. opoczyński, rejestr 1577,
pow. radomski, rejestr 1569,
pow. stężycki, rejestr 1569.
- woj. lubelskie:
pow. lubelski, rejestr 1531,
pow. urzędowski, rejestr 1531,
ziemia łukowska, rejestr 1531, 1552 und 1580.

4. Band [Tom] Źródeł dziejowych - Kleinpolen [Małopolska], rejestry poborowe i podatkowe:
Małopolska. T. 2 – 14:
pow. krakowski, rejestr 1490,
pow. szczyrzycki, rejestr 1490,
księstwo siewierskie, rejestr 1667,
starostwo spiskie, rejestr 1569.
- woj. sandomierskie:
pow. sandomierski, rejestr 1508,
pow. pilzneński, rejestr 1508 und 1536,
pow. radomski, rejestr 1508,
pow. opoczyński, rejestr 1508,
pow. chęciński, rejestry 1508 und 1540,
pow. wiślicki, rejestr 1508.

Zusatz zum Band XV ist **Rejestr pogłównego woj. lubelskiego (bez ziemi łukowskiej)**, aus 1676, welche eigene Seitennummerierung aufweist.
Podlasie. Teil 1 – 16
Podlasie. Teil 2 – 17
Podlasie. Teil 3 – 18

5. Band [Tom] XVI Źródeł dziejowych - Mazowien [Mazowsze], rejestry poborowe i podatkowe:
Mazowsze - 15
woj. płockie:
pow. płocki, rejestr 1578,
pow. bielski, rejestr 1578,

pow. sierpski, rejestr 1578,
pow. szreński, rejestr 1578,
pow. mławski, rejestr 1578,
pow. raciąski, rejestr 1578,
pow. płoński, rejestr 1578,
pow. niedzborski, rejestr 1578,
dobra duchowne 1570.

- woj. rawskie:

pow. sochaczewski, rejestr 1579,
pow. rawski, rejestr 1579,
pow. gostyński, rejestr 1579.

- woj. mazowieckie:

pow. czerski, rejestr 1576,
pow. grodzieński, rejestr 1576,
pow. warecki, rejestr 1576,
pow. warszawskie, rejestr 1580,
pow. wyszogrodzki, rejestr 1576,
pow. zakroczymski, rejestr 1576,
pow. nowomiejski, rejestr 1576,
pow. ciechanowski, rejestr 1567,
pow. przasnyski, rejestr 1567,
pow. sąchocki, rejestr 1567,
pow. wiski, rejestr z 1577 r.,
pow. wąchocki, rejestr z 1577 r.

- woj. łomżyńskie:

pow. łomżyński, rejestr 1578,
pow. kolneński, rejestr 1578,
pow. zambrowski, rejestr 1578,
pow. ostrołęcki, rejestr 1578,
pow. różański, rejestr 1582,
pow. makowski, rejestr 1582,
pow. nurski, rejestr 1578,
pow. ostrowski, rejestr 1578,
pow. kamieniecki, rejestr 1578.

6. Band [Tom] XIX Źródeł dziejowych - Wolhynien und Podolien [Wołyń und Podole], rejestry poborowe i podatkowe:
Ziemie ruskie. Ruś Czerwona. Teil 1 - 19
Ziemie ruskie. Ruś Czerwona. Teil 2 - 20

Ziemie ruskie. Wołyń i Podole -21

- woj. wołyńskie:

pow. łucki, rejestr 1570, 1577, 1583 und 1589,
pow. włodzimierski, rejestr 1577, 1583 und 1589,
pow. krzemieniecki, rejestr 1583.

- woj. podolskie:

pow. i starostwo kamienieckie, rejestr 1530, 1542, 1566, 1578 und 1583,
pow. czerwonogrodzki, rejestry 1530 und 1542,
pow. międzyborski, rejestry 1530 und 1542,
pow. latyczowski, rejestry 1530 und 1542,
pow. zynkowski, rejestry 1530 und 1542,
pow. chmielnicki, rejestr 1530,
woj. podolskie, rejestry 1565, 1566, 1569, 1578 und 1583.

7. Band [Tom] XX Źródeł dziejowych - Ukraina, rejestry poborowe i podatkowe:
Ziemie ruskie. Ukraina. Teil 1 - 22

- woj. kijowskie - rejestr 1570, 1571, 1572, 1581 und 1628, lustracje z 1616 und 1622,
- woj. bracławskie - rejestr 1569, 1566-1633, 1567-1631 und 1629
- woj. kijowskie und bracławskie - rejestr 1529, 1577, 1579 und 1581.

8. Band [Tom] XXI Źródeł dziejowych – Ukraina
Ziemie ruskie. Ukraina. Teil 2 - 23

- woj. kijowskie, zawiera wyciągi sumariusz trybunalskiego 1591-1625,
- woj. bracławskie, zawiera wyciągi sumariusz trybunalski 1590-1624.

Ziemie ruskie. Ukraina. Teil 3-24

9. Dzieje Lubelszczyzny tom III. Słownik historyczno-geograficzny województwa lubelskiego w średniowieczu.

Auflösung der Abkürzungen:

Ź12Wkp – Tom XII Źródeł dziejowych – Wielkopolska
Ź13Wkp – Tom XIII Źródeł dziejowych – Wielkopolska
Ź14/15Młp – Tom XIV i XV Źródeł dziejowych – Małopolska (wspólna numeracja stron)
Ź15MłpPog – Tom XV Źródeł dziejowych – Małopolska (Regestr pogłównego woj. lubelskiego z r. 1676)
Ź16Maz – Tom XVI Źródeł dziejowych – Mazowsze
Ź19WołPod – Tom XIX Źródeł dziejowych – Wołyń i Podole
Ź20Ukr – Tom XX Źródeł dziejowych – Ukraina
Ź21Ukr – Tom XXI Źródeł dziejowych – Ukraina
Sł.w.lub. – Dzieje Lubelszczyzny tom III. Słownik historyczno-geograficzny województwa lubelskiego w średniowieczu
HrbKap – Herbarz Ignacego Kapicy Milewskiego (dopełnienie Niesieckiego)

Prusy Królewskie. Teil 1-19/20
Inflanty. Teil 1
Andere Bände **„Źródła dziejowe"**:
Dzieje zjednoczenia Ormian polskich z Kościołem Rzymskim w XVII wieku
Stefan Batory pod Gdańskiem w 1576 -1577
Lustracye królewszczyzn ziem ruskich Wołynia, Podola i Ukrainy z pierwszej połowy XVII wieku
Rewizya zamków ziemi wołyńskiej
Sprawy Prus Książęcych za Zygmunta Augusta w r. 1566 -1568
Skarbowość w Polsce i jej dzieje za Stefana Batorego 1576-1586
Księgi podskarbińskie z czasów Stefana Batorego 1576-1586
Sprawy wołoskie za Jagiellonów
Akta metryki koronnej ... z czasów Stefana Batorego. 1576-1586

Reichsweite Adelsübersichten (Chronologisch geordnet)
Graf Dunin-Borkowski - Adelslexikon Res Publica Serenissima
[Quelle: Dunin-Borkowski (h. Łabędź Abwandlung), Graf Jerzy Seweryn: Spis nazwisk szlachty polskiej Lemberg 1887, Seite] [110]

Kasprzycki (12 Bände) - Adelslexikon Res Publica
[Quelle: Kasprzycki (h. Starykoń), Stefan: Polska encyklopedja szlachecka, Warszawa 1935 - 1938, 12 Bände, Band , Seite].

Siwik- Lexikon adliger Zu- und Beinamen in der Res Publica
Aktuellstes Werk mit 59.034 Einträgen zu 42 089 adligen Geschlechtern in Res Publica, [Quelle: Siwik, Jan: Encyklopedia nazwisk i przydomków szlacheckich, Warszawa 2010, Seite].

Reichsweite Adelslexika
Boniecki (17 Bände) - Wappenbuch Res Publica - Datenbank Dr. Minakowski [111]
[Quelle: Boniecki, (h. Bończa), Adam: Herbarz polski, Warszawa 1899 ff].

Graf Dunin-Borkowski (5 Bände) - ausgewählte Stammfolgen
[Quelle: Dunin-Borkowski (h. Łabędź), Graf Jerzy Seweryn: Lwów und Warszawa

[110] *[Download: http://www.wbc.poznan.pl/publication/55480].*
[111] *http://wielcy.pl/boniecki/pl/.*

1908 Rocznik szlachty polskiej, Band 1, Seite , und Rocznik szlachty polskiej, Band 2, Seite]. [112]

[Quelle: Dunin-Borkowski (h. Łabędź), Graf Jerzy Seweryn: Genealogia żyjących utytułowanych rodów polskich, Lwów 1895, Seite]. [113]

[Quelle: Dunin-Borkowski (h. Łabędź), Graf Jerzy Seweryn: Almanach błękitny: genealogia żyjących rodów polskich, Band 1 und Almanach błękitny: genealogia żyjących rodów polskich, Band 2, Lwów, Warszawa [1908] Seite]. [114]

Starykoń-Kasprzycki-Almanach - Almanach des Adels der Res Publica [Quelle: Starykoń-Kasprzycki, Stefan: Almanach Szlachecki. Genealogia Polskich Rodzin Szlacheckich, Warszawa 1939, Band 1, Hefte 1-4, Seite].

Kapica-Milewski – Wappenbuch - Wappenbuch Res Publica [115]
[Quelle: Ignacy (Wawrzyniec Hiacynt) Kapica Milewski (h. Tuczyński): Herbarz Ignacego Kapicy Milewskiego (wydanie z rękopisu), Seite].

Datenbank Dr. Minakowski [116]

Minakowski Eliten (20 Bände) - Stammfolgen Res Publica ab XVIII. Jhdt. Gotha-ähnliche Fortsetzung der Arbeiten von Boniecki, Uruski und Żychliński [Quelle: Minakowski, Marek Jerzy: Elita Rzeczypospolitej, Kraków 2011ff, 20 Bände, Band , Seite].

Niesiecki (10 Bände Ausgabe Bobrowicz + 1 Band) - Wappenbuch Res Publica [117]
[Quelle: Niesiecki, Kasper: Herbarz Polski, wyd. J.N. Bobrowicz, Lipsk 1839-1845, Band , Seite].

Czarniecki - Herbarz Polski – Ergänzung zu Niesiecki [118]
[Quelle: Czarniecki (z Czarncy h. Łodzia), Krzysztof: Herbarz Polski podług

---

[112] *[Download: Band 1: http://pbc.biaman.pl/publication/1623 und Band 2: http://mbc.malopolska.pl/publication/183].*
[113] *[Download: http://www.wbc.poznan.pl/publication/54074].*
[114] *[Download: http://www.sbc.org.pl/dlibra/docmetadata?id=5489&from=publication&].*
[115] *[Dow nload: http://www.wbc.poznan.pl/publication/1879].*
[116] http://wielcy.pl/ und Rezension: http://de.szlachta.wikia.com/wiki/Rezension_Datenbank_Minakowski.
[117] Datenbank Dr. Minakowski http://wielcy.pl/niesiecki/.
[118] *[Download Band 1: http://pbc.biaman.pl/dlibra/docmetadata?id=1696&from=&dirids=1&ver_id=&lp=1&QI=], [Download Band 2: http://pbc.biaman.pl/dlibra/docmetadata?id=1588&from=publication].*

Niesieckiego, Gniezno 1875 - 1881, 2 Bände, Band , Seite].

Radzimińska (Hrsg.) - aktuelle Stammfolgen der Szlachta
[Quelle: Radzimińska, Maria (Hrsg.): Polskie rody szlacheckie. Kto jest kim dziś, Warszawa 1993, Seite].

Nenkanda-Trepka (2. kor. Auflage) - Adelsanmaßung Res Publica
[Quelle: Trepka, Nekanda (h. Topór), Walerian: Liber generationis plebeanorum ("Liber chamorum"), Wrocław u. a. 1995, II. Auflage durch Rafał Leszczyński].

Graf Uruski (15 Bände) - Wappenbuch Res Publica [119]
[Quelle: Uruski (h. Sas), Graf Seweryn: Rodzina. Herbarz szlachty polskiej, Warszawa 1904 - 1938, Band 7, Seite 117].

Graf Uruski - 6 Bände Indexmanuskript
Stiftungsbibliothek **- zeitweilig nicht zugänglich**

Wittyg - Verdunkelter Adel der Res Publica [120]
[Quelle: Wittyg, Wiktor: Nieznana szlachta polska i jej herby, Kraków 1908, Seite].

Żychliński (31 Bände des Goldenen Buches des Polnischen Adels) + 6 Bände Indexmanuskript
(Anmerkung: die Bibliothek der Stiftung besitzt im Original nur 9 der 31 Bände, daher werden aus dem Indexmanuscript nur die Fundstellen geliefert; um die Datenintegration werden die betroffenen Familien gebeten. Stiftungsbibliothek: **Indexmanuscript.**
[Quelle: Żychliński (h. Szeliga), Teodor: Złota księga szlachty polskiej, Poznań 1879 - 1907, Jahrgang und Seite gemäß dem Indexmanuscript] **- zeitweilig Band "WY" nicht zugänglich.**

Adelslexika in Deutsch
von Żernicki-Szeliga (5 Bände) - Gesamtwerk (5 Titel), aber veraltert
[Quelle: Żernicki-Szeliga, Emilian, von: Der polnische Adel und die demselben hinzugetretenen anders-ländischen Adelsfamilien: General-Verzeichniss. Hamburg 1900, Band 1, Seite 489]. [121]

---

[119] *[Download: http://www.wbc.poznan.pl/dlibra/publication?id=66544&from=&dirids=1&tab=1&lp=7&QI=].*
[120] *[Download: http://www.archive.org/details/nieznanaszlacht00wittgoog].*
[121] *[Download: http://fbc.pionier.net.pl/id/oai:kpbc.umk.pl:34006].*

[Quelle: Żernicki-Szeliga, Emilian, von: Der polnische Adel und die demselben hinzugetretenen andersländischen Adelsfamilien: General-Verzeichniss. Hamburg 1900, Band 1, Seite 59]. [122]

[Quelle: Żernicki-Szeliga, Emilian, von: Die polnischen Stammwappen: ihre Geschichte und ihre Sagen, Hamburg 1904, Seite]. [123]

[Quelle: Żernicki-Szeliga, Emilian, von: Geschichte des polnischen Adels: nebst einem Anhange : Vasallenliste des 1772 Preussen huldigenden polnischen Adels in West-preussen, Seite]. [124]

[Quelle: Żernicki-Szeliga, Emilian, von: Der polnische Klein-Adel im 16. Jahrhundert nebst einem Nachtrage zu "Der polnische Adel und die demselben hinzugetretenen andersländischen Adelsfamilien" und dem Verzeichnis der in den Jahren 1250-1400 in das Ermland eingewanderten Stammpreussen, Hamburg 1907, Seite]. [125]

Adelslexika Reichsteile - Szlachta in Litauen und im Baltikum

Błaszczyk - Adel Samogitiens [Žemaitija] - Adel des Großfürstentums Litauen
[Quelle: Błaszczyk, Grzegorz: Herbarz szlachty żmudzkiej, Warschau 2015 ff, 6 Bände, Band , Seite].

Boniecki (2. Auflage) - Adel des Großfürstentums Litauen
[Quelle: Boniecki (h. Bończa), Adam: Poczet rodów w Wielkiem Księstwie Litewskiém w XV i XVI wieku, 2. Auflage, Bonn 1985, in: StudIaS Nr. R 20 (P), Seite].

Baltikum - Genealogisches Handbuch der baltischen Ritterschaften
[Quelle: Stackelberg, Otto Magnus von: Genealogisches Handbuch der baltischen Ritterschaften, Teil 1, Band 1, Estland, 1930, Seite]. [126]

[Quelle: Genealogisches Handbuch der baltischen Ritterschaften Teil 2 Estland.pdf.

[Quelle: Stackelberg, Otto Magnus von: Genealogisches Handbuch der estländischen Ritterschaft, Teil 2, 3: Estland, Bd.: 3, Görlitz 1930, Seite]. [127]

---

[122] *[Download: http://fbc.pionier.net.pl/id/oai:kpbc.umk.pl:34007].*
[123] *[Download: http://fbc.pionier.net.pl/id/oai:kpbc.umk.pl:33893].*
[124] *[Download: http://fbc.pionier.net.pl/id/oai:kpbc.umk.pl:34008].*
[125] *[Download: http://fbc.pionier.net.pl/id/oai:kpbc.umk.pl:34019].*
[126] *[Download: http://daten.digitale-sammlungen.de/~db/bsb00000600/images/].*
[127] *[Download: http://daten.digitale-sammlungen.de/~db/bsb00000601/images/].*

[Quelle: Stavenhagen, Oskar: Genealogisches Handbuch der kurländischen Ritterschaft, Bd.: 1, Görlitz [1939], Seite]. [128]

[Quelle: Stavenhagen, Oskar: Genealogisches Handbuch der kurländischen Ritterschaft, Bd.: 2, Görlitz [1937], Seite]. [129]

[Quelle: Transehe-Roseneck, Astaf von: Genealogisches Handbuch der livländischen Ritterschaft, Bd.: 1, Görlitz [1929], Seite]. [130]

[Quelle: Transehe-Roseneck, Astaf von: Genealogisches Handbuch der livländischen Ritterschaft, Bd.: 2, Görlitz [ca. 1935], Seite]. [131]

[Quelle: Essen, Nicolai von: Genealogisches Handbuch der Oeselschen Ritterschaft, Tartu 1935, Seite]. [132]

Baltikum - Genealogien kurländisch-ritterschaftlicher Geschlechter
[Quelle: Lackschewitz, Klas; Kurländische Ritterschaft.; Vereinigte Kurländische Stiftungen: Genealogien kurländisch-ritterschaftlicher Geschlechter, die bisher weder im Genealogischen Handbuch der Baltischen Ritterschaft, Teil Kurland, noch im Genealogischen Handbuch des Adels erschienen sind, Baron Wolf von Buchholtz (Hrsg.), [Seevetal] 2004].

[Quelle: Lackschewitz, Klas; Kurländische Ritterschaft.; Vereinigte Kurländische Stiftungen: Ergänzung zu Genealogien kurländisch-ritterschaftlicher Geschlechter, die bisher weder im Genealogischen Handbuch der Baltischen Ritterschaft, Teil Kurland, noch im Genealogischen Handbuch des Adels erschienen sind, Baron Wolf von Buchholtz (Hrsg.), [Seevetal] 2012].

Wijuk-Kojałowicz - Adel des Großfürstentums Litauen [133]
[Quelle: Wijuk-Kojałowicz, Wojciech: Ks. Wojciecha Wiiuka Kojałowicza herbarz szlachty Wielkiego Księstwa Litewskiego zwany Nomenclator, Kraków 1905, in: Herold Polski, Seite].

---

128 *[Download: http://daten.digitale-sammlungen.de/~db/bsb00000602/images/].*
129 *[Download: http://daten.digitale-sammlungen.de/~db/bsb00000603/images/].*
130 *[Download: http://daten.digitale-sammlungen.de/~db/bsb00000558/images/].*
131 *[Download: http://daten.digitale-sammlungen.de/~db/bsb00000559/images/].*
132 *[Download: http://daten.digitale-sammlungen.de/~db/bsb00000345/images/].*
133 *[Download: http://polona.pl/item/49328/3/].*

Adelslexika Reichsteile - Szlachta in Polen

Sęczys (2. kor. Auflage) - Adelslegitimierung III. Königreich Polen
[Quelle: Sęczys, Elżbieta: Szlachta wylegitymowana w Królestwie Polskim w latach 1836-1861(1867) [Im (III. Königreich Polen in den Jahren 1836 - 1861 (1867) legitimierter Adel], 2. korrigierte Auflage, Warszawa 2007 in: Seria szlachta polska, Seite].

Dworzaczek – Teki – Stammfolgen der großpolnischen Szlachta [134]
[Quelle: Dworzaczek, Włodzimierz, Teki dworzaczka, CD].

Drefs – Kontributionskataster – Preusische Steuererfassung 1793-1794 [135]

Łempicki (4 Bände) - Stammfolgen der mazowischen Szlachta
[Quelle: Łempicki, Jerzy: Herbarz mazowiecki, Band 1 (Einführung), Band 2 powiat płocki (Kreis Plock) in einem Volumen, Poznań 1997, Seite].
[Quelle: Łempicki, Jerzy: Herbarz mazowiecki, Band 3 powiat bielski (Kreis Bielsk), Poznań 1997, Seite].
[Quelle: Łempicki, Jerzy: Herbarz mazowiecki, Band 4 powiat sierpecki (Kreis Sierpc), Sierpc 2008, Seite].

Nejman - Szlachta der Wojewodschaft Sieradz
[Quelle: Nejman, Elżbieta Halina: Szlachta Sieradzka XIX wieku. Herbarz, 887 Seiten, Seite].

Woliński (2 Bände) - Szlachta der Wojewodschaft Lublin
[Quelle: Woliński, Marek: Herbarz szlachty Ziemi Łukowskiej na Lubelszczyźnie [Wappenbuch des Adels des Lukow-Landes im Lubliner Land], Rąbino 2011 f, 2 Bände, Band , Seite , (3. Band in Vorbereitung)].

Polnischer Landadel im XX. Jhdt. – Biogramme des Landadels
[Quelle: Polnischer Landadel im XX. Jhdt. Warschau 1992-2016, 11 Bände, Band , Seite].
Band 1 Ziemianie polscy XX wieku [136]
Band 2 Ziemianie polscy XX wieku [137]

---

[134] Großpolen: http://de.szlachta.wikia.com/wiki/Stammfolgen_Dworzaczek, und Regesten: http://de.szlachta.wikia.com/wiki/Regesten.
[135] Rezension und 3 Datenbanken: http://de.szlachta.wikia.com/wiki/Drefs-Einleitung.
[136] *[Download Band 1: http://pther.net/PDF/Ziemianie%20XX%20wieku/Ziemianie%20XX%20wieku%2001.pdf].*
[137] *[Download Band 2: http://pther.net/PDF/Ziemianie%20XX%20wieku/Ziemianie%20XX%20wieku%2002.pdf].*

Band 3 Ziemianie polscy XX wieku [138]
Band 4 Ziemianie polscy XX wieku [139]
Band 5 Ziemianie polscy XX wieku [140]
Band 6 Ziemianie polscy XX wieku [141]
Band 7 Ziemianie polscy XX wieku [142]
8 Ziemianie polscy XX wieku [143]
9 Ziemianie polscy XX wieku [144]
10 Ziemianie polscy XX wieku [145]
11 Ziemianie polscy XX wieku [146]
Index der Biogramme Band 1-11, [147]

Adelslexika Landesteile - Szlachta in der Ukraine
Poczet - Adelslegitimation Galizien und Bukowina - mit Nachträgen [148]
[Quelle: Poczet szlachty galicyjskiéj i bukowińskiéj, Lwów 1857, Seite].

von Frank (5 Bände) - Gnadenakte HRR und Erblande
[Quelle: Frank [zu Döfering], Karl Friedrich von: Standeserhebungen und Gnadenakte für das Deutsche Reich und die Österreichischen Erblande bis 1806 sowie kaiserlich österreichische bis 1823 mit einigen Nachträgen zum Alt-Österreichischen Adels-Lexikon, V Bände (1823-1918), Selbstverlag, Schloss Senftenegg 1973, Band , Seite].

von Frank 1928 - Gnadenakte Kaisertum Österreich

---

138 *[Download Band 3: http://pther.net/PDF/Ziemianie%20XX%20wieku/Ziemianie%20XX%20wieku%2003.pdf].*
139 *[Download Band 4: http://pther.net/PDF/Ziemianie%20XX%20wieku/Ziemianie%20XX%20wieku%2004.pdf].*
140 *[Download Band 5: http://pther.net/PDF/Ziemianie%20XX%20wieku/Ziemianie%20XX%20wieku%2005.pdf].*
141 *[Download Band 6: http://pther.net/PDF/Ziemianie%20XX%20wieku/Ziemianie%20XX%20wieku%2006.pdf].*
142 *[Download Band 7: http://pther.net/PDF/Ziemianie%20XX%20wieku/Ziemianie%20XX%20wieku%2007.pdf].*
143 *[Download Band 8: http://pther.net/PDF/Ziemianie%20XX%20wieku/Ziemianie%20XX%20wieku%2008.pdf].*
144 *[Download Band 9: http://pther.net/PDF/Ziemianie%20XX%20wieku/Ziemianie%20XX%20wieku%2009.pdf].*
145 *[Download Band 10: http://pther.net/PDF/Ziemianie %20XX%20wieku/Ziemianie%20XX%20wieku%2010.pdf].*
146 *[Download Band 11: http://pther.net/PDF/Ziemianie%20XX%20wieku/Ziemianie%20XX%20wieku%2011.pdf].*
147 *[Download Band 1-11: http://pther.net/PDF/Ziemianie_XX_wieku/Ziemianie_XX_wieku_Wykaz_życiorysów_zamieszczonych_w_cześci_1-11_serii_Ziemianie_polscy_XX_wieku.pdf].*
148 *[Download: http://www.wbc.poznan.pl/dlibra/docmetadata?id=88218].*

[Quelle: Frank [zu Döfering], Karl Friedrich von: Alt-Österreichisches Adels-Lexikon, I. Band (1823-1918), Selbstverlag, Wien 1928, Seite].

von Frölichsthal - Der Adel der Habsburgermonarchie im 19. und 20. Jhdt.
[Quelle: Frölichsthal, Georg Freiherr von: Der Adel der Habsburgermonarchie im 19. und 20. Jahrhundert, in: Genealogisch-Heraldisches Informationssystem (Genhis), Band 2, Insingen bei Rothenburg ob der Tauber 2008, Seite].

Czernecki - Adelslegitimierung in der rechtsseitigen Ukraine
[Quelle: Lisenko, Sergiej; Czernecki, Evgen: Prawobereznaja szlachta kinec XVIII - perscha polowina XIX. ctolecia (Adel der rechtsseitigen Ukraine Ende des XVIII. Jhdt bis zur ersten Hälfte des XIX. Jhdt.), Bila Cerkva 2007, Seite].

Chorowiec (5 Bände) - Adelslegitimierungen der Szlachta Wolhyniens
[Quelle: Chorowiec, Oleg: Herbarz szlachty wolyńskiej, Radom 2012f, 5 Bände].

Adelslexika Landesteile - Szlachta in Weißrussland
Malecki – Szlachta in Litauen im XIX. Jhdt. [149]
[Quelle: Malewski (h. Jastrzębiec), Czesław: Rodziny szlacheckie na Litwie w XIX wieku, Warszawa 2016, Seite].

Piekosiński - Adel von Vitebsk [150]
[Quelle: Piekosiński, Franciszek Ksawery (Hrsg.): Herbarz szlachty prowincyi witebskiej, Kraków 1899, in: Herold Polski, Seite].

Adelslexika nach Herkunft - Armenier
Korwin [Piotrowski] - Adelslexikon der armänischen Szlachta in der Res Publica
[Quelle: Korwin (Pseudonym für Piotrowski h. Korwin), Ludwik: Ormiańskie rody szlacheckie, Bonn und Luxemburg 1983, in: StudIaS Nr. 17 (P), 2. Auflage, Seite].

Adelslexika nach Herkunft - Juden
Korwin [Piotrowski] - Adelslexikon der Szlachta jüdischen Ursprungs in der Res Publica
[Quelle: Korwin (Pseudonym für Piotrowski h. Korwin), Ludwik: Szlachta polska pochod-zenia żydowskiego, 2. Auflage, Bonn und Luxemburg 1983, in: StudIaS Nr. 18

---

149 *[Download: http://genealogia.lt/pdfs/rodziny_szlacheckie.pdf]*
150 *[Download: http://www.wbc.poznan.pl/publication/53048].*

(P), Seite].

Adelslexika nach Herkunft - Kalvinisten
Konarski - Adelslexikon der kalvinischen Szlachta in der Res Publica
[Quelle: (Jaxa-)Konarski, Szymon (h. Gryf): Szlachta kalwińska w Polsce, Warszawa 1936, Seite].

Adelslexika nach Herkunft – Kosaken [151]
[Quelle: Kumpe, Dr. Carsten: **Kosakendatenbank**].

Adelslexika nach Herkunft - Prusen, Pommern und Kaschuben
Bär - Adel im königlich (polnischen) Preußen
[Quelle: Bär, Max: Der Adel und der adelige Grundbesitz in Polnisch-Preußen zur Zeit der preußischen Besitzergreifung nach Auszügen aus den Vasallenlisten und Grundbü-chern, Leipzig 1911, in: Mitteilungen der preußischen Archivverwaltung Heft 9, Seite].

Dachnowski - Stammfolgen der Szlachta im königlichen Preußen der Res Publica
[Quelle: Pentek, Zdzisław (Hrsg.): Dachnowski, Jan Karol - Herbarz Szlachty Prus Królewskich z XVII wieku, Kórnik 1995, Seite].

Janecki (2 Bände) - Handbuch des Preußischen Adels
[Quelle: Janecki, Marcelli, von: Handbuch des Preußischen Adels, Hrsg. unter Förderung des Königlichen Herolds-Amtes. 2 Bde., Berlin 1892–1893].
Band 1 (1892), Seite ; [152] , Band 2 (1893), Seite], [153]

Pragert (4 Bände) - Szlachta in Kaschuben und Pommern in der Res Publica
[Quelle: Pragert, Przemysław: Herbarz rodzin kaszubskich, 4 Bände, Gdańsk 2001 ff, Band , Seite].

Adelslexika nach Herkunft - Schlesien

---

[151] http://www.kumke.net/sql_cossacks/.
[152] *[Download: https://ia801406.us.archive.org/25/items/handbuchdespreu01janegoog/handbuchdespreu01janegoog.pdf].*
[153] *[Download: https://ia801406.us.archive.org/25/items/handbuchdespreu01janegoog/handbuchdespreu01janegoog.pdf].*

Sękowki (6 Bände) - Stammfolgen der schlesischen Szlachta
[Quelle: Sękowski, Roman: Herbarz szlachty śląskiej, Chudów, 6 Bände, Band , Seite].

Adelslexika nach Herkunft – Tataren
Dziadulewicz - Stammfolgen der tatarischen Szlachta in der Res Publica [154]
[Quelle: Dziadulewicz (h. Sokola), Stanisław: Herbarz rodzin tatarskich w Polsce, Wilno 1929, Seite].

Heraldik der Res Publica
Chrzanowski - Kompendium 6.986 Wappenabwandlungen des Adels Res Publica
[Quelle: Schlesinger, Edward von (Hrsg.): Herbarz szlachty polskiej Władysława Nowina Chrzanowskiego, Faksimile der Handschrift des Instituts für angewandte Sozialgeschi-chte in Bonn, 6.986 Wappenabb. Bonn und Luxemburg 1984, in: StudIaS R 13 (P), Seite].

Chrząński - Wappenabwandlungen
[Quelle: Ostrowski (h. Rawicz) Graf, Juliusz (Hrsg.): Tablice odmian herbowych Chrąńskiego, Warszawa 1909, Seite]. [155]

Klingspor - Baltisches Wappensbuch
[Quelle: Klingspor, Carl Arvid; Hildebrandt, Adolf Matthias: Baltisches Wappenbuch, Wappen sämmtlicher, den Ritterschaften von Livland, Estland, Kurland und Oesel zugehörigen Adelsgeschlechter, Stockholm, 1882, Seite]. [156]

Graf Ostrowski - **Herbarz szlachty polskiej** - Wappenlexikon der Adelsfamilien Res Publica
[Quelle: Ostrowski (h. Rawicz), Graf Juliusz: Księga Herbowa rodów polskich, Teil 1, Warszawa 1897 - 1906, Wappenabbildungen, Tafel , Seite] [157] und
[Quelle: Ostrowski (h. Rawicz), Graf Juliusz: Księga Herbowa rodów polskich, Teil 2, Warszawa 1897 - 1906, Wappenbeschreibungen, Seite]. [158]

Siebmacher -Grosses und allgemeines Wappenbuch Baltikums [159]

---

[154] *[Download: http://www.wbc.poznan.pl/publication /61988].*
[155] *[Download: http://ebuw.uw.edu.pl/dlibra/docmetadata?id=1069&from=&dirids=1&ver_id=&lp=4&QI=%7C].*
[156] *[Download: http://daten.digitale-sammlungen.de/~db/bsb00000445/images/].*
[157] *[Download: http://ebuw.uw.edu.pl/dlibra/docmetadata?id=231&from=pubstats].*
[158] *[Download: http://ebuw.uw.edu.pl/dlibra/docmetadata?id=232&from=&dirids=1].*
[159] *[Download: http://dspace.utlib.ee/dspace/handle/10062/16020].*

[Quelle: J. Siebmacher's grosses und allgemeines Wappenbuch. Bd. 3. Abth. 11, Der Adel der russischen Ostseeprovinzen. T. 2, Der nichtimmatrikulirte Adel, Nürnberg 1901, Seite].

Hilfsmittel und Datenbanken
Słownik geograficzny Królestwa Polskiego (16 Bände) [160] :

Słownik historyczno-geograficzny ziem polskich w średniowieczu - nicht alle Bände sind online [161] :

Posen Marriage Index [162] :
Das Posen Projekt bietet die Suche die Datenbank mit Eheschließungen 1800 - 1899

Basia – Indexierungssystem [163] :

Geneteka [164] (Übersicht):

Genpol [165]:

Pomgen [166]:

Nekrologe [167] :

Schlossarchiv-4.000 Adelsfamilien [168]:

Deutsche Verlustlisten WK I. [169] :

Grobonet - zur Auffindung auf dem Gebiet Polens bestatteter 1.329.091 Personen auf 258 Friedhöfen [170] :

---

160 http://dir.icm.edu.pl/pl/Slownik_geograficzny/.
161 http://www.slownik.ihpan.edu.pl/intro.php.
162 http://poznan-project.psnc.pl/?lang=de.
163 http://www.basia.famula.pl/de/.
164 http://www.geneteka.genealodzy.pl/index.php?op=gt&lang=pol&w=02kp.
165 http://www.genpol.com/PTG_Sluby-index-lit-c.html.
166 http://www.ptg.gda.pl/index.php/ptgnews/action/basesearch/.
167 http://www.wtg-gniazdo.org/nekrologi.php.
168 http://www.schlossarchiv.de/.
169 http://des.genealogy.net/eingabe-verlustlisten/search/ index.
170 - http://www.grobonet.com/- http://www.grobonet.com/.

Gefallenenlisten und –denkmäler [171] **:**

Evangelisches Kirchenarchiv [172]**:**

Lutheranische Kirche in Russisch Polen [173] **:**

The Peerage [174]**:**

Wörterbücher [175] :

Namensverteilung - fallweise: A, CH, D, F, PL, I, SL, USA (Namenssuche) [176]:-

Namenverteilung A [177] :

Namensverteilung CH [178] :

Namensverteilung CZ [179] :

Namensverteilung D [180] **:**

Namensverteilung F [181] :

Namensverteilung PL [182] :

Personennamen PL [183] :

Personennamen PL [184] :

---

171 http://www.denkmalprojekt.org/searc h/suche.htm.
172 http://www.ezab.de/d/bframe.html.
173 Htt.ps://www.sggee.org/research/parishes/ church_parishes/LutheransInRusPoland.htm.
174 http://www.thepeerage.com/.
175 http://www.slovnyk.org/.
176 http://www.behindthename.com/.
177 http://www.verwandt.at/karten.
178 http://www.verwandt.ch/karten/.
179 Desktop.
180 http://www.verwandt.de/karten/.
181 http://en.geneanet.org/.
182 http://www.moikrewni.pl/mapa/.
183 http://nazwiska-polskie.pl/.
184 nach Rymunt - http://www.herby.com.pl/indexslo.html.

Die **„Schriftenreihe für angewandte Sozialgeschichte StudIaS“** stellt die Fortsetzung der mit Auflösung des **Instituts für angewandte Sozialgeschichte (InfaS)** der FU in Bonn im Jahre 1989 abgebrochenen **„Schriftenreihe für sozialwissenschaftliche, genealogische, heraldische und historische Studien des Instituts für angewandte Sozialgeschichte StudIaS“** dar.

In der Schriftenreihe StudIaS werden die bis 1989 nicht mehr zur Veröffentlichung gelangten Manuskripte als auch neue Arbeiten der RvS Stiftung jeweils in einer Auflage als e-Buch und in einer als Sachbuch gedruckten Ausgabe realisiert.

Die neue Schriftenreihe ist strukturiert in nachfolgende Serien:

StudIaS-#
allgemeine Serie mit deutsch- und fremdsprachigen Titeln

StudIaS-GEN
Hilfsmittel zu genealogisch-heraldischen Forschungen

StudIaS
Einführungen- Serie landesbezogene Einführungen zu geneal.-herald. Forschungen

StudIaS-R
Werksausgaben kommentierten Reprints vergriffener Titel

StudIaS-Stammfolgen
Serie mit deutschsprachigen monographischen Geschlechterdarstellungen

StudIaS-Stammfolgen
Serie mit deutschsprachigen monographischen Geschlechterdarstellung

StudIaS-W
Serie Wappengenossenschaften der Res Publica [Heraldik]

Die StudIaS Reihen richten sich an eine breit gefächerte Gruppe von Lesern: Angefangen bei Personen, die mehr über einen entsprechenden Namen der Szlachta erfahren möchten, über versierte Genealogen und Heraldiker, welche forschungsbedingt in Gebiete vorstoßen, in denen sie nicht bewandert sind bis zu Fachleuten wie Politologen spezialisiert auf Demokratie- und Migrationsforschung, Akkulturations-, Inkulturations- und Assimilierungsprozesse, Historiker, die sich mit Umformungen im östlichen Europa beschäftigen, bis zu langfristigen gesellschaftlichen Wandel analysierenden Soziologen. Dementsprechend beinhaltet es neben hoch spezialisierten Elementen auch Bereiche allgemeiner Einführung in die Thematik der Adelsrepublik Polen-Litauen, Genealogie und Heraldik.